世界の遺児に教育を！

あしなが運動の創始者・玉井義臣自伝

玉井義臣 著

城島 徹＝編著

藤原書店

世界の遺児に教育を！

目次

II

第十三章　東日本大震災——2011〜　303

第十四章　あしなが育ちの人びと——現在　325

第十五章　何があっても君たちを守る——未来へ　351

世界の遺児に教育を！

あしなが運動の創始者・玉井義臣自伝

＊文中の所属・肩書等は当時のものです。

はじめに――愛と運に生かされて

いったい、どうして、この私が世界でも類まれなる資金調達家（ファンドレイザー）になりえたのでしょう。一九六九年以降、奨学生一一万人の支えとなる総額千百億円にのぼる寄付活動を続けてきたのだから、不思議に思われたとしても無理はありません。その理由を考えたとき、ひとえに、めぐりあわせだと思うのです。山あり谷ありの人生でしたが、その折々で、人の縁に恵まれ、時代の風に背中を押されたという感慨を覚えます。凡庸の徒にして、このような「天職」を手にするとは、なんと幸運な人間なのでしょう。不思議な思いに浸るのは他ならぬ私自身です。

あしなが運動は、交通遺児への進学支援から始まり、対象を災害、病気、自死などによって遺児となった子どもたちに広げ、進学のための奨学金の無利子貸し出しや給付、心のケアに取り組んでいます。「連帯」「自助」「共生」を通じて、日本人の人間性、思いやり、愛情、正義を引き出す教育運動であり、社会運動であるばかりか、思想運動、道徳運動でもあるのです。つまり、進学機会の提供のための寄付集めだけではなく、支援を受けた遺児たちが「社会的格差や不平等を許さない」との強い意志で生きていくことこそが大切だと思うのです。だからこそ、私の心の内ではこれからも、「あしなが育英会」の先頭に立ち、ここぞという時には道筋を決めるのだという情熱の火が燃えています。

二〇二五年二月に九十歳の卒寿を迎えるにあたり、これまでの歩みを振り返り、決意を新たにする次第です。

＊　＊　＊

職人の大家族の末っ子で生まれた私は、十人きょうだいのうち一人だけ大学までも進学を許されながら、自堕落で鬱屈した青春を過ごしていました。それを一変させたのが、母の命を奪った交通事故でした。

瀕死の母親を看取った私は「敵討《かたき》ち」を誓い、やがてその私憤は、人間を犠牲にした車社会に疑義を唱える告発へと向かいました。ろくに勉強もせず、まともに就職もせずに灰色の日々を過ごしていた私は母の死で覚醒したのです。

高度経済成長の牽引役たる自動車産業は戦後ニッポンの発展のシンボルと崇《あが》められる存在でしたが、その陰で犠牲となった人々の思いを胸に、「グリーフ・ワーク（悲しみの仕事）」として、脆弱な医療体制、補償制度の問題点を懸命に学び、調査し、論文執筆へと突き進みました。

幸いにも論文にはことのほか高い評価が与えられ、「交通評論家」第一号の称号を得た私ですが、さらに世の中の前面に押し出してくれたのが家庭に普及するテレビを舞台としたキャンペーンでした。時代を味方に付けた私は、素晴らしい人物との出会いにも恵まれ、交通遺児の進学の夢をかなえる運動へと向かったのです。

奨学事業に共鳴する若い力にも支えられ、社会運動の真っただ中で奮闘しましたが、良い事ばかりではなく、政と官による攻撃にも遭いました。プライベートでは不治の病で旅立った、最愛の妻由美との短くも美しい日々が人生の最高の宝物として私の心に輝いています。

支援の対象が交通遺児から阪神・淡路大震災、東日本大震災などで親を失った若者、病気遺児、自死遺児、さらに戦争遺児、テロ遺児、エイズなどの疾病で親を失ったアフリカの遺児へと、国境を越えて世界に広がっていきました。それができたのは、無償の愛を遺児たちに注ぎ続けてくださる多くの「あしながさん」をはじめとする愛情ある人々との出会いと幸運のおかげだと、あらためて感慨に浸っています。

怠惰な青春時代への悔恨に触れましたが、今振り返ると、遺児支援のための募金活動に真摯に向き合えたのは、貧乏で金のありがたさを身に染みて知ったからこそだと思います。また、地球規模で活動を展開できたのは、無頼《ぶらい》の株屋稼業で時代の先端を嗅ぎ分ける力を養えたからかもしれません。そう考えれば、人生には無駄がないと言えるでしょう。

非営利をうたいながら巨額の寄付を集める財団法人を率いる身ということで、私を「カリスマリーダー」と崇める反面、「得体のしれぬ策士」「人たらしの大ダヌキ」「ワンマンな親分」などといぶかしむ声もあるようです。自分としても、あながち的外れではないと思うところです。しかし、「貧者への教育の絶対的必要性」という一念は、私の行動原理の核として骨の髄まで刻まれ、決して揺らぐものではありません。だからこそ六十年余りも戦い抜き、一一万人を超える遺児支援に携わってこられたのです。

新型コロナウイルス感染拡大に揺さぶられ、二〇二〇年には、あしながの街頭募金が第一回の一九七〇年から五十年目にして初めて全面中止となる試練もありましたが、若い仲間たちのアイデアで導入したクラウドファンディングへの反響に、私は未来への希望を感じました。また、奨学生たちの心に響く「あしなが教育」は多くの俊英を輩出してきました。次世代の中核を担う姿は頼もしい限りですが、私も気概だけは若い人にまだまだ負けないつもりで、喜寿、傘寿、米寿を経て卒寿を迎えようとする今、愛と運に導かれた個人史をまとめることにしました。

さて実際に綴り始めてハタと気づいたことがあります。車に命を奪われた母の敵討ちが原点だけに、若い頃には政治家だろうが財界人だろうが、理不尽なことには遠慮なく、たいそうな剣幕で噛みついたものでしたが、年齢を重ねるにつれ、冗舌に論じることから、重要なポイントのみ指摘するやり方へと変わっていきました。この自伝でも、老境に向かうにつれ口数が減り、あしながの仲間たちや支援者の言葉に、「そうや、そうや」と黙って目を輝かす場面が増えたことにお気づきになることでしょう。それは「目は口ほどに物を言う」ということでご容赦いただくとして、元プータローの数奇な社会運動家の軌跡が少しでも参考になれば望外の幸せです。

I

第一章　幼少期と灰色の青春――1935～

職人の家に生まれる

何かとせわしい都会の喧騒も大阪平野北端の池田市には届かない。「ピーヒョロロ」。トンビが軽やかに喉を鳴らしながら舞う五月山（標高三一五メートル）から南方を見れば、キタ（梅田）やミナミ（心斎橋・難波）に密集する大阪市街地のビル群も遥か彼方の無言の点景に過ぎない。東には奈良県境の生駒山が浮かび、西には阪神間の住宅地から六甲の山並みがせり上がる。大阪湾へとつながるランドスケープの中央付近では、ミニチュア模型のような飛行機が大阪伊丹国際空港を離発着して航跡を描き、眼下には兵庫県境に沿って南流する猪名《いな》川の白い筋が細かな光を放っている。

この池田から兵庫県の丹波篠山を経て京都北部の綾部に抜ける旧道池田瑞穂線沿いに今から百年余り前の大正初期、二十五歳の青年が金網店を構えた。播州を流れる加古川中流域の兵庫県滝野村で一八八八（明治二十一）年に生を享《う》けた私の父、玉井八朗である。没落小地主の八男坊で、祖父はくいぶちを減らし、手に職をつけさせようとしたのだろう。尋常小学校の四年を終えた父を尼崎の金網職人のもとに丁稚に出した。父は十五年の奉公をきっちり勤めあげ、暖簾分けの形で独立を許されたのである。

大阪のターミナル梅田から十五キロ北郊の、明治末期に開設された箕面有馬電気軌道（現阪急電鉄）の池田駅に近い在所で、阪急沿線では神戸、京都の各線も含め唯一の金網店だった。餅焼き網から野球場のバックネットまで、手先の器用な父は黙々と仕事をこなした。故郷の幼なじみだった母ていと所帯を持ったのもその頃で、商売も軌道に乗ったのだろう。母は次々と子どもを産み、昭和の大家族が形成されていったのである。

二十歳離れた姉を先頭にずっと女の子ばかりが生まれ、そのあとで男の子が四人続けて生まれ、十番目の末子として私が生を享けたのは一九三五（昭和十）年二月六日だった。遠い欧州ではナチスのヒトラーがドイツ再軍備を進めて国際連盟を脱退し、日本も軍靴の響きの高鳴りとともに、迫り来るファシズムの嵐に包まれようとしていた時期だ。

職人気質の父は「宵越しのカネは持たぬ」を地でいく明治男で、売上の大半は酒代に消えたが、

大阪府池田市の五月山中腹からの眺望

「貧乏人の子だくさん」の屋台骨を辛抱強い母の細腕が支えていた。そのおかげで私はさしたる不自由もなく育ったのである。

ちなみに、私と同じ干支が亥《いのしし》の昭和十年生まれの人物としては、赤塚不二夫（漫画家）、大江健三郎（小説家）、小澤征爾（指揮者）、筑紫哲也（ジャーナリスト）、寺山修司（劇作家で歌人）、野村克也（野球選手・監督）、美輪明宏（歌手）といった、様々な分野で戦後の日本を彩る面々がいる。強烈な個性の傑物たちと我が身を比べるのは畏れ多い気もするが、風雲急を告げる戦後復興期から世に出たことを考えれば、似たような運命を背負った盟友かもしれない。

池田の街は大阪と兵庫を分かつ猪名川対岸の伊丹とともに酒造りで栄えた。上質な清酒を江戸に下らせたことで知られ、その美酒にひかれて元禄年間から井原西鶴、近松門左衛門ら文人墨客が足を運んだ地であった。京都生まれの絵師で俳人の松村呉春《ごしゅん》は池田の呉服町《くれはのちょう》で春（新年）を迎えたことから、その地名にあやかり「呉春」と名乗ったという。その名を冠した銘酒の酒蔵のある路地は小中学校の通学路にあった。文豪・谷崎潤一郎お気に入りの酒でも知られるが、父もまた地の酒をこよなく愛し、俳句をたしなむ粋人《すいじん》だったが、それは池田特有の風土ともかかわりがあるに違いない。

しかも池田は、阪急電鉄と阪急阪神東宝グループを創業した実業家の小林一三（一八七三―一九五七）が明治末期に手がけた日本初の分譲住宅地「室町」があるように、沿線開発で時代を切り拓いた阪急コンツェルンの中核で、小林自身も居を構えた都市近郊のハイカラな土地柄でもあった。私の通った池田中学は小林邸の端にあり、鼻たれ小僧の私も無意識のうちに伝統とモダンの双方の風に感性を刺激されたのかもしれない。

私が物心ついた頃は日中戦争の真っただ中で、巷には進軍ラッパが鳴り響き、一九四一（昭和十六）年十二月八日の真珠湾攻撃で日米開戦すると、「欲しがりません、勝つまでは」「ぜいたくは敵だ」「撃ちてし止《や》まん」など国威発揚のスローガンが街にあふれていた。国民学校の先生は児童のほっぺたを平手でバーンとはたき、その瞬間、私たちも床に這いつくばるようなありさまで、まさに世の中は戦争一色に染まっていた。

当然ながら、勉強する時間も食べ物も「無い無い尽くし」で、戦争と飢餓しか知らない世代である。防空壕に飛び込むのはしょっちゅう、警戒警報が鳴れば一目散に学校から家に舞い戻る。教育などというものは、これっぽっちも頭にはなく、小学五年生のときに終戦を迎えた。畑となった運動場に芋やカボチャを植えた。お米のご飯などはなく、昼休みは家まで走り、芋のツルやらダンゴ汁をすすって学校に戻った。とにかくメシを食う事だけにかかっていたから勉強どころではない。私の小学生時代は戦争にぜんぶ持って行かれたようなものだと言えよう。

学びの基礎があるかないかは、後に教育を受けるときに全然反応が違ってくる。やはり土台がないと勉強は成り立たないもので、私の場合は学びの基礎がないことが、中学進学後もずっと尾を引いた。親が職人だから、そもそも家庭には勉強する雰囲気などはなかった。夏になれば夜にミミズをつけた針を家の裏手の猪名川に仕掛け、翌朝、薄暗いうちに糸をたぐり上げると、ウナギやナマズがかかっていた。朝メシを食うと、ふんどし一丁になって川で泳ぎ、昼メシを食うと昼寝してまた泳ぐ。夕方になると、丘の竹やぶにミミズを掘り出しに行ったものだ。

無口で「物言わん子」と呼ばれた私は、勝手に生まれて勝手にそこにいるという感じの存在だったが、近くの伊丹空港の占領軍（進駐軍）兵士が来た時は、「ギブミー、チョコ！」と叫んで手を伸ばしたもので、それが私にとって強烈な異文化との出合いでもあった。もっとも、彼らに群がるのは子どもだけではなく、生きるために媚を売る、「パンパン」と呼ばれた売春婦の姿がいたるところにあり、鬼畜米英の世が一変し、敗戦のカオスの光景が幼き私の記憶として刻まれたのである。

「おまえだけは進学させたる」

貧しい職人の家だった。十人きょうだいのうち四人は栄養不良で幼くして亡くなった。生き残った姉も兄もみな当時の義務教育である小学校四年を終えると、口減らしのための子守り奉公や、商いの丁稚に出させられた。「職人の子に学問は要らぬ」と上の学校へ進む者はいなかった。苦労も多く、どれだけ悔しい思いをしただろう。教育を受けていないために兵隊で辛い思いをした兄もいた。貧乏というのはここまで人間を理不尽な境遇に追いやってしまうものなのか。ただ、それを認識するにはあまりにも私は幼すぎた。

長兄の寛一《かんいち》は阪急電車に就職したものの、一人前になるには踏切番から車掌へという具合に、段階を踏んですべての職種をこなさなくてはならないと知り、「こんな悠長なことをしていたらアカン」と思ったようで、さっさと辞めて親父の商売を継いだ。そのおかげで玉井金網店は業績が上がり、その原動力となった兄貴が「学歴がないと勤めてもみじめなものだ。お前だけは高校でも大学でも行かしたる」と言ってくれ、ほかの姉や兄たちも「義臣だけは進学しなさい」と金を出し合って学費を工面してくれた。

新制中学に変わったばかりの池田中学では、それまで敵性語だった英語が新しく入ってきた。当然ながら、英語を教えた経験のある先生がいないため、物理の先生がフル回転で英語の授業を受け持つありさまだった。学ぶ方の私も、それまで勉強などしたことがなく、それを誰にもとがめられることはなかった。それより家業の手伝いの方が喜ばれ、家のそばの猪名川に架かる橋を渡って兵庫県の川西市やその南の伊丹市にも金網を荷台に積んで配達に駆け回ったものだ。

「勉強ってするものなんや」と気づいたのは、兄のおかげで大阪府立池田高校に進学してからだ。戦争の混乱に加え、貧乏な大家族という環境から、それまでまったく勉強をしたことがなかった人生が一変する。大阪の衛星都市に開かれた住宅地に暮らす同級生の大半はサラリーマン家庭の息子だった。それなりの進学校でもあったため、全員が受験を目指し、私も勉強一筋の生活となったのである。

親の代からインテリという家庭も多く、幼少期から勉強を仕込まれた生徒に、私のような職人の子は全然勝ち目がなかった。英語ひとつ追いつくのも至難の業だった。情けないことに、英語に主語と述語があるということすら高校に入るまで私は知らなかった。それでも私は「勉強ってきついけど、おもろいなあ」としみじみ思いながら、机に向かったものだった。

余談だが、池田高校は戦後間もなく、アメリカンフットボールで二回にわたり全国制覇していた。進駐軍の接収先に近い高校にしか存在しないスポーツで、米兵らの指導で部が誕生した経緯がある。実は私も一時期属していたのだが、全国でもアメフトの部があるのは十六校くらいしかなかった。

高校生になった一九五〇年には戦後復興のきっかけとなる特需をもたらした朝鮮戦争が勃発した。奇跡的とも形容される高度経済成長へのステップが槌音となって鳴り響く時代を迎えていた。

落伍して株屋に

高校卒業の一九五三（昭和二十八）年に京大を受験したが、まったく歯が立たなかった。実力の無さを棚に上げ、「浪人させてくれ」と私は兄貴にゴタゴタ言ったが、授業料の安い国立二期校の滋賀大学経済学部（旧彦根高商）に受かっていたので、入学しながら受験勉強を続けた。結局、再挑戦もうまくいかず、投げやりでロクデナシの日々を送り、一年遅れで卒業まで五年を要した。考えてみれば、京大は「思い出受験」の類かもしれない。

滋賀大のある彦根は井伊直弼三五万石の城下町である。私が住んだ家は、中心部に近い商店街の一角で、昔の足軽の家の離れのような部屋だった。一間で家賃は月額七百円くらいだったと思う。受験に失敗した私は自分がこれほど脆弱な男かと思うほどボキッと折れてしまい、「悪」に落ちる寸前の遊惰な生活に陥った。勉強を放棄し、大学そばの食堂に自転車で行って昼飯を食うと、大学ではなく街で映画を観て、また同じ食堂に戻って晩飯を食い、怠惰に遊んで過ごした。あとは下宿でひたすら本を読んでいた。哲学書みたいな感じのものが多く、友達と人生論を語り合うようなことも多々あった。その頃に読んだ本ではマルクス経済学者、河上肇の代表作『貧乏物語』が印象に残る。一九一六（大正五）年に『大阪朝日新聞』に連載され、翌年出版された話題作で、ヨーロッパ留学から帰国して京都帝国大学の教授となった河上がヨーロッパの知見を踏まえて「貧困」を考察し、解決するためには社会はどうあるべきかという視点を与えてくれた書物だった。大正時代の社会で多数の人々を苦しめた「貧乏」を二十世紀の社会の大病だとして、金持ちの贅沢をなくすことが重要だと言及するなど、貧困解消の方策について大きな示唆を与えてくれたのだ。

それは家が貧乏ゆえに兄や姉たちが教育を受けられなかったことへの悲憤と、弱い立場の者が強者に押しつぶされていく社会の理不尽さに激しい抵抗（レジスタンス）を感じていたからだろう。怨念が「灰色」の青春の中でもフツフツと煮えくり返り、体に染みついた「弱者、貧者への教育の絶対的必要性」が、後の人生でバネのように自身を駆り立てたのだと思う。

本に関して言えば、私にとって重要なものがもう一つある。イギリスの著述家サミュエル・スマイルズの歴史的名著『自助論』にも影響を受けた。原著の発刊は一八五九（安政六）年で、日本では明治初期に啓蒙思想家の中村正直が翻訳した『西国立志編《さいごくりっしへん》』のタイトルで大ベストセラーになった。特に「天は自ら助くる者を助く」という序文にどれだけ励まされたことか。ただ残念ながら、奮励努力すべしという精神は理解こそできても、学生時代は頭の中でそれが空回りするばかりで、自分を動かす術として生かせるようになったのは、交通事故への悲憤から立ち上がった二十代後半だった。

朝鮮特需の恩恵は地方都市にも及び、彦根にはいくつもの映画館があり、毎週たくさんの新作映画が入ってきたので、それを全部観て回っていた。彦根藩主の井伊直弼を主人公にした舟橋聖一の歴史小説『花の生涯』が松竹の映画となった頃で、街はそれなりに活気があった。

そんな時代の勢いとは無縁の屈折した青春時代を送った私だが、大きな影響を与える存在が池田高校一年の同級で、病気のため留年した一年上の山地一男という男だった。彼は大阪市立大学に進み、勉強もよくできたうえ、悪いことにも通じており、ダンスホールのパーティー券を売ったり、株をやったり、いろんなことを教えてもらった。文武両道の兄貴分というか師範格で、私がいろんな出来事に遭遇するたびに、己のことであるかのように思案してくれた。この男に出会っていなければ、私の人生はしょうもないものになっていただろう。既に鬼籍に入ったが、私の人生で一番の〝刎頸《ふんけい》の友〟と言える男だった。

大学近くの彦根城庭園にて友人の山地一男君（右）と。当時は大学生も学ラン姿だった

卒業もすんなりとはいかなかった。ふつうなら年度末の三月中旬に卒業するのだが、成績の悪い私はその資格を認められず、ある教授から「大学始まって以来、キミほど出来の悪いのは見たことがない」と言われるありさまで、ゼミの先生と必修の経営学の先生が話し合い、私だけに追試験を課し、五年生の最後の三月三十一日に追い出してもらった。せっかく兄貴が大学に行かせてくれたのに身のほど知らずもいいところだった。

兵庫県西宮市都市計画課で一日三百円程度の日雇い仕事もやったが、さぼって真夏の甲子園球場まで高校野球を見に行ったりしていた。そんな調子だから高卒扱いで市役所の採用試験を受けるも不合格と、就職には当然のごとく失敗し、卒業即失業で無職のプータロー生活が始まった。実家に戻るには世間体が悪く、ロクデナシの私を義兄と姉が黙ってかくまってくれた。のんきにタダ飯をくらい、鼻歌交じりで義兄の大工仕事を手伝って小遣い稼ぎをさせてもらっていた末っ子にとって、姉は〝第二の母〟だった。

そんなプータロー暮らしが続いていた一九六〇（昭和三十五）年、ゼミの芳谷有道先生が「おまえ、株屋をやるんだったら、滋賀大の先輩で重役をしている会社があるから、そこに行け」と、関西では名門の株屋で知られる大商証券を紹介され、非正規の歩合外務員として入社した。先生が「こいつの面倒を見たってくれ」と、その会社に就職していた教え子に頼んでくれたのだ。配属先は新宿の東京支店で、東も西もわからぬまま投資信託という単一商品を持たされ戸別訪問に回った。しかし、もっさりした田舎もんで口下手のセールスで買うようなお人好しの客はいなかった。

「君はこの仕事には向かないね」と、一年後にクビを宣告されてしまった。その時、無謀にも「経済評論家になる」とハッタリで言ったはいいが、知識不足はいかんともしがたく、株の業界紙の会社にも一年だけ勤めたが、売れない経済ジャーナリストとして日銭を稼ぐのがやっとだった。

大学でさぼった経済の勉強を一から始め、しどろもどろで三年間に株や投資など六冊の単行本を出したが、どれもひどい内容のものだった。「貧すれば鈍する」の言葉通り、心は荒廃するばかりで、貧しさがどれだけわびしく、どれだけ人間を堕落させるのかを身をもって知った。失業保険は二十五歳までに二度受けたが、職安の列に並ぶのは何とも恥ずかしく嫌な思い出だ。まるで質屋の暖簾をくぐるような気分だった。

一方で株にも没頭した。株価が一年で五倍になるような時代で、個人で株を張っていた方がおもしろかった。ソニーなど十五倍だっただろうか、一番の新進企業はそんな勢いで上がっていった。兄と姉の金を預かってずいぶんつぎ込んだものだ。

当時は新宿の街も規模が小さかった。あの歌舞伎町もおとなしい繁華街だった。地に足のつかないプータロー生活が続いたが、新宿の裏通りをさまよう灰色の日々がエネルギーとなって後年、募金活動という予想もつかない形でお金と真摯に向き合う私を支えてくれるのだから人生は不思議である。

第二章　母の事故死と交通戦争——1963～

危篤を知らせる電報

「ハハ　コウツウジコ　キトク　スグカエレ　チチ」

一九六三年十二月二十三日午後十時過ぎ、東京都目黒区の安アパート四畳半に一人暮らしをしていた私宛てに電報が届いた。

「お母ちゃんが交通事故?」

その瞬間、腰の力が抜け、私の頭は思考停止に陥った。食えない雑文書きのプータローの手元には大阪に向かう旅費すらなかった。アパートの住人たちに頭を下げ、金を借りたが、大阪行きの汽車はすべて出ていた。

「そうだ、深夜便ムーンライト号がある」

電報を握りしめた私は大阪行き飛行機の最終便に望みを託してアパートを飛び出し、タクシーを拾うと羽田に向かった。寒い夜、世紀の五輪を翌年に控えた東京の街角には威勢のいいジングルベルが流れ、赤いとんがり帽子をかぶった酔っ払いの姿がネオンに揺れていた。

真新しい高速道路を走り抜けたタクシーが羽田空港に滑り込むと、国内線のカウンターに駆け込んだ。切符は売り切れており、すでに三人がキャンセル待ちの状態で、私の待機者番号は「4」だった。「縁起でもない」。死をイメージさせる数字にひるんだ私は「お母ちゃん、死んだんやないやろか」と、胸がつぶれる思いだった。

「いったい、何にやられたんやろか」「電車か、いやダンプかも知れん。そんなら、もう、あかんな」「わしが勝手なことばかりやってきたから、親の死に目にも会われへんのや」「お母ちゃん、ワシが帰るまで生きといてくれなはれや」「頑張ってくれーっ」……。混乱したまま、私はせわしなく空港ロビーを歩き回っていた。

出発まであと十分という瀬戸際で四人目のキャンセルが出た。最終の客として私が搭乗したムーンライト号は二十四日午前一時四十分に羽田を飛び立った。

駆け込んだ病室

午前三時、伊丹空港に着陸するやタクシーに乗り込み、午前三時二十分、病院に駆け込んだ。対面した七十三歳の母は顔じゅうに包帯を巻かれ、ボコボコと鳴る酸素吸入器の管につながれたまま、かすかな寝息をたてていた。

「間に合った」

私は心底ホッとした。死に目に会えないことが何よりも怖かったのだ。

「どないや？」

兄たちに尋ねると、沈痛な面持ちの次兄孝一《こういち》が、

「先生、朝までもたん、と言うとるわ」

母てい

と力なく応えた。医師の宣告を伝え聞いても実感が湧いてこなかった。

事故は午後六時半、池田市新町通二丁目の店舗兼自宅前の二級国道池田瑞穂線で発生し、幅員一一メートルの道路を渡ろうとしていた母は、二十四歳の若者が運転する小型普通貨物自動車に跳ね飛ばされた。警察

母が自動車に跳ね飛ばされた現場の現在の様子

によると、運転者は曇った窓ガラスを拭いた際に前方がよく見えず、二〇メートル前方の母に気づいて急ブレーキを踏んだが、車はスリップしたまま母に衝突した。時速六〇キロを超えていたといい、目撃者の証言では、鉄と鉄がぶつかるような異様な爆発音とともに、母の体は車体より高く跳ね上げられ、六メートル先の道端にたたきつけられ、縁石に頭を強く打ちつけた。路面には長さ一六メートルにわたるタイヤのスリップ痕があり、車のフロントガラスの破片が散らばっていたという。

病院に搬送された時点で母の意識はなく、頭をコンクリートで強く打ったことによる脳内出血が疑われた。外傷としては、頭から頬にかけ、パックリと三日月状の裂傷があり、骨折した右大腿部が付け根でぶらぶらの状態だった。あまりの惨状に、手術に立ち会った長兄寛一は卒倒しかけたという。他にも大腿部の二か所が複雑骨折し、病院は裂傷を縫い合わせ、骨折は外科的措置としてつなげる手術を施したが、強打した頭はそのまま放置された。それは脳外科の専門医がいなかったからである。

「朝までもつまい」

枕辺で母の死を覚悟しかけた私たちだったが、白々と夜が明けるころ、母の顔に血の気がさし、脈が安定し始めた。しかし医師の所見は私たちの期待に応えるものではなかった。

兄たちの説明では、加害者の若者は隣家のかつての使用人で、隣家の主人の従兄弟だった。隣家と家族付き合いをしていた兄たちは若者の家族とも親しく付き合う仲で、兄の一人が「加害者も辛いだろう」と言った時、そのお人好しぶりに、「何を言うてんのや。俺はあいつを殴ってやりたい」と私は口走った。兄たちと違って池田を離れて久しい私はその若者とも十年近く顔を合わせておらず、憎悪の感情を抑えることができなかった。

見舞い客が続々と訪れ、やがて加害者の若者が現われた。謝罪の言葉もろくに言えず、泣きながら頭を下げるだけだった。子どもの頃、「隣のおばちゃん」である母に可愛がってもらっていた彼の姿に、父や兄たちは責めるどころか、むしろなだめるような対応だった。若者の勤め先の会社の社長が付き添い、従業員の過失を丁重に詫びた。この社長と長兄寛一は幼馴染で、私も遊んでもらったことがあった。私の怒りも萎えかけ、冷淡な態度をとるのがせいぜいだった。

見舞いに来た叔母（母の妹）は私にぼそっと言った。

「お母ちゃんはな、いつもアンタのこと、『あの子に嫁はんもろたるまで絶対ワシは死なれへん』と言うてはったで」

この言葉は私の胸に鋭く刺さった。無学な母は私が自堕落な生活をしていることも知らなかっただろう。めったに帰省しないバカ息子でも顔を見せると、「ああ義臣、帰ったか」と一言いうと、黙って食事を作ってくれる愛情深き母だった。そんな姿が思い出され、「なんて俺は愚かなんだ」と自分を責めた。

三十六日間の付き添い

私は眠ったままの母を三十六日間、見守り続けた。兄や姉たちにはそれぞれの生活や仕事があるが、「株式評論家」とは名ばかりのプータローの私だけが自由の時間を持ち、病室に付き添うことができた。ゴムの管から重湯《おもゆ》と卵黄を流すこと、氷枕の詰め替えと酸素吸入のチェック、母に変化がないか注意を払うことぐらいしかできなかった。死を待つ絶望と緊張のなか、夜もイスに座ったまま看病を続けた。

ある夜、こんな出来事があった。一人で付き添っていた私が病室に入り、母の顔を見てギクリとした。母の目が開き、こちらを見ていたのだ。

「そんなはずはない」

薄明かりのなか近寄り、まじまじと顔を見ると、左半分は無表情で目も閉じているが、確かに母の右目が私に訴えるように感じた。

「わかってる。お母ちゃん！　お母ちゃんの言いたいことはみんなわかってる。そやから、今は安心して眠ってや」

たまらなくなって私は左の指で母の瞼を合わせた。ところが再び母の目が開き、まるでこう言っているかのように私を見た。

「頼んだで！　義臣」

その瞬間、母の無念を晴らすため、私はペンを執ることを心に固く誓った。

「お母ちゃんのかたきはワシが討ったる」

母の右目の現象は医学的には瞳周辺の筋肉の弛緩《しかん》が引き起こす無意識な生理現象だと後に分かったが、私の心は確かに「母の訴え」として受け止め、悲しみとともに「敵討ち」という私憤へと駆り立てられたのである。

もし大学を出て東京でまともに就職していれば、すぐに東京に戻って出勤していただろうが、無職だったからこそ私は母を懸命に看病した。瀕死の母と過ごした、あの日々が私の人生を決めてくれたと言っても過言ではない。まるで母から「おまえ、なにボーッとしとんや」と頭を金槌で叩かれたような感じで、不良息子に性根が入り、目覚めた私はクルマ社会告発のペンを握ったのである。交通事故と救急医療、事故への補償制度こそ告発すべき対象だと見すえたが、その先に交通遺児家庭の救済運動へと続く道が敷かれていることは、怨念のマグマと化した当時の私は知るよしもなかった。

日に日にやせ細っていき、危篤状態を続けたまま新年一月二十一日に年齢を一つ重ねた母は二十七日早朝、大きく身体をゆすり、獣のような唸り声を上げて苦しみだし、午前八時五分、ついに息絶えた。享年七十四。苦しみから解放された安らかな表情を浮かべ、事故から三十六日後、天に旅立った。

治療らしい治療を受けられず、ボロ雑巾のようになって母は死んだ。かわいそうすぎた。ひしひしと伝わる母の無念さをバネに、半端な経済ジャーナリストだった私は交通犠牲者救済のペンを執るのである。恥多き無頼の生活に終止符が打たれた私は二十八歳になっていた。

渾身の論文

「お母ちゃんの死は絶対に無駄にしない」

そう誓った私は人が変わり、鬼のように勉強した。そして、その誓いを単なる私憤にとどめず、社会への告発に向けようとした。というのも、急増する交通事故に対応すべき救急医療体制が驚くほど脆弱だと知ったからである。

経済大国ニッポンを担った池田内閣は一九六〇年、経済成長戦略の目玉として、六一年から七〇年までの十年間にGNP（国民総生産）を十三兆円から二十六兆円に倍増させる「所得倍増計画」

を打ち出し、それを推進させるために自動車を戦略産業として位置付けたが、事故防止策は何も打たれていなかった。

一九五〇年代の神武景気に続き、岩戸景気、さらに実質経済成長率が一〇％を突破（六四年）するオリンピック景気へと好況が続くなか、自動車生産台数は母が事故に遭った六三年に百万台を突破していた。ところがその陰で交通事故件数は五〇万件の大台に乗り、事故発生後二十四時間以内の死者数は一万二三〇一人に達し、母のように二十四時間を超えて一か月余り生死をさまよった後に亡くなるケースまで含めれば犠牲者はさらに膨らんでいた。

当時、日本には大学病院で脳神経外科が診療科目としてあったのは東京大学、慶應義塾大学、京都大学、岡山大学の四医学部だけで、世界の先端医療の体制から大きく後れを取っていた。東京に戻った私は救急医療について足で調べようと、病院で白衣を着せてもらって患者に話を聞き、救急車に乗り込み、専門医を片っ端から尋ねたが、成果が得られない日が続いた。

敗戦からの復興を世界に示した一九六四年の東京オリンピックも私の眼中にはなかった。アベベ、チャスラフスカ、体操ニッポン、東洋の魔女……。甲高いアナウンサーの連呼もうわの空だったように思う。

「オリンピックがなんぼのもんじゃ」

経済成長で拍車がかかるモータリゼーションへの怒りが私の中に渦巻いていた。それほど私は

収入がないなかで懸命に論文を書く私
（『アサヒグラフ』より）

必死だった。

救急医療の問題で核心を突く情報に到達できずに空回りしていた私を救ったのが、近藤駿《しゅん》四郎《しろう》・東大脳神経外科講師（後に東京労災病院長）の証言だった。

「玉井さん、日本には脳外科の専門医が二百人しかいません。ほとんどは大学病院勤めで、交通事故の負傷者を診ることはないんです。なぜか分かりますか。負傷者が担ぎ込まれた小さな病院や町医者が、自賠責保険による診療報酬欲しさで患者を抱え、大学病院に搬送しないからです。直ちに適切な治療を受ければ三割の患者が助かるのに犬死させられているのが実態です」

事故被害者を「お得意さん」にして医療機関が囲い込んでいる実態が初めて輪郭を現したのである。

母の死から一年半、私は二十枚の論文を書き上げると、池田高校で兄貴分だった山地一男君を介して友人となった朝日新聞記者の富岡隆夫君に紹介状を書いてもらい、『朝日ジャーナル』編集部を訪ねた。気鋭の批評家ら言論人が筆を振るうオピニオン誌である。私は緊張しながらデスクの遠藤剛介さんに祈るような思いで原稿を渡した。

一か月後、編集部に呼ばれ、遠藤デスクから「使いましょう」と言われた時は腰の力が抜け、へなへなと崩れ落ちかけた。収入のない日が続き、バス代も倹約し、ラーメンばかり食べ、意地と使命感だけで生きていた私の人生が変わる瞬間だった。貧しくて家賃が半年くらいたまり、一着か二着しかない背広を質屋に入れては出し、先方が一番高い値を付けた時にバーッと流すようなギリギリの暮らしから解放されたのである。ちなみに、編集長だった影山三郎さんにはその後も、交通遺児の奨学生に講演をしていただくなど世話になり、富岡君は週刊『アエラ』の創刊編集長として名を成した。

遂に『朝日ジャーナル』(一九六五年七月十八日号)に私の論文「交通犠牲者は救われていない――頭部外傷者への対策を急げ」が掲載された。

交通事故に遭った四、五割の人が頭部を負傷し、母のように歩行者が自動車にはねられたケースに限れば、八、九割にのぼり、状態を見極められる脳外科医が的確に判断し、適切な治療を施せば救命可能な場合が多い――。そう訴えた内容だ。社会では悲惨な犠牲者を出す交通事故が身近な問題になっていただけに、反響も確かな手応えのあるものだった。他のメディアも注目し、NHKからテレビ番組のインタビューを受けた。灰色の日々をついに脱した私は三十歳になっていた。この論文がきっかけとなって後に法改正が行われ、脳神経外科を医大に設置することを義務付ける法律ができる。脳外科医の育成が日本の大学医学部に義務付けられることになったのだ。

実はこの論文が掲載されてから四十数年後に偶然知って、「え、そうだったのか」と驚いたことがある。脳卒中の難しい手術をいくつも成功させ、世界の医療現場から「神の手（ゴッド・ハンド）」と呼ばれる脳神経外科医の上山博康さんをご存知のかたもおられると思うが、十八歳だった高校生の上山さんが医学の道を目指すきっかけが、この論文だったというのだ。たまたま家に『朝日ジャーナル』があって、日本に脳外科医が少ないため事故に遭った人が次々死んでいく、という私の論文を読み、「救える命があるなら自分が脳外科医になって助けたい」と北海道大学医学部に進んだという。これには驚いた。私の人生を変えただけではなく、一人の名医を生むきっかけになったと知って、感慨深かった。

その上山医師は二〇一五年二月七日に開かれた私の傘寿を祝う会に特別ゲストで来ていただき、初めてお会いすることができた。壇上でマイクを渡された私はこう話しかけた。

「五十年前に書いたあの論文を上山先生が読まれたことを知った時ほどうれしかったことはありません」

すると、上山さんは「どうしていいか分からない青春のころ、偶然にパッとめくったらあの文章があり、胸を打ちました。この道に導いてくれたのは玉井会長のおかげです。本当に感謝しています」と話してくれた。

感極まった私は思わず「あんなに短い論文を書くのに一年半かかったんですよ。お医者さんたち、本当のことを言ってくれないから、何回も突き返されて、そのうちに真実があらわになって、あの論文になったんです……。すごい……。ものを書くということがこんなにすばらしいことかと思いました」と声を震わせた。

交通評論家第一号

「救急医療」に加え、もう一つ重要なテーマが「損害補償」だった。死後半年、すったもんだの挙げ句、母の命の値段（損害賠償額）として確定したのは、三十六日間の入院治療費、葬儀費、父と私のきょうだいへの慰謝料など全部で百万円だった。内訳は自賠責保険金が五〇万、加害者から五〇万である。私の父、姉三人、兄二人と私に分けられ、私に支払われた額は五万円。情けないことに母の命は私にとってわずか五万円だったのである。私の受けた屈辱は大きかった。

「これじゃ、一銭五厘の赤紙（召集令状）で戦場に駆り立たせるのと同じじゃないか」

そう思うと、怒りが湧いてきた。

賠償の実態を調べるため、東京地裁交通部から裁判記録を借り、真夏の二か月間、寝床に入らず、ちゃぶ台の上に広げた判決文をひたすら読み込んだ。その結果分かったのは、判決が示されても、加害者に支払能力がない場合、被害者は何も手にすることができず、ひかれ損だという寒々とした実態だった。

渾身の第二弾となる論文「〝ひかれ損〟の交通犠牲者――損害補償の現状と打開策」を『朝日ジャーナル』(一九六五年九月二十六日号)で発表した。

「あんた死んだら、こんなふうに買い叩かれるんやで」というように、読者に分かりやすく論じたもので、強制保険である自賠責保険を引き上げるしか有効な手段はないことを訴えた。トラック業界、タクシー業界は経営に不利だとして猛反対した。それに対し、「それは人命軽視ではないか」と思った私は単なる「事故」ではなく、行政責任を問うべき「公害」に近いものととらえ、保険料に国庫補助を導入すべきだと提言したのである。

この論文に目を付けたのが一橋大学の都留重人教授だった。アメリカの経済学を日本に導入した大物学者だ。その彼が『朝日新聞』の「論壇時評」でその月の論文のベスト3に挙げて激賞してくれたのだ。公害問題、平和運動にも積極的に発言する「時の人」の推薦は大きな意味を持った。

『朝日ジャーナル』に掲載された二つの論文を読んだ弘文堂編集部長の田村勝夫さんによって単行本『交通犠牲者――恐怖の実態を追跡する』(弘文堂)が同年十二月に緊急出版された。『朝日ジャーナル』に二本目の原稿が掲載された九月末、田村さんは突然、私の前に現れると、「交通犠牲者の話で新書を一冊書いてほしい。年内に出版する。ホテルは用意した」と有無を言わさぬ口調で宣言した。聞けば、自分自身も交通事故に遭ったことがあり、怒りのエネルギーを抱えていた。すぐに意気投合した。まともな飯にもありつけていない私には〝渡りに船〟で、飯付きのホテルで缶詰になって、寝る間も惜しんで原稿を書きまくり、十二月初旬に初版三万部を出版したのだ。

田村さんはまさに異能の人で、その後、一九六七年にサイマル出版会を創業し、九七年までに約千二百点を刊行した。その中には大ベストセラーになった遺児作文集『天国にいるおとうさま』の単行本や拙著『ゆっくり歩こう日本』も含まれる。

緊急出版された『交通犠牲者』がきっかけとなって私は時代の寵児よろしく、多くのメディアに登場することになり、この本を紹介した朝日新聞から「交通評論家」第一号の呼称を与えられた。硬派な『朝日ジャーナル』だけでなく、若者向け週刊誌『平凡パンチ』にも連載を持たされるほど、交通問題が広く議論される時代の中心で私に光が当たったのである。

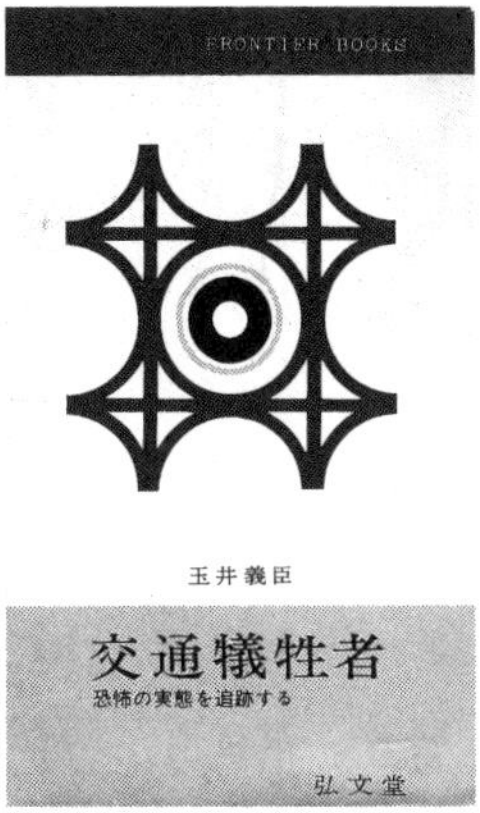

理不尽に母を奪われた怒りを叩きつけた『交通犠牲者』（弘文堂刊）

それまで新聞でも経済成長の大黒柱である自動車産業を批判するような報道は皆無と言ってもよかった。ジャーナリズムの姿勢も「花形産業をそんなにけなしたらアカンやないか」という感じで、自動車を悪く言う者は「敵」だと見られたが、そこをあえて一匹狼の私が叩いたものだから、新聞記者もショックを受けたはずだ。当然ながら反響は大きく、「毎日が日曜日」のルンペン同然だった私に連日、テレビや新聞がコメントを求め、交通戦争に焦点を当てた特集を競うように紙面化し、放送するようになったのである。

ＮＨＫは六六年春に交通事故追放キャンペーンを展開した。取材班の中心は、後にニュースキャスターとなった曽我健さん、勝部領樹《りょうじゅ》さんで、私は相談役として共闘した。

社会を牽引する自動車産業をこてんぱんにたたきながら、理論づくりをしてきたが、それゆえに、学生が全国で運動に賛同してくれたのではないだろうか。国の産業を最先端で引っ張っている自動車産業をたたくなどという発想がなかった時にたたいて、遺児の救済を始めたわけだ。自分で見たもので勝負しないといかん、という気持ちは今もって強い。なぜなら、物事を始める時に、お手本はないのだから。

第三章　テレビが生んだ時代の寵児――1966～

「桂小金治アフタヌーンショー」

『交通犠牲者――恐怖の実態を追跡する』（弘文堂）が世に出て一か月後の翌一九六六年一月、日本教育テレビ（NET、現・テレビ朝日）で「桂小金治アフタヌーンショー」が始まり、私に声が掛かった。

落語家の小金治さんは運転中に横断歩道の小学生を見て車を止め、渡るよう誘導したところ、その子が後ろから来た車にはねられる交通事故に遭遇した。その体験を同じNETの情報番組「木島則夫モーニングショー」でボロボロ泣きながら語る姿が強い印象を放ち、「アフタヌーンショー」のメイン司会者に抜擢されていた。起用される際、小金治さんは「交通問題のキャンペーンを毎週やる」ことを条件に引き受けた。そこで唯一の「交通評論家」である私がシナリオを書き、六六年三月二十八日から毎週月曜に「交通事故防止キャンペーン」にコメンテーターとしてレギュラー出演することになった。初めは七分のコーナーだったが、人気が出て十五分のコーナーになり、最高二八％の視聴率を記録した。

文筆業だけではメシは食えなかったので、テレビに進出して定収入を得た私は、「やっと、おまんまにありつけた」と思った。「筆は一本、箸は二本」と言う通り、物書きでは食えなかったのだ。電話もなく、アパート名の入った名刺で取材していた地獄の時代はようやく去り、夜のビールが飲めるようになった。交通戦争の被害者の代弁者として、活字媒体だけでなくブラウン管からも世の中に躍り出たのである。

この一九六六年は、「3C」（カー、カラーテレビ、クーラー）が流行語となり、ビートルズが来日して日本武道館で公演を行った年として記憶された。日産サニー、トヨタカローラなどファミリーカーが登場し、国産乗用車が一気に普及し、「マイカー元年」と呼ばれた。名神高速道路や東名高速道路などの道路網整備も急ピッチで進んだ。当然、交通事故も急増し、年間約一万四〇〇〇人がその犠牲となった。そのため、日清戦争（一八九四—九五）の死者数約一万七〇〇〇人（二年間）に匹敵するため、「交通戦争」の呼称が生まれた。

「アフタヌーンショー」への出演は六八年九月三十日までの二年半にわたり、総出演回数は計

「桂小金治アフタヌーンショー」で遅れた交通政策を指南する

百二十四回にのぼった。その間、まるで番組スタッフの一員のように週二回の会議に出て、私がテーマを決めてシナリオを作り、材料を集めてゲストもすべて決めていた。小金治さんがその筋書きに沿って泣いたり、わめいたり、怒ったりし、最後のまとめに専門家である私がコメントするという流れだ。なにしろ「唯一の交通評論家」である。おいしい役どころを任され、たちまち顔は売れた。とにかく喜怒哀楽の感情を爆発させる小金治さんの役者ぶりで番組の人気はダーンと上がった。

私の担当ディレクターが廣木聰明夫《そめお》という慶應仏文出の変わり者のオッサンで、この人との出会いも幸運だった。彼は私に「最後の演出だけ自分がやるけど、好きなテーマで好きなように取材してキャンペーンをやりなさい。お金はいくらでも出すから」と言ってくれた。毎日会っては朝の三時か四時まで酒を飲みながら議論して、取材費も惜しまずに応援してくれたのだ。今から思えば、あの頃のテレビ局には勢いがあった。

番組には政治家、官僚、財界人、学者らをゲストに次々呼んで議論を戦わせ、相手が年長だろうが、私は率直に意見を交わし、自分の考えを譲らなかった。それが信頼を得たようで、この頃の人脈がかけがえのない財産となって後の私の人生の地盤固めができたのである。

「各党の交通政策を聞く」と題した企画には、自民、社会、民社、公明、共産など五大政党の政策担当者がこぞって出演した。水田三喜男（自民）、横山利秋（社会党）、春日一幸（民社）、矢野絢也（公明）、小笠原貞子（共産）の各議員など、懐かしい顔ぶれを思い出す。そこに三大紙から朝日新聞「天声人語」の入江徳郎、毎日新聞「余録」の藤田信勝、読売新聞「編集手帳」の高木健夫といった名だたるコラムニストが絡んだ。警察サイドでは新井裕・警察庁長官、秦野章・警視総監が出演した。評論家の秋山ちえ子さん、建設大臣だった中曽根康弘さん、作家で政界入り前の石原慎太郎さんもスタジオで熱弁をふるったものだ。

小金治さんが泣きじゃくりながら庶民の怒りと正義を訴える交通キャンペーンは、一九六七年の第十五回民放大会で「地域社会に貢献するテレビ番組活動」として賞を与えられた。彼は根が真面目な江戸っ子で、私は彼の一挙手一投足を見て、話し方や訴え方、企画の仕方を学んで大いに訓練したものだ。

その著書『江戸っ子の教訓』（幻冬舎、二〇〇七年）で私についてこう書いている。
《彼は母親を交通事故で亡くした痛手から交通評論家になった人である。僕以上に交通事故をなくしたいと強く思っていた。その思いが結実してできたのが交通遺児育英会だ。彼とは今でも付き合いがあるが、「交通遺児育英会の生みの親は桂小金治さん、私が育ての親」と彼は言っている。出会いというのは不思議なものだ。つくづくそう思う》
そんな小金治さんは晩年、ある催しで挨拶に立ち、私についてこう話してくれた。
「長く地道な仕事を辛抱強く続けることは大変なことです。僕は、玉井さんの歩いてきた足跡を見るにつけ、すごい人だと思います。玉井さんのお友達になれたということに僕は神様に感謝をいたしております。そして今も僕のことをお父さんと呼んでくれて仲よくつき合っていただいていけることは、僕にとって人生の最高の幸せです」

「交通訴訟の追跡調査報告」を社会党の横山利秋議員が取りあげた衆議院法務委員会を傍聴する玉井（1967年11月）

しみじみと思うが、私の場合は母を亡くしてからが本当の勉強だった。子どもの頃は戦争に教育を奪われ、高校に入って勉強に目覚めたものの、悲しいかな教育の土台となる基礎がなく、大学でもろくに勉強せず、かろうじて追い出してもらったようなものだ。小金治さんの「アフタヌーンショー」で二年半、ネタ探しから取材まで、番組作りをしたことがまさに「私の大学」だった。世論に火をつけたテレビのキャンペーンで私は時代の寵児となったのである。皆さんが鬼籍に入られた現在、貴重な時代の証言者として残されたのは私だけになってしまった。

岡嶋信治さんとの出会い

「アフタヌーンショー」でフル回転していた私に、当時二十四歳の岡嶋信治《しんじ》さんという青年から面談の申し入れがあり、一九六七年七月三日、番組終了後にテレビ局内の喫茶店で顔を合わせた。生まれながらに父を知らない彼は、新潟県立柏崎農業高校三年の一九六一年十一月十七日、親代わりのお姉さんと生後十か月の甥を酔っ払い運転のトラックにひかれて失っていた。トラックの加害者はそのまま母子を引きずりながら逃走したという。岡嶋さんは姉の仕送りを受け高校に進学し、東京の測量会社の就職試験を受ける前日の悲劇だった。泣き狂う母親の声に起こされて、姉の死を知った岡嶋さんは翌日、包帯だらけの死に顔に対面してから上京した。運転手はひき逃げで逮捕されたが、残酷かつ悪質な事故のため殺人罪で起訴された。交通事故の加害者に殺人罪を適用し、起訴された全国初のケースだった。

十八歳の彼は同年十一月三十日付夕刊の『朝日新聞』東京本社紙面の「声」欄に「『走る凶器』に姉を奪われて」と題した投書を載せた。それこそが私をジャーナリスト兼交通評論家からファンドレイザーに変貌させた岡嶋さんという存在の原点となる渾身の一文である。

《こんなことがあってもいいのでしょうか。
私は十七日夜長岡市で起こった長部美代子、重明の母子ひき逃げ事件の被害者美代子のたった一人の弟です。あのむごたらしい残酷な仕業は同じ人間のすることでしょうか。私はいま深い暗い谷間に突き落とされた気持ちです。

生まれながらに父を知らない私は、善行と良心と神とを信じてきました。しかし、私は小学校四年の時兄を失い、昨年は姉がなくなりました。そしていま、去年の春、長岡に嫁いだばかりの姉が、こんなにもみじめな姿に変わりはてたのです。神はいるのでしょうか。

姉は交通事故で死んだのではありません。小型トラックが残忍な人間のために「走る凶器」と化し、それに殺されたのです。ぶっつけられた時は姉はまだ生きていたのです。その時、車をとめていてくれたら死にはしなかったでしょう。いっしょにいた義兄はトラックのドアにしがみつき「止めてくれ」と何度も絶叫したのです。しかし彼等は姉と背中の重明ちゃんを四百メートルもひきずり、自動車がみぞに突っこんで動かなくなったので逃げたのです。

殺人行為となんら変わらない、いや、それ以上に残酷な行為が交通事故という名で軽減され、甘くみられてよいものでしょうか。そして、酔っ払い運転なのです。これは故意犯ではありませんか。だが、いくら重刑に処せられても私の姉は帰って来ないのです。私の悩みを、だれに聞いていただいたらいいのでしょう。

私は再びこのような残酷な犠牲者が出ないよう、ひき逃げの絶滅と犯人の厳罰を訴えるものです。そして皆様にお願いします。交通事故で最も悪質な、酔っ払い運転やひき逃げの絶滅と厳罰に向かって目的達成まで署名運動を続けようではありませんか。「走る凶器」を追放し、明るい社会を作りあげるために立ち上がってください。

私は知っています、万人の力の偉大さを》

事故を厳しく糾弾する内容に、百三十一人から励ましの手紙が届いたという。その人々との文通で癒された彼は高校卒業後に会社勤めをしながら測量士の資格を取って自立する。事故から五年半、再び朝日新聞に投書し、「これからは自分と同じ境遇の交通遺児の救済運動を」と大学生らに呼びかけて、若者十六人の「交通事故遺児を励ます会」を東京の四畳半ひと間で旗揚げした。ところが、遺児の名簿がないこともあって、社会の反応が鈍く、大人たちがほとんど協力せずに励ます会がつぶれかけた。その時、たまたま書店で拙著『交通犠牲者——恐怖の実態を追跡する』を手にして、「売れっ子交通評論家」である私の応援を得ようと思い立ったというのだ。

「交通遺児を励まし、進学を支援したい。ぜひ一緒にやってください」

真剣なまなざしの岡嶋青年はそう言うと、私の手を握ったまま離さなかった。「姉の死を単なる犬死にさせてたまるか」という気迫に押された私は観念して「一緒にやろう」と答えるしかなかった。私はその時、自分も交通遺児なのだと気づいた。そのうえ、岡嶋さんの背後には四、五〇万人の遺児がいた。彼のお姉さんと私の母の交通事故の残酷さと無念さは酷似しており、いつか出会う運命だったのだろう。激しく燃える岡嶋さんに会い、あの悔しかった日々の思いに再び火がつき、二人の火が燃え合わさり、社会運動家として遺児救済に携わる私の人生がここに始まったのである。

遺児が進学できるにはおカネが必要だ。そのためには街頭募金がいいと思ったが、それは日本赤十字社のように公的に認められていなければできない。そこで私は一計を案じ、朝日新聞厚生文化事業団が後見人になって保証してもらう形で東京都の許可を得た。

一九六七年十月二十二日、東京・数寄屋橋の交差点と池袋駅東口で、「交通事故遺児を励ます会」の若者十数人とともに私と岡嶋さんが募金を行った。記念すべき初めての街頭募金で、二十九日までの八日間、朝十時から夜八時まで声を嗄《か》らし、終了後に数寄屋橋の交番を借りて計算した。十円玉を重ねて確認したのを、お巡りさんがハンコを押してくれ、翌日に朝日新聞社に運んだ。総額で三〇万四九九九円が集まった。集計する岡嶋

「交通事故遺児を励ます会」を立ち上げ、街頭で支援を訴える岡嶋信治さん（1967年）

さんたちの目は疲労困憊で血走っていた。今でも目に焼き付いているが、街頭での呼びかけは鬼気迫るものがあった。すがるような哀願というものではなく、当事者として必死に訴える迫力があった。

この懸命な訴えで集まった募金を種銭に将来の交通遺児育英会が創設され、募金運動の主役はボランティアの大学生に引き継がれるのだが、励ます会の相談役となった私は岡嶋さんが「多くの遺児が全国にいるはずなのに、どこにいるのかわからない。警察や学校を訪ねても教えてくれない」と話すのを聞き、年明け早々の一九六八年一月二十九日の「アフタヌーンショー」で、交通安全対策を所管する総理府の田中龍夫総務長官に交通事故遺児の実態調査をするよう迫り、「東京都の公立小中学校で行う」との回答を引き出した。その結果、千百五十二人の遺児がおり、その三七％が貧困家庭だとわかった。その名簿をもらい、会員で手分けして六十世帯を戸別訪問し、母親と遺児の声を聞き取りした。

「お母さん、いま政治に一番してほしいのは何ですか」

その問いに、母親たちは判で押したように「子どもたちを高校へ進学させてほしい」と答えた。「高校も出せないようでは、死んだ夫に顔向けできません」と悲痛な表情を浮かべた母親もいた。私の腹は固まった。「交通遺児救済のための育英会を作ろう」。心にそう誓ったのである。

「天国にいるおとうさま」

さらに大きな衝撃を世の中に与えたのが一九六八年四月十五日の「アフタヌーンショー」で小学三年生の交通遺児だった中島穣《みのる》君が読みあげた「天国にいるおとうさま」という詩だった。これは家庭訪問先で遺児に書いてもらったうちの一編である。

ぼくの大好きだった　おとうさま
ぼくとキャッチボールをしたが
死んでしまった　おとうさま
もう一度あいたい　おとうさま
ぼくは
おとうさまのしゃしんをみると
ときどきなく事もある
だけど
もう一度あいたい　おとうさま
おとうさまと呼びたい

けれど呼べない

どこにいるの　おとうさま
もう一度ぼくをだいて　おとうさま
ぼくがいくまで　まってて
もう一度ぼくとあそんで　おとうさま
おとうさま　ぼくといっしょに勉強してよ
ぼくにおしえてよ
おとうさま　どうして三人おいて死んだの

ぼくは
今までしゅっちょうしてると思っていた
おとうさま　まってて　ぼくが行くまで
おとうさま　おとうさま
もう一度「みのる」って呼んで
ぼくもおとうさまと呼ぶから
ぼく「はい」と返事するよ

TVで自作の詩「天国にいるおとうさま」を朗読する交通遺児の中島穣君（10歳）。全国に感動を巻き起こし、あしなが運動を急進展させた（1968年4月15日）

ぼくは　かなしい
おとうさまがいないと

　読みながら泣きじゃくる中島君の姿に小金治さんはたまらず号泣した。その場に立ち合っていたスタッフも皆泣いていて仕事にならない。見学中の女性たち、総理府の田中龍夫総務長官もみな同じだった。その瞬間、冷静な役柄だった私は間髪を入れず田中長官に交通事故遺児の全国調査を迫り、「わかった。やりましょう」と確約させたのである。放映時間わずか十二分の出来事である。行政か権威ある機関が実態調査すれば、どのように悲惨な結果が出るかは私には察しがついていた。あとは施策あるのみだ。これで「勝った！」と思った。中島君に同情した視聴者から局に電話が殺到した。まさに全国の茶の間から涙の洪水がスタジオに逆流してくるかのごとくだった。

「交通事故遺児を励ます会」は中島君の作文を含む二十四編を集めた交通遺児作文集『天国にいるおとうさま』を刊行し、衆議院予算委員会で社会党の横山利秋衆院議員はこの冊子をかざして、作文集の中から「お願い!! 総理大臣様」を朗読しながら、佐藤栄作首相に「交通遺児等育英会法を立案してはどうか」と迫り、衆参両院で立て続けに議論され、急転直下でその方向でいくことを超党派で確認、決議したのである。

「政府はすみやかに財団の設立および必要な助成措置について配慮すべきである」（一九六八年十二月二十日、衆議院交通安全対策特別委員会）

遺児救済が国民の総意となり、政財官界が一致して交通遺児育英会設立へと向かわせる画期的な出来事となった。

全国調査の判断を下した田中長官は総理府に戻った時、役人から渋い顔をされたそうだが、断固として調査を実行させた。彼はかつて首相を務めた田中義一の爵位を継いだ長男で、育ちの良い、おっとりしたボンボンで、みんな「たっぷさん」と呼んでいた。私の頼みごともよく聞いてくれたものだ。お返しに選挙で山口県に応援に行くと、「おうおう、友あり、遠方より来たるやなあ」と笑った顔が懐かしい。

その翌年春、ダークダックスは中島君の「天国にいるおとうさま」に曲をつけ、感情豊かに歌ってくれた。日比谷公会堂で行われた全国公演最終日には交通遺児育英会に一八万四〇〇〇円を寄付してくれたのだった。

吉永小百合さんも応援

中島君の涙は多くの人々の心を揺さぶり、育英財団の設立をめざす「交通事故遺児を励ます会」の運動に強い追い風となった。涙の「アフタヌーンショー」から半月後の一九六八年四月二十九日、新宿の厚生年金ホールで開いたチャリティーショーでは当日配ったパンフレットに私は交通評論家としてこう書いた。

《……せめて高校くらいは何とか行けるように経済的な援助はできないものか。そうだ、やはりこの運動の支柱は遺児の育英事業だ。会員たちの心は決まった。育英事業となると、年間「億」のカネがいる。そうなると、広く一般大衆、政・財界などの理解と協力を求めなければとうていムリである。会の存在と運動の主旨をみんなに知っていただこう――こういう目的で、このチャリティーショーは生まれた。（中略）事故は増えるばかりである。遺児ももちろんだ。この遺児たちに暖かい援助の手を!!　皆さん、お願いします》

ショーは小金治さんと吉永小百合さんが司会を務め、大勢のタレントさんが全員、無料で出演してくれた。発起人には与野党の大物国会議員、財界の重鎮が名を連ね、彼らが費用を出し合って、二百人の交通遺児を招待した。会場を埋める二千人の観客は、コロムビアトップ・ライト、獅子てんや・瀬戸わんやといった人気漫才師の話芸にどっと沸き、西野バレエ団のモダンバレエに「オーッ」と歓声を上げた。水の江滝子さんのジェスチャー、高橋英樹さんの殺陣、ボニージャックスのコーラスなど盛りだくさんのショーが続いた。

その様子を客席から見ていると、小金治さんが突然、私の名を呼んで舞台に引っぱり上げ、小百合さんに「この人、知ってる？」と言いながら紹介してくれた。老いも若きもみんながサユリストという絶頂期である。こぼれるような笑顔に舞い上がった私だが、それでも小百合さんの手をがっしり握り、「よろしく！」と叫んだのだった。ショーのフィナーレは小百合さんを中心に全員が歌う「いつでも夢を」だった。

当時、小百合さんはまだ早稲田大学に在学中だったから二十代前半だろう。輝いていた。それ以来、街頭募金には何度も立ってくれたし、半世紀余りたった今も、イベントなど、ことあるごとにお花を贈ってくださる。意外に思われるかもしれないが、それが縁で随分対談をしている。そういった時代を彩る人たちが参加してくれて国民的支援を得たことが、この運動の成功の秘訣だと思う。そのきっかけとなった小金治さんの存在がなければここまでこなかっただろう。

その日の募金総額は七三万七二八円となった。育英会発足に向け、運動が大衆に広がる手応えを得た私たちは翌五月十一日から、前年秋に次ぐ第二回目の街頭募金を数寄屋橋、渋谷、池袋の三か所で行った。私も西野バレエ団の皆さんも「交通遺児に愛の手を」と書いたタスキを掛けて数寄屋橋で声をからすなか、あのたっぷさん（田中龍夫総務長官）も姿を見せ、会員たちにねぎらいの声をかけながら募金箱にお金を入れる姿が、朝日新聞の夕刊社会面に大きく載った。そして九日間で四二万三八四一円が集まった。

吉永小百合さんをインタビューする玉井

それ以来、小百合さんとのご縁が続いている。私がインタビューした記事を一九八二年出版の交通遺児作文集に掲載させていただいたことがあった。「青春を映画に賭けて」というタイトルで、あの大女優が少女時代の貧困体験を語ってくれたのである。

小百合さん演じる少女が経済的理由で高校に行けずに悩む場面が出てくる浦山桐郎監督の映画「キューポラのある街」（一九六二年）は女優としての地位を確立した代表作だ。その当時の思い出をうかがったところ、彼女は、

「浦山監督から、台本といっしょに『貧乏について考えてごらん』という宿題をいただきました。私の家も表面的には貧乏ではないということになっていましたが、内実は火の車で大変な貧乏でしたから、『それなら、私、もう体験ずみだから』という気でいました」と意外なことを打ち明けたのである。

思わず、「へえ、吉永さんのお父さんは東大を出て外務省、お母さんはピアノの先生。貧乏とは無縁の人と思ってましたが。びっくりしました」と言うと、

「父が事業に失敗して、体も弱くて働けなかったんですよね。母が保険の外交をしたり、ピアノを教えたりして、家計が成り立っていたんです。借金地獄。そうとうの貧乏だったんですよ。高校へ行くためには、ある程度自分で働かないといけない。アルバイトのつもりで映画に入ったんです」「貧乏で一番辛かったのは、給食費ですか。毎月もっていかなければいけない。それが払えないんですよ。母は『忘れてきました』って言いなさいと。それを言うのが辛かったですね。小学生の三、四年生のときでした。二、三百円のお金がなかった……」と語るではないか。

小百合さんが貧しかったことなど初耳である。驚きながらも、「だから交通遺児と同じ気持ちがわかるのだ」と納得したことを覚えている。

堀田力検事と共闘

人の縁と言えば、交通問題キャンペーンで共闘した傑物がいる。後に田中角栄元首相の逮捕にまで至った汚職事件「ロッキード事件」の捜査検事として活躍した堀田力《つとむ》さんだ。後に「さわやか福祉財団」を立ちあげ、ボランティア仲間になった人物である。

出会いは一九六七年秋だった。激増する交通事故の加害者に適用される刑法二一一条（業務上

過失致傷罪）の条文を厳罰化するため、「三年以下の禁固」を「五年以下の懲役若しくは禁固」にして懲役刑を加えようとする刑法改正法案が国会に出されていたが、刑事罰を重くすることには慎重論も根強く、社会党、共産党の反対が強かった。改正案は前年の六六年は審議未了で流れ、六七年も夏に廃案となっていた。運輸労働組合の支援を受けていた両党はタクシー業界の組合を持っているため、反対せざるを得なかったのだが、私は「人を殺しておいて禁固刑だけだというのはおかしい」と批判し、人命軽視の風潮を戒めるためにも改正案を支持していた。同法制定時の東京には自動車が十六台しかなかったそうだが、六五年に交通事故による死傷者は約四五万人にのぼり、時代錯誤の法律であることは明らかだった。母の加害者は逮捕すらされず、刑務所にも入っていない。その恨みもあった。

そんな私に、法案成立に向け捲土重来を期す法務省刑事局の伊藤栄樹《しげき》総務課長が「ジャーナリズムのてっぺんにいる人の力で何とか通してほしい」と、地方から上がってきて改正案に携わる局付検事の堀田さんを引き合わせたのだ。伊藤さんは後に最高検察庁検事総長となり、「巨悪は眠らせない」という言葉で有名になった人物だ。

法案成立に向けて堀田さんと共同戦線のタッグを組むことになった私は「アフタヌーンショー」の交通キャンペーンに各党の交通政策担当者を呼び、改正に反対するゲストと激しく論争し、厳罰化を強硬に求めた。三度目も廃案となったが、朝日、毎日、読売の三大全国紙のコラムが一斉に政府案を支持し、社会党の対案を批判したことから世論も厳罰化に傾き、頑強に反対していた野党の票が選挙で減りだした。政府は六八年に四度目の改正案を国会に提出し、からくも可決、成立したのである。

この年、アメリカではキング牧師が暗殺され、フランスのパリでは学生や労働者の五月革命が起き、日本ではオリンピック景気に続き、『古事記』『日本書紀』に登場する神の名を借りた「いざなぎ景気」でアメリカに次いでGNP（国民総生産）第二位に躍り出た。熱を帯びた昭和という時代がそこにあった。しかしその物質的豊かさの裏で、交通戦争という経済成長に伴う悲劇が深刻な社会の断面を映し出していた。

戦友となった堀田さんは私と同学年で、母の交通事故死で私憤にかられて感情的に動く私とは対照的に冷静でソフトなイメージだが、後に田中角栄という大物政治家を取り調べるだけあって筋の通った人だった。私が政と官から攻撃されて窮地に陥った時のことは後の章で語ることになるが、実に親身なアドバイスをいただき、本当にありがたかった。

堀田さんが法務省を退官後の一九九五年、ボランティアの輪を広げようと「さわやか福祉財団」を立ち上げたのは、彼を育てた継母に非常に可愛がられたことが伏線にあり、米国留学中にボランティアの世話になった体験も影響したようで、私は手紙で「頑張れ！」とエールを送った。

私としては「待ってました」とばかりに、「あしなが育英会」の副会長に就任していただいた。今も常任顧問として、脇の甘い私を目立たぬようにサポートし続けていただき、不思議な縁だなあとしみじみ思うのだ。

その彼も二〇二二年にさわやか福祉財団の会長を辞任した。八十八歳となり、耳と足が不自由になり、私と同じように車いすが手放せなくなって「組織に老害を及ぼしたくない」と身を引いたのだ。さすが、堀田さんらしい潔さだなと思った。ある新聞に「三十年間、私が追い求めてきた共助・共生の社会への道筋に一つの区切りがついた」とも書いていた。「偉大な盟友」の感慨を思うと、私も誇らしい気持ちになる。

さわやか福祉財団のホームページでは、創設者の堀田さんをこう紹介している。

《一九九一年に法務省を退官してすぐに、「新しいふれあい社会の創造」を理念に掲げて、さわやか福祉財団の前身となるさわやか福祉推進センターを創設。以後、三十余年にわたり、全国に向けて、お互いさまで助け合うボランティア活動の意義と必要性を訴えかけながら、本人の尊厳が尊重され、いきいきと暮らせる社会を目指して、医療・介護等社会保障制度の抜本改正をはじめ、これからの時代に必要な働き方、教育のあり方、住まいのあり方、公益法人制度他多方面にわたり強力な提言を行い、今につながる地域共生社会づくりに尽力しました。公益財団法人さわやか福祉財団会長を二〇二三年に退任後も、子育ての社会化や高齢者のいきがいづくりに注目しながら、熱い思いで全国の取り組みを応援し続けています》

II

第四章　財界の重鎮を会長に――1969～

初代会長に永野重雄氏

一九六九年一月の閣議で「財団法人・交通遺児育英会」の設立が了承された。十歳の少年のことばの力によって日本の交通行政が動き、「全国の小中学校に在学中の交通遺児は二万七七六六人、その九割が父死亡、四割が要保護家庭」――という調査結果が発表されたのはその二か月前だった。間髪を入れず、中島君の詩を含む遺児たちの文章をまとめた小冊子『天国にいるおとうさま』(交通事故遺児を励ます会編)を発刊し、新聞もテレビも大々的に報道したことで、「交通遺児を救え」という世論が爆発的に広がった。国会議員も超党派で動き、年末の決議を経て、新年早々の閣議でゴーサインが出たのである。

交通遺児育英会初代会長で、新日本製鉄初代会長の永野重雄氏

新財団法人の事業がうまくいくかどうかは会長人事にかかっている。そう思った私は永野重雄・富士製鉄社長が適任だと考えた。それには「ダンプ論争」という伏線があった。

一九六六年十二月に愛知県の国道で、居眠り運転のダンプカーがライトバンに追突し、二台が横断歩道を渡っていた保育園児と保育士の列に突っ込み、園児十人、保育士一人が死亡する事故が起きた。翌六七年一月二十一日の『朝日新聞』の「声」欄に永野社長、安西浩（東京瓦斯社長）、安西正夫（昭和電工社長）、稲山嘉寛（八幡製鉄社長）、岩佐凱実《よしざね》（富士銀行頭取）、江戸英雄（三井不動産社長）といった当時の財界を代表する六人が連名で「運転席を低くしたら——暴走ダンプカー防止に提案」と題した異例の投稿をしたのだ。その内容は、ダンプカーは運転席が高い位置にあり、しかも大きな車体は厚い鉄板でおおわれているため、運転者は戦車にでも乗って突進しているような感じだから運転席をガラス張りにしてバスのように前に出して低くし、車体の強度も普通車なみにすべしというものだった。

交通事故を憂慮する気持ちは伝わったが、私はすぐさま同月二十七日の「声」欄に「〝運転席改造〟に疑問——根本的なダンプ事故防止策を」と題する反論を掲げた。「小型乗用車と衝突しても同じ運命になるようにすれば、暴走も減ることだろう」という財界人たちの考え方について、

「運転者だけを悪者扱いにする他罰的発想だ。むしろ事故の背景にある砂利業界の過当競争と運転手酷使をなくさないと事故は減らない」と反対し、自主的な安全運動の機運を盛り上げようという愛知県警方式の実行を提案したのだ。

さらに間髪を置かず、二月六日の「アフタヌーンショー」に、投稿した財界人のうち永野社長を含む四人を呼び、論戦を交わした。さすがに私は「そんなアホなことを言うな」とは言わなかったが、居並ぶ財界の大御所相手にけんかしたわけだ。私はまるで狂犬のように噛みつく〝若僧評論家〟のようだったが、永野さんは打ち合わせの初対面からにこやかで、庶民的な魅力にあふれる人柄だった。不利な論争にもかかわらず出演してきた器の大きさに私は敬意を抱いた。

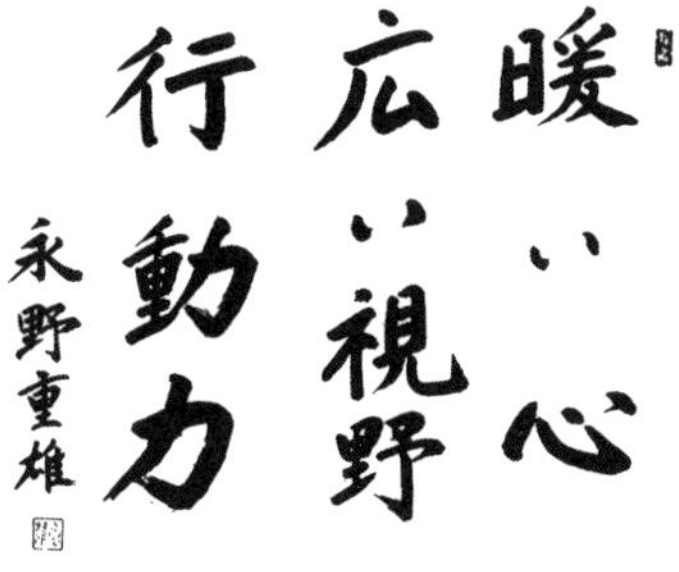

戦後財界の巨人・永野重雄氏の色紙の言葉は、今もあしなが運動の指針となっている

そんな経緯もあって、財界の強力なバックアップが不可欠な育英会の設立が目前に迫ると、私は「会長になっていただくのは財界の重鎮である永野さんしかいない」と考えた。

そこで内閣で交通問題を担当する「たっぷさん（田中龍夫総務長官）」に相談したところ、「私ごときでは身分が違うからよう頼めん」と困惑しつつ、同じ派閥の領袖である福田赳夫・大蔵大臣（後の首相）に仲介をお願いしてくれた。その晩、福田さんは料亭で永野社長に会って、会長就任を了承してもらったのである。小生意気にキャンキャン叫んでいた若者が「会長にしてくれ、と言っている」と聞いた永野さんは「おもしろいやないか。それなら受けよう」と快諾してくれたらしい。永野さんのおかげで育英会の理事には他にも財界の大物が加わってくれるようになったのだ。

「財界のドン」と評された永野さんだが、明治三十三年に島根県で生まれ、小学校六年生のときに裁判官の父親を亡くし、次男だったご本人含め十人の子を産み育ててきた母親の苦労を見てきた「情けの人」でもあった。これぞ出会いの妙と言えるものではないだろうか。顧問就任が内定した福田赳夫さんにもこれを機に、交通問題で相談に行くことが多くなり、秘書をしていた長男康夫さん（後の首相）とも顔なじみになったのである。

永野さんは後に運輸大臣を務める長兄の護さんが、東京帝国大学在学中に渋沢栄一から兄弟も含めて支援されていた恩もあり、渋沢と縁の深い浅野物産に入社し、大正時代末期に鉄鋼界入りした苦労人だった。昭和初期の金融恐慌で破産の危機にあった富士製鋼の再建に手腕を発揮し、富士製鉄と八幡製鉄との一九七〇年の大合併により創設された新日本製鉄の会長に就任する。その際、苦楽を共にした富士製鉄の取引先をすべて招待して祝宴を開いたというが、まさに人情に厚い永野さんらしい逸話だ。

そんな永野さんは著書『わが財界人生』（ダイヤモンド社）の中で、「六〇年安保闘争後に発足

「アフタヌーンショー」で永野重雄さん（右端）と初めて出会った（1967年2月6日）

した池田内閣時代は、僕にとって非常に思い出の深いものがある。僕と小林中、水野成夫、櫻田武の四人が、池田を囲んで飲んだり遊んだりした。別に、池田にものを頼むわけでなく、よく天下国家を論じたものだ。そういう僕らのことを三鬼陽之助が『財界四天王』と名づけた」と語っている。

つまり、所得倍増政策に象徴される高度成長経済を推進した池田勇人首相の時代に、東京急行社長で日本開発銀行初代総裁の小林中《あたる》さん、産経新聞社長などを務めた水野成夫《しげお》さん、日清紡績社長で日経連会長を務めた櫻田武さんと並ぶ戦後日本の財界を背負った大物だった。日本商工会議所の会頭も引き受けるなど、多忙極まりない立場にありながら、車社会への敵意をむき出しにして叫ぶ若僧の私の意向を受け入れ、交通遺児の進学を援助する活動を暖かく見守ってくださったのである。

「お金集めはしないよ」と言われていたので、私も「意地でも頼まないぞ」と心に決め、それが募金への闘志を燃やす精神的な支えになった。もっとも、経済四団体（経団連、日商、日経連、経済同友会）の各トップが勧進元になって行う「財界十億円募金」をお膳立てしてくれるなど助力を惜しまなかった。

他の財界の大物に私が窮状を訴えに行くと、「永野さんがやってらっしゃるから」と即座に応じてくれたこともあった。それも永野さんの人望と実力があってのことだと感心したものだ。意地で募金に走り回った私だったが、お釈迦さんの掌中のごとく、永野さんの掌の上で守られるように動いていたのだろう。一九八四年五月に八十四歳で亡くなられたが、私にとって永野さんはかけがえのない「永遠の師」である。

永野さんは自著『和魂商魂』で会長を受諾した時のことをこう綴っている。

《昭和四十四年の初春のことであった。〝交通遺児を励ます会〟の玉井義臣君から、財団法人「交通遺児育英会」の会長となることを依頼された。そのとき玉井君が示した数字は悲惨なものであり、私の胸をしめつけた。当時すでに全日本交通安全協会の会長でもあった私は、交通遺児が出るのも安全運動が徹底しないからであろうと、大いに責任を感じ、玉井君の依頼を快諾したのであった》

資本の論理とぶつかる

一九六九年五月二一日、財団法人「交通遺児育英会」の設立総会で正式に永野重雄・富士製鉄社

長が会長に就任した。無謀とも思える要請を、にこやかに受け止めた人間の大きさに、私は感服した。そのうえ永田町の平河ビル六階の一室を事務所として永野さん個人の借金で借り上げてくれたのである。専務の私含め職員は七人でのスタートだった。

育英会の設立に先立ち、「交通事故遺児を励ます会」（岡嶋信治会長）が会の財産全額九九五万一一九円を寄託した。若者たちが街頭で声を嗄らした募金活動に共鳴した庶民の寄付やチャリティーイベントの収益など心のこもった善意の結晶で、これが育英会への寄付第一号となった。

もっとも、拠点ができたとはいえ、その時点では専務理事の私を含め七人の職員の給料を払えることすらわからず、肝心な奨学金を用意できる見通しも立たない不安いっぱいのスタートだった。それを見越して、私は交通遺児に奨学金を出すために三十億円の募金を目標とした財源計画を立て、日本自動車工業会、財界の各業界団体、国民募金からそれぞれ十億円ずつ集めるつもりで、前年十二月の『朝日新聞』のインタビュー記事でもそう答えていた。

案の定、不安は現実となる。我々の期待と資本の論理はかけ離れていた。計画に沿って自動車工業会に十億円の寄付を申し込んだが、「現実離れしている」と一蹴されてしまったのである。つまり、先方が言うには、自動車それ自体に責任があるわけではない、だから十億円など現実離れしているではないか、という論理だ。寄付は、トヨタ自動車工業が生産台数五百万台突破を記念して寄託した一億円を含め二億円しかできない、という。しかし私は引き下がらなかった。それを突っぱね、再び十億円を要求した。これでは主張が噛み合うはずがない。いきなり渋面を突き合わす膠着状態に陥った。

そんな時だった。六月一日付の『朝日新聞』社会面に、「欠陥なぜ隠す」という太い横見出しと、「日本の自動車、日産・トヨタを米紙が批判、国内でも極秘の修理、安全性より〝営業優先〟」という縦の三本見出しの記事が出たのだ。火災事故を起こした日産のブルーバードと、ブレーキのパイプ取り替えのため回収したトヨタのコロナの写真が載っていた。当時二大メーカーが誇る大衆向けの人気車である。この日始まった欠陥車キャンペーンの第一報の末尾は、欠陥車回収の事実を公表すべきだ、と訴える私のコメントである。福岡から東京社会部に異動して間もない伊藤正孝記者が放った渾身のスクープは大きな反響を呼び、国会でも取り上げられると、メーカー側への批判が集中した。

「このタイミングだ！」。私は伊藤記者に連絡を取り、「寄付金をめぐって（交通遺児育英会が日本自動車工業会と対立している」と説明した。すると、六月十九日付紙面に「交通遺児には冷たく、基金出ししぶる、自動車メーカー一〇億の要望に二億円」という見出しの記事が六段扱いで掲載された。私はあえてその記事で相手の神経を逆なでするかのように、「自動車メーカーは、これまで交通事故を運転者や歩行者のせいにし、政府の過保護の下に〝走る凶器〟をつくってもうけて来た」「二億円の回答は、とてものめない」と激烈に批判したのである。

メーカー側としては逆風をかわす必要もあったのだろう。日本自動車工業会は二日後の理事会で急遽、「一〇億円」の寄付を贈ることを決めた。私が譲らなかった理由は、無理解な企業への不満だけではなかった。政府がたった二千万円の補助金しか出さず、しかも基本財産への拠出のため利子分しか使えない制約がついていたことへの憤まんがあった。前年の衆議院で「（育英会の）健全な事業活動を促進するためには、必要な財政措置について配慮すべきである」と決議されていたにもかかわらず、である。財源のあてがなくなれば、育英会そのものが成り立たない。財政状態を考えると、引き下がるわけにはいかなかったのである。

そんな私の姿はメーカー側には傲慢に映ったに違いない。それでも私は取材に来る新聞記者にはこう言った。「わしは無思想、無節操や。ただ全国の交通遺児を救済したい。それには、なんぼでも金がほしい。ただそれだけですねん」

永野会長の器の大きさ

それにしても永野会長はすごい人物だと思った。私と自動車業界が大ゲンカしている渦中でも泰然自若としているのだから。親のような年齢の企業トップと激しくやり合う私の性格をわかった上で会長就任を受け入れ、余裕のある笑みを絶やさない。なんと器の大きな人なのか。しかも、十億円の寄付について露骨に難色を示した自動車工業会副会長でトヨタの豊田英二社長も、永野さんが育英会の理事の一人として指名した一人である。いずれ私と対立する展開も予想できたであろうに、何事もないような顔をしていた。

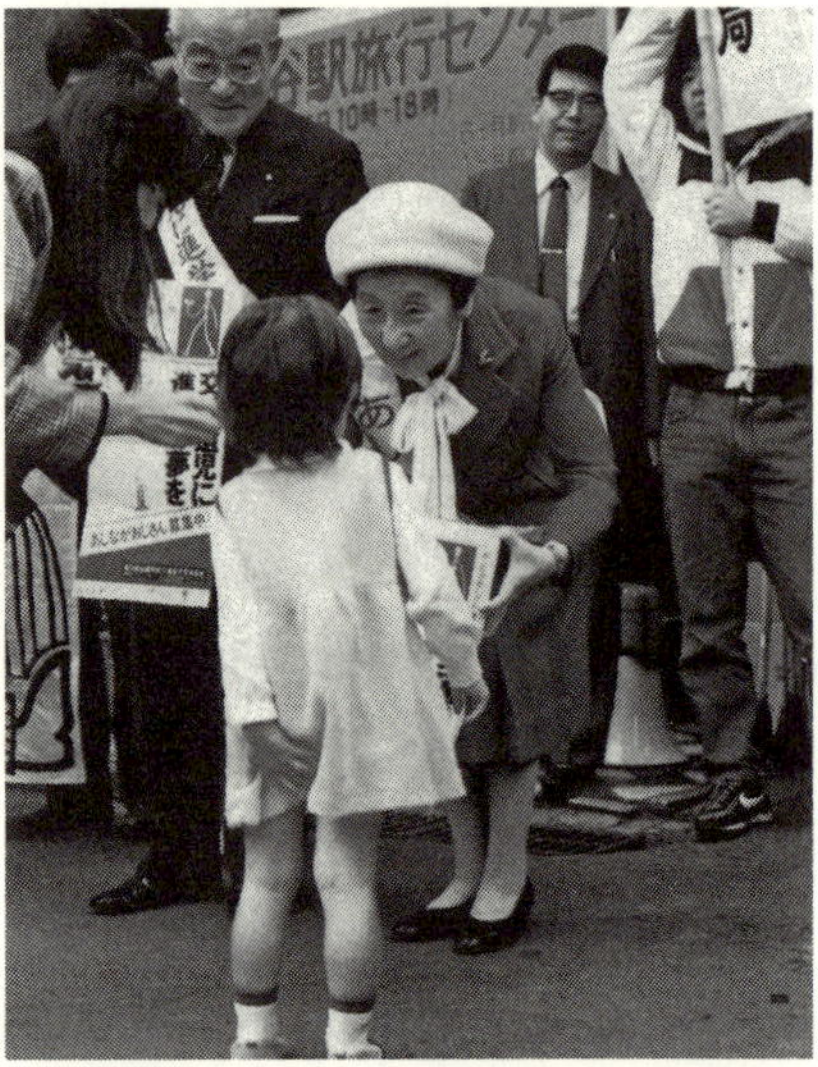

第31回学生募金にご参加くださり小さな「あしながさん」にやさしく話しかける秩父宮妃勢津子殿下（1985年）

秩父宮妃勢津子殿下に育英会の名誉総裁になっていただいたのも、永野さんが「秩父宮妃殿下を推薦申し上げてはどうだろうか。玉井君さえよければ頼みにいけるルートがあるよ」と声をかけてくれたからだ。

「恐れ多いことだが、妃殿下も御夫君を亡くされ未亡人であられるので、交通遺児のお母さんのことはよくご理解いただけるだろうし、それで母親たちもきっと励まされると思うよ」

その提案に私は驚きながらも、永野さんに随行して宮内庁の宇佐美毅《たけし》長官を訪ねてお願いした。永野さんは長官の兄で三菱銀行頭取を経て日本銀行総裁を務める宇佐美洵《まこと》さんと懇意だったのだ。さすがの人脈だと恐れ入った。

秩父宮妃殿下は団体の名誉役員就任を固辞されたようだが、しまいには永野さんの熱心な説明にしっかり応えてくださった。外交官を父に持ち、外国で育った妃殿下は気さくなかたで、とりわけ福祉に関心が強い人物とお見受けした。高齢になられてから街頭に募金箱を抱えて立ち、学生を温かく励ましてくださる姿は募金への信用を大いに高めてくださった。「そうか、永野さんはそこまで考えていたのだ」。私は後になってそう感じたのだった。

永野さんの存在がなければ、遺児支援の活動が半世紀を超えて発展することはありえなかっただろう。イデオロギー、政治的スタンス、権力の有無など、すべてを超越して永野さんに会長をお願いした一件から、私は「人たらしの玉井」と言われるようになったが、永野さんの人間力というかスケールの大きさは私の想像をはるかに超えるものだった。日本経済新聞社の「私の履歴書」で永野さんは腕白でけんかに明け暮れた少年時代や広島高師の附属中学、岡山の六高を経て、東大法学部時代にも毎日道場に通う「勉強より柔道一筋」の青春時代だったことを回顧しているが、ひ弱な偏差値エリートとは違う、腹の据わった真の大人《たいじん》だった。

永野会長危篤の報を受けたのは一九八四年五月四日、出張先の北京だった。その夕刻、旅立たれた。その時の驚きと悲しみは忘れない。まさに「巨星墜つ」であった。八日の密葬に参列した私は永野さんの亡骸にこう話しかけた。

「オヤジさん、これからも天国で二〇万ファミリーを見守ってください。叱ってください。私たちは偉大なる慈父を忘れません」

振り返ってみると、永野さんを会長に口説き、それが実現したことの意味ははかり知れないほど大きかったと思う。世紀の大合併で日本初の売上高一兆円企業となる新日本製鉄の発足を導いた永野さんは戦後ニッポンの高度経済成長を牽引する主役の一人だった。人工知能（ＡＩ）によるデータ分析に経済成長を担わせようという現代では想像もつかない「鉄は国家なり」の時代にあって、永野さんこそキーパーソンだったのだ。よくぞ、交通遺児育英会の会長を務めていただいたものだ。あの当時、運動と言えば、学生、野党、労組、消費者もみな、政府や産業界といった体制側に拳を振り上げ抗うものが定番だった。そんな中で、母を奪った車社会への憎悪から出発した私は「交通遺児を救いたい」との一念で、イデオロギーも党派も超越した現実主義者であろうとした。左翼も右翼も、革新も保守も、私の行動を縛るものではなかったのだ。

当然のごとく、「弱者救済のためと言いながら、保守本流の財界要人と手を結ぶ玉井は信用できない」との声が飛び交っているのも知っていた。私は節操のない日和見主義者のレッテルを貼られたかもしれないが、少年少女の進学の夢をかなえる寄付の増額を考えれば、「清く貧しく美しく」だけでは成り立たない。あえて言わせていただければ、現実主義で押し通してきたからこそ、あしなが運動が長く続いてきたのだ。貧困にあえぐ遺児家庭をどう助けられるか。その一念から最善の方策を命がけでつかみとってきたのだ。理想に向かって驀進する、その起点が「永野会長」の実現だったのだ。

武田豊さんへのバトン

亡くなった永野さんの後を受け、一九八四年六月に新日鉄社長（当時）の身で交通遺児育英会の二代目会長のバトンを引き継ぎ、さらに一九九三年四月の「あしなが育英会」発足まで「災害遺児の高校進学をすすめる会」の会長を務めていただいた武田豊さんについても触れておきたい。永野さんと武田さんはまさに親分子分というか強い師弟関係で結ばれていた。

経済評論家の三鬼陽之助さんの著書『財界四天王の遺訓』（東洋経済新報社）に二人の関係がこう書かれている。

《永野は、日本製鉄が八幡・富士の二社に分割されて富士製鉄の社長に就任が決まったとき、人事、ことに秘書課長の選定に腐心した。秘書課長は文字通り社長の分身である。その秘書課長が、没落する同僚の悪口を言うような男では落第である。そこで白羽の矢が立てられたのが、当時、鉄鋼懇話会幹事長の冷や飯をくわされていた武田豊である。

武田は学生時代から、勉強そっちのけで弓道に凝り、同じく柔道に凝った永野から、スポーツを通じて親近感をもたれていた。苦労人の永野の目に狂いはなかった。たとえば武田は、公私を混同、麻雀で人事を左右していると言われた前任者の処置を任されたが、「前任者の悪口はぜったいに言わない」を自分はもちろん、課員にも徹底し、結局、当の前任者からも恨まれず、課員からも全幅の信頼を寄せられた。そして、永野が昭和の渋沢栄一とまで異称される財界のスターとして功成り名遂げた背後で、武田は舞台裏の苦労人としてイの一番に挙げられる存在にまで成長した》

まさに当を得た一文である。その武田さんが交通遺児育英会の二代目会長に決定した際、私も機関紙『あしながファミリー』に「永野・武田ものがたり」と題した拙文を掲載しているので、それを再掲させていただく。

《昨日、〝最後の巨人〟永野重雄前会長に代わって、愛弟子の武田豊・新日本製鉄社長が、交通遺児育英会の二代目会長に決定した。

人間の「縁」というか、「出会い」とは妙なものである。

武田さんが永野さんに初めて会われたのは昭和十四年、武田さんが東大を卒業して、受けるともなく受けた日本製鉄の試験場で、面接された試験官が永野さんだった。

永野さんは専門の鉄の話をえらく細かく質問するが、〝冷やかし受験〟の武田さんにはチンプンカンプン。武田さん、開き直られたか、逆に次々と永野さんに矢つぎ早に質問され、永野さんがひとつひとつていねいに答える。攻守ところをかえての面接が、永野さんにはよほどおもしろかったのか、武田さんは郷里で「サイヨウナイテイス」の電報を受けて入社した。

武田さんが最初に配属された課の課長が何と永野さんだった。

「武田君、きみスクラップをやれ」

「新聞の切り抜きですか」

「バカ、くず鉄のことだよ」

こんな会話があったかどうか、永野さんの〝くず鉄談義〟が朝から、席をかえて深夜まで、杯を片手に夜半まで及んだという。

そして、よほど意気投合されたのか、実に四十五年間、「武田は永野の秘蔵っ子」「永野あるところ武田あり」という師弟関係が続く。

永野重雄会長の愛弟子で、育英会二代目会長の武田豊さん（1986 年 4 月）

単に師弟というだけでは四十五年は続かない、と私は思う。親分子分という単純なものでもない。

永野さんは有名なカミナリおやじで、その恐さといったらなかったらしい。仕事では鬼より恐い厳しい人だったから、きっと武田さんは永野さんにこの世で一番叱られた人だろう。それでも、その武田さんが永野さんに影のように一生仕えられたのは、永野さんの巨大な器とその人間的な人柄に心酔されたからに違いない。

永野さんは永野さんで、類まれな明晰な頭脳と正確な判断力をもち、ユーモラスで雷をものともしない武田さんに将たるの資質を早くから見抜いて、〝帝王学〟で後継者に育て上げられたのであろう。

永野さんが日本と日本人に遺すために病床で書き綴られた「所感」は、この四月二日、まっさきに武田さんだけが読んだ。武田さんは「人の生命は短い。私の生命もまた残り少ない。しかし……」のくだりから、永野さんの死の覚悟を読みとる。

実は、三年前から永野さんの肝臓がんを医師から知らされ、この頃には「もう夏までは……」と宣告されていた。それを知った上で、武田さんは、永野さんの退院希望を容れられた。そして、永野さんは覚悟のお別れのあいさつまわり、日商会頭辞任と、自らの幕引きは、お見事というほかない。

私は、武田さんからこの劇的な最期を聞きながら、お二人の関係は世にいう親分子分ではなく、互いに惚れ込みあった男の友情物語であり、永野さんが唯一人許した対等以上のつきあいだったのだ、と感じた。男の友情とは、何と激しく、美しいものであろうか。

私が武田さんに初めてお会いしたのは昭和四十一年で、その後も何回かお目にかかったが、永野さんと武田さんの関係は世間どおりに受けとめていた。しかし、武田さんからこのドラマを聞きすべてを理解したあのとき、武田さんと私の出会いが始まった、と思う。これはきっとあの世からの導きである。永野さんの子どものようないたずらっぽい笑顔が目に浮かんだ。人生とは出会いの妙だ（一九八四年六月二十一日記）》

第五章　学生の熱意に支えられ――1969～

走り出した学生

交通遺児育英会設立当初の脆弱な財政状況を救ったのが学生たちだった。その先駆けが青山学院大の長原昌弘君と東京理科大の松本茂雄君の三年生コンビだ。私立巣鴨高校出身の彼らは交通事故と防止策を研究しており、その資料として文集『天国にいるおとうさま』を読んで激しく心を揺さぶられ、二人で日本一周の募金活動を思い立ったという。彼らの来訪を受けた私は日本地図を広げ、一緒になって計画を練り、「交通遺児をみんなで守ろう」という趣意書も書いてあげた。行く先々で彼らの世話をしてもらおうと、全国の育英会関係先も紹介した。

一九六九年七月十四日、東京・数寄屋橋。出発に先だち二人は街頭で最初の募金に立った。国

東京銀座の数寄屋橋にて募金箱を持つ玉井（1969年7月14日）

会から原健三郎・労働大臣、西村栄一・民社党委員長が、都庁から美濃部亮吉知事が駆け付けた。さわやかな笑顔で車に乗り込んだ二人は九月八日まで、交代で運転しながら日本全国九千五百キロを走破し、四十六道府県庁所在地の駅前で連日街頭募金を展開する。アポロ十一号の人類初の月面着陸（七月二十日）、夏の甲子園の松山商業と三沢高校の決勝での延長十八回引き分け再試合（八月十八日）で記憶されるあの熱い夏、二人は総額一六九万五三九三円を集め、全額を育英会に寄託してくれたのである。

帰ってきた長原君は晴れやかな顔でこう言った。

「初めて遺児たちの文集を読んだ夜、一睡もできませんでした。この子たちのために一刻も早く動こうと日本一周を思い立ち、なんとか走り切ることができました」

時代は学生運動が激しさを増し、各地の大学キャンパスがバリケードで封鎖され、授業ボイコットで混乱の極みに達していた。この年の一月十八日、本郷の東大では安田講堂を占拠した全共闘や新左翼の学生を排除するため機動隊が突入して封鎖を解除する「安田講堂事件」が起きていた。ゲバ棒を振り回して体制変革を唱える行動には違和感を抱いた二人は時代の熱気に刺激されつつも、そのエネルギーを遺児たちの救済に注いだのである。

六〇年代後半の日本はとにかく熱い時代だった。一九六八年にはGNP（国民総生産）が西ドイツを抜いて世界第二位となり、国民所得はうなぎ上りでみんながモノの豊かさを体感した。しかしその反面、水俣病、四日市ぜんそくなどの公害が社会問題化し、大気汚染も深刻化し、豊さの負の側面に、感性豊かな若い世代は鋭く反応していた。交通問題は当然、その視線の先にあったのである。

秋田大から始まる学生募金

一九七〇年から「学生募金」がダイナミックに動き出す。奨学金貸与が本格的に始まろうとする年の初め、平河町の交通遺児育英会事務所に秋田大学鉱山学部三年、桜井芳雄君が現われた。五月の大学祭に向け、自分たちにふさわしい行動は何かと考え、「日本縦断チャリティーラリー」

第１回学生募金事務局。左から３人目が山本五郎事務局長、右隣が桜井芳雄君（『週刊朝日』1970年10月9日号より）

を企画したといい、上京して警視庁に相談したところ、育英会の存在を教えられたという。

当時の日本は七〇年安保の真っただ中で、一九六〇年に締結された日米安保条約の自動延長を控え、東大安田講堂事件など、革マル派や中核派など新左翼系の学生運動が燎原の火のように全国に広がっていた。大学当局は外部との関わりに神経をとがらせ、それに反発する学生側が教職員を遮断して自主管理するようバリケード封鎖する光景もよく見られた。大学祭を企画する中心メンバーの桜井君ら六人もまた学園紛争の熱気に駆り立てられていたようで、私は彼らに遺児の置かれた状況を説明し、帰り際に交通遺児作文集の小冊子『天国にいるおとうさま』（交通事故遺児を励ます会編）を手渡し、「寄付をするにせよしないにせよ、とにかく、まずこの文集を読んでほしい」と言った。

冊子をめくった桜井君は涙が止まらなかったらしい。彼の手記である。

《読み始め、涙がボロボロと止まらなかった。「これはえらいことだ」。今の世の中にこんな悲惨なことが放置されたままでいいのだろうか。「単に交通遺児がかわいそうだからではなくこの

社会が交通遺児を救えないなら、自分たちには未来はない」という発想で学生募金を始めた》
親を交通事故で奪われた子どもたちの悲痛な訴えに引き込まれた彼は高度経済成長を謳歌する日本の裏側の悲惨な現実に無力な自分が悔しかったらしい。翌日だったか、同じ鉱山学部三年で大学祭実行委員長の山本五郎君を伴い再び事務所に現れ、「この子たちを見捨てれば、自動車社会に我々の世代が敗北したことになる。全国の学生に交通遺児のための募金を呼びかける」と真剣な表情を見せた。初めは「ラリーをして寄付する」と言っていたが、いよいよ本番が間近に迫ると「事故が起きたらどうすればいいのか。交通遺児を救済するチャリティーでラリーはないだろう」と考えを改め、交通遺児のための募金キャンペーンに絞った。その結果、三十九大学の参加を得て、募金額は一二二五万九五四八円になった。
五月二十八日、私は秋田を訪れ、秋田大学のキャンパスで彼らから寄付金の贈呈を受けた。大学構内には紅テントが張られ、唐十郎が率いる状況劇場が野外公演をやっていた。彼らが呼んだというから、なかなか冒険好きな学生だったのだろう。反戦フォークが流行し、学生運動が盛んな年だったが、彼らも私もヘルメットをかぶって石を投げる連中とは一線を画したいと感じていた。そして、彼らには「交通遺児への単なる同情ではなく、物質文明の犠牲者である遺児の問題を若者の連帯で解決しよう」という問題意識がしっかりとあって、本をよく読み、文明論的な取り組みを志向していた。翌日、秋田空港から帰京する際、搭乗ゲートまで見送ってくれた桜井君に握手を求め、「この募金をもう一度本格的にやるつもりはないか」と尋ねた。「考えておきます」

という返事だったが、彼らは不完全燃焼だったのだろう。

四百七十五大学が参加

「募金拡大のためには社会の関心を高めなくてはならない」と考えた六人は六月に入り再び動き出した。桜井君が提唱する「全国学生交通遺児育英募金」の事務局を学内に設け、東京の出先として育英会に事務所を置くことを決めた。私は彼らのために古い民家の離れを借りあげた。山本五郎君が事務局長となり、六人で全国を六ブロックに分けて担当し、大学や高等看護学校を回り、体育会と文化会のサークルの部室を一つ一つドアをたたいて遺児作文集『天国にいるおとうさま』を渡し、「こんな子どもがいるんです」と連帯を訴えたのだ。

大きなリュックサックに資料を詰め込み、知り合った学生の下宿や学生寮、駅、ベンチ、河原で寝泊まりし、見知らぬキャンパスに飛び込むのだから、簡単なことではない。孤独なオルグだったろうが、募金活動に先立つ会議で採択された運動方針には「交通公害を本質的に解消し、さらに文明を我々若者自身、そして遺児達自身が強く生きる力へと発展させて行く事を念願とする」という彼らの理念が込められていた。

その動きに呼応したのが全国の大学自動車部の学生たちだった。瞬く間に四百七十五大学の参加を得た第一回学生募金は十月六日、全国各地で街頭募金をスタートさせた。銀座の数寄屋橋公園では、育英会の永野会長と後藤田正晴・警察庁長官が白タスキを掛けて通行人に募金を呼びかけた。秋田大学の学生らは二十六日、全国の募金で集まった総額二二八六万三五四八円を永野会長に贈呈した。それは財政危機を救う突破口となるのだが、私はそこまで学生募金がダイナミックに動き出すことは正直なところ想定していなかった。

桜井君は十一月まで東京暮らしをしながら、交通遺児のために奮闘した。秋田に戻る前、全国の大学自動車部が加盟する全日本学生自動車連盟の次期役員の早稲田大学三年、高橋重範君らに募金事務局を継承するよう頼んだ。「僕たちには車を愛する者としての責任もある」。そう応じた高橋君は募金運動の事務局長を快く引き受けた。体育会系の自動車部に属する学生たちも社会に無関心ではいられなかったのである。

第１回学生募金の山本五郎事務局長から永野重雄会長に募金贈呈（1970 年）

その後、事務所に挨拶にきた桜井君を羽田空港まで送っていく時、こんな言葉を交わした。

「ようやく肩の荷が下りました」

「ごくろうさん。また来年も頼むよ」

この年は日米安保条約の延長反対闘争の嵐がキャンパスに吹き荒れる一方、交通事故はワースト記録を塗り替え、公害闘争も巻き起こり、学生はノンポリでいることなど許されなかった。彼は育英会に就職することになる。

高度経済成長を象徴する大阪万博で世の中は盛り上がっていたが、私には無縁のお祭りだった。それより、全国の自動車部や励ます会の学生たちに付き合い、ひたすら酒を飲んでは議論した。自動車部は事故を起こして被害者を作る側だが、そこを説き伏せて「君たちがドライバーの模範になってくれ。一緒にやろう」と必死に口説いたものだ。

体育会自動車部

翌七一年一月、全日本学生自動車連盟に移され、組織を上げて取り組む態勢が整った募金事務局は全国の大学、短大、高等看護学校など一千近い団体へ第二回募金への参加協力を郵便で呼びかけた。そのほか全国の高校には校内募金も呼びかけた。第二回のスローガンは「涙よりも愛の行動を!」。サブ・スローガンは「交通遺児に進学の夢を」「交通遺児を励まそう」となった。精力的なオルグが功を奏し、全国の大学自動車部の学生ら六百大学、二万人の学生が交通遺児育英募金のために街頭に立った。

体育会系のすごいところは、委員長、副委員長ら組織トップの命令一下で末端まで全部動くことだ。私は連盟委員長となった高橋重範君にひたすら酒を飲ませた。今の時代に振り返れば、古めかしい男社会の体質と言われるかもしれない。だが、自動車部は男だけの部ではなく、高橋君らの相方の女性チームが副委員長校としてあって、それが聖心女子大の自動車部だった。先端的なクラブで、自動車のある金持ちの家の娘さんが多かったのだと思う。やがて励ます会の学生との連携も深まり、自動車部の呼び掛けで自動車部以外の学生も増えていった。自動車部の顧問の先生は反対だったようだが、私は委員長の高橋君をつなぎ止めようと、毎晩飲んでは口説いたものである。

そうこうしているうち、全国の自動車部の活動に携わる学生たちから「募金だけでなく、遺児の悲しみをサポートするべきだ」という声が上がり、各地に「交通遺児を励ます会」が続々と生まれた。大学生のお兄さん、お姉さんがバスを仕立て、遺児母子を乗せてピクニックに出かけて楽しいひとときを過ごす活動が広がる。その若者たちの感性に私は「なんて素敵なんだろう」と感動した。街ではフォークグループの赤い鳥によるヒット曲「翼をください」が流れていた。

全国各地に誕生した三十五の励ます会が七一年九月、東京に集まって「交通遺児を励ます会全国協議会」が結成された。会長には元祖励ます会を主導した岡嶋信治さんを据えた。同月二十五日、この会主催で交通遺児と母親の全国大会が東京都内で開かれた。全国から約四百人の母子が参加し、苦しい生活状況が報告され、最後に岡嶋会長から二十六項目の「交通遺児救済に関する要望書」が提案され、満場一致で採択した。遺児家庭の生活支援策や母親の雇用改善などを含むもので、政府、政党、自治体などに提出した。その運営の裏方として汗を流した学生たちの中から、遺児救済の仕事を一生続けようと育英会に就職する者もいた。これが育英事業の中核として支える「第一世代」だが、それは後述しよう。

自動車連盟主体で事務局を担う形態は一九八三年春の第二十六回募金まで維持され、そのあと第二十七回募金から遺児学生による事務局にバトンタッチした。ただ、途中の七三年四月の第六回募金だけ自動車連盟の代わりに交通遺児を励ます会が募金事務局を担ったが、募金は六百万にとどまった。自動車連盟なら千五百万円は集められただろう。「これじゃだめだ」と自動車連盟に戻すことになった。組織力が違ったのだ。まだ家にマイカーがそれほどない当時は多くの学生が自動車部で免許を取るつもりで自動車部に在籍していた。そんな時代だった。

遺児学生が担って受け継いできた学生募金は九〇年に「あしなが学生募金」に改称し、春と夏の風物詩として日本社会にすっかり定着したように思える。学生は活動する中で成長し、これからの日本、社会福祉の問題をどう考えていけばよいのかを考えて、身に着けてきた。それがあしなが運動の成功の大きな要因だと思う。そして第一回から半世紀を経た二〇二〇年春で記念すべき第百回目募金を行う予定だったが、新型コロナウイルスの蔓延で初めての中止を余儀なくされた。これについては第十五章で触れることになる。

草創期を担った第一世代の若者

それでは、創設間もない育英会に就職してきた「第一世代」の面々について書いてみたい。

全共闘の時代、多くの大学がストライキでキャンパスが閉鎖され、授業も休講という状態となり、エネルギーを抱えながら暇を持て余していた学生も多かったのだろう。交通遺児の募金活動が活発化し、岡嶋信治さんが東京でやっていた「交通遺児を励ます会」が全国各地に続々と誕生していくなか、その担い手となったのが地方の国立二期校や私立大の学生たちだった。一期校の入試に落ち、二期校の滋賀大に入った私にはよく分かるが、彼らの中には屈折した思いと閉塞感を抱えている者が多かった。そんな彼らに私は「励ます会を全国に広げよう」と積極的にオルグした。この運動を継続するためにも支援のすそ野を広げたかったからだ。

あの時代の育英会には優秀な連中が集まってくれた。そのころはノンポリがいなくて、学生はみんな社会のためにやらなきゃならんという風潮だった。今はいわゆる「意識高い系」の人が煙たがられるようだが、あの頃は学生が燃えないと恥ずかしい時代だった。育英会に働きたいという若者の親はみな「そんな食えるか食えないかわからないところに行けるか」と大反対した。それでも、これぞと思った若者は、私自身が口説いた。そんななか、本人が希望しても断ったことがある。弘前の交通遺児を励ます会の代表をしていた弘前大生で、母子家庭だった。私は遠慮して、「お母ちゃんを大事にして、お前はちゃんとしたところに行け」と言うと、「なんで僕だけ入れてくれないのか」と突っかかってきた。成績が良かったので結局、第一勧業銀行に就職して最後まで勤めあげた。その後も、私たちのことが気になって、ことあるごとに連絡してくれる。

交通遺児育英会が創設してから数年間は親の反対を押し切って入って来た連中が多い。各地の励ます会や学生募金で活躍した連中だけに、育英会に就職した彼らはよく働いた。なかなかの個性派揃いで、黒澤明監督の名作になぞらえて「七人のサムライ」と命名した者がいる。いずれも、育英会に身を投じ入れ、あしなが運動草創期の核となった、七二年入局の桜井芳雄、山本孝史《たかし》、山北洋二、七三年の藤村修、七五年の吉川明、林田吉司、七六年の工藤長彦《としひこ》の面々である。

秋田、大阪、福岡から

学生募金は秋田大学の桜井君らが先鞭をつけたが、彼らを継承する仲間の輪は全国に広がり、それが派生していった。「大阪交通遺児を励ます会」を作ったのが立命館大学の山本孝史君らだった。大学三年のとき秋田大学の学生からオルグされ、街頭募金に参加していた彼の資質にほれた私が「大阪に励ます会を作ってくれ」と言った。その会ができると、すぐに西日本各地で励ます会を作るオルグに彼を同行させた。一九四九年生まれの団塊世代で、大阪・船場の当時業界二位という歯ブラシ屋の御曹司だ。五歳のとき交通事故でお兄さんを亡くしていたので本来なら社長

山北洋二

山本孝史

桜井芳雄

藤村修

あしなが運動の草創期を担った
「七人のサムライ」

工藤長彦

林田吉司

吉川明

を継ぐはずだった。彼の親父は天王寺商業という一番良い商業の学校に行って家業の跡継ぎをしていて、本当は息子に継がせたかったのだろうが、「お前は好きなようにせえ」と言ってくれた。遺児と母親の訴えをまとめ、一九七一年九月に国と自治体に提出する作業の要の役を果たした。私の誘いもあって翌七二年に育英会に就職し、励ます会の全国協議会の事務局長を務めながら、機関紙作りや募金活動の指導に従事した。酒が強く、仕事の後から仲間とやり始めると、底なし状態だった。日本社会も騒々しく、札幌オリンピック（二月）、沖縄返還（五月）、田中角栄の総理大臣就任（七月）、日中国交正常化（九月）のほか、四日市ぜんそくやイタイイタイ病の訴訟で患者側の勝利判決が続き、公害問題がクローズアップされる年でもあった。

山本君は八〇年代に「アメリカで勉強したい」とミシガン州立大の大学院で児童福祉や死の教育を学んで修士号を取った。席を空けて待っていたので復帰し、九〇年から私のもとで交通遺児育英会の事務局長を務めてくれた。その後、国会議員として活躍するのだが、そのことは後であらためて触れることにする。

全国規模の学生募金を組織化した秋田大学の六人の学生の一人である桜井芳雄君は指導教官から紹介された就職先を断って、私の誘いに応じて入局した。交通遺児を励ます会の活動経験はなかったが、学生時代の募金活動に全精力を注ぎ込む姿は私や各地で彼からオルグされた学生の心を打った。留年の身で募金活動に青春を懸け、さらなる留年を覚悟で腹をくくった情熱の男である。育英会ではコツコツと送金作業などに従事し、十年ほど勤めた後、東京都内で接骨院を開業した時は、交通遺児救済運動の原点となった交通遺児募金を学生時代に提唱して仲間と全国の大学を徹底訪問した彼らしい選択だと感じた。あれから半世紀を超えた今も、あしなが育英会の常任顧問として、私らとともに街頭募金の列に並んでいる。

二〇二二年十二月十七日、新宿駅西口での募金活動に、車いすに座った二人の老人が参加した。私と桜井君だ。彼は体の不調をおして駆けつけ、コロナ禍を越えて募金のタスキがつながったところを見届けてくれたのだ。秋田の仲間は一人ならず鬼籍に入り、古希を過ぎたいま、彼は育英会の職員にこう語りかける。

「街頭募金は広告メディアとしての機能を果たす呼び水効果、世論の喚起と政治への訴求効果に加え、学生が自分で考え、動く力を養ってくれる成長の場だと思う。学生には、しんどいだろうけど、そのような募金の意味を伝えてほしい」

山北洋二君は福岡生まれの九州男児だ。高校生の頃から青年赤十字奉仕団（ＪＲＣ）でボランティアを経験し、人集めや金集めに特異な才能を発揮した。福岡工業大学でもボランティアとアルバイトに明け暮れ、ＪＲＣの団長となっていた。福岡交通遺児を励ます会の代表となるや最初の募金で東京都に次ぐ一三〇万円を集めてみせた。若いころはけんか早く、私にも人前で楯突いた無法松のような男だ。山本、桜井の両君に続いて育英会に就職し、十年近く奨学生制度を動かす中核を担い、海外研修大学の団長はまさに適任で、私が交通遺児育英会から離れて設立した「あしなが育英会」では初代事務局長に起用した。その後、理事、監事を経て、現在はＮＰＯのファンドレイジング協会の理事と全国レガシーギフト協会の共同代表を務める。

優良企業内定を覆す

励ます会を広島で作ろうと学生を連れて行き、広島大で遺児たちの作文を読ませてオルグした際、我々の仲間になってくれたのが工学部二年の藤村修君だった。静かで行儀も良いが、弁の立つ学生で、三年になると自動車部の「主務」を務め、マネージャーとして仕事をきちんとこなすタイプだった。文明の利器である車が人を殺し、遺児たちが不幸になっていく車社会に悲しみを抱く豊かな感受性が彼の魅力だった。

自動車部内で「交通遺児の募金活動をするために入部したのではない」という声が上がったが、彼は「学生である限りは車文明の矛盾を避けて通るべきではない」と毅然と反論した。部員らも育英会活動にボランティアで参加し、遺児たちの作文集『写真だけのお父さん』を作って広島県議会に持ち込んで、遺児の支援態勢を作った。この仕組みが広島方式といって、各地の学生が励ます会を作るモデルとなった。そんな彼に出会った私は見どころのある学生だと思い、こんなふうにロマンを吹き込んだ。

「なあ藤村君、十年単位で大きな志や夢を持つ、それを実現するために一生懸命がんばる、というふうに生きられたら人生楽しいやろな」

藤村君も山本君と同じ大阪出身の一九四九年生まれの団塊世代だ。七三年三月に卒業し、アメリカではＩＢＭに次ぐ第二位のコンピュータ会社の合弁会社「高千穂バロース」に就職が決まり、七月から働くことになった。六月に上京した彼は本社人事部に「来月から出社します」と伝え、その足で育英会の事務所に立ち寄って「就職が決まりました」と報告してくれた。たまたま私がいたので久しぶりに話し込み、夕方から居酒屋と私の家でしこたま酒を飲むと、私は彼に言った。

「きみ、コンピュータの仕事なんか三十を過ぎたら使い物にならへんで。あとはお払い箱だ。そんなところはやめとけ。それより育英会でやる方がええ。人生をでっかく、おもしろく生きるために一緒にやらないか」

ホラ話のようだが、藤村君はまんざらでもないような顔つきになっていた。育英会には大阪の山本君や秋田の桜井君ら同志が前年に入局して活躍しているのを見て、羨望もあったようだ。意気に感じてくれた彼は高千穂バロースへの入社を断った。もっとも、オーディオのシャーシ製造会社を営む実家では大手企業に就職が決まっている息子をワケのわからぬ財団法人がそそのかしたと、大いに恨んだことだろう。

学生を次々スカウトした
当時の玉井義臣

藤村君は六年間、育英会で働いたあと、八〇年四月、私が立ち上げた「日本ブラジル青少年交流協会」(一九八九年に社団法人「日本ブラジル交流協会」に改組)の事務局次長として交流事業に携わってもらった。それは私が、彼を将来の大器と見込んだからだ。後に政治家になった藤村君は官房長官の前に外務政務次官も務めたが、三十代から外交官をやっていたようなものだ。彼は口が堅く、自慢話もしたためしがない。極めて稀な剛直の士だ。信じたら一本道の男で、仁義を踏み外さない。そんな彼が母校の広島大学から開学以来十二人目の名誉博士号を授与されたのも彼の徳による部分が大きいと思う。ちなみに彼は私のことを「善意の金を集める天才」とどこかで語っていたらしい。

獣医学、神学、農業の専攻者も

交通遺児救済運動に身を投じて育英会に就職した者のうち獣医の資格を持つのが吉川明君だ。子どもの頃から動物好きだった。家業は名古屋の提灯屋で、中学時代の仲間の多くは高卒で就職し、自分だけ名門高校に進んだが、七〇年安保運動に刺激され、管理教育反対を主張する一方、農業の行末を仲間と論じるような青春を送り、帯広畜産大学畜産学部に進んだ変わり種だ。

民間の科学者や経済学者、教育学者が一九六八年に集まって環境汚染などを議論し、人類存亡の危機に警鐘を鳴らしたローマクラブの『成長の限界』（翻訳版）が学生時代のバイブルだったようで、環境問題に強い関心を抱いたという。自動車部員として学生募金に関わったことで、幸か不幸か私と出会ってしまい、約束された獣医師の道を蹴ってしまった。両親はあきれ果てたが、「三十歳まで好きなことをさせてほしい」と実家を飛び出した吉川君は七五年に育英会の一員となった。

入局以来十余年、機関紙作りに携わり、交通遺児育英会の十年史、二十年史、心塾《こころ》十五年史を中心になって作り、九〇年に山本孝史君の事務局長就任と同時に山北君、林田君とともに事務局次長となり、機関紙『あしながファミリー』のデスクに就任した。その後、育英会の「乗っ取り劇」のあおりで随分苦労をかけることになるのだが、その話は後に語ることにしたい。現在は公益財団法人「日本盲導犬協会」の顧問、あしなが育英会の監事を務めている。

七三年夏に行った「赤トンボ号全国一周キャンペーン」は後述するが、私はそこでハンドルを握るアルバイト学生に興味を持った。立教大学の自動車部員で文学部キリスト教学科三年の林田吉司《よしじ》君だ。十日余り同行したと思うが、私と似た生い立ちの彼の話にグッと引き込まれた。建具職人の父を持つ六人兄弟の五男で、家が貧しく、中学の頃はコメを買えず弁当を持って行けないことすらあったというのだ。四人の兄たちは進学を諦め、中学を出て働いていたが、吉司君のために学費を出し合って、高校、大学へと進ませてくれたという。

「それなのに僕は兄たちに感謝すらしないで、自分だけは悲惨な貧乏暮らしから脱出したかったんです」「でも、大学に入ったら、着飾った女子大生と僕のみじめさの違いに怒りと理不尽さを感じ、屈折した思いから、そちら側の世界には行くものか、と思いました」「倫理学や宗教のことがおもしろいと思ってキリスト教学科にしました」……。

私は自分の生い立ちと重なる「貧すれば鈍する」彼の状況を思い描きながら、そのつぶやきに耳を傾けた。一年生のときから学生募金に参加していた彼は貧困家庭の存在の理不尽さを真正面から見つめ、それを言葉にした。私はどうしても育英会に引っ張り込みたいという思いにかられ、四年になった彼に電話をかけ、「飯を食おう」と赤坂の東急ホテルのレストランに誘い、「うちは単なる金貸し団体ではないぞ。うちに来ないか」と口説いた。彼はハンバーグとビールと一緒に私の話も腹に収めてしまったのである。

彼が入局して五年目の七八年、東京都日野市に奨学生のために育英会の学生寮「心塾」がオープンすると、塾長の立場で私は林田君を実質的な教育担当者に起用した。その二年後、初めて八人が巣立った時、反発を受けながらも口やかましく生活指導を続け、心労でハゲが三つもできた彼は感無量の表情で「よかった」とつぶやいた。あの時の感動は忘れられない。彼の結婚式には現役とOB、OG含め百人が祝福に駆け付けるほど慕われ、元塾生の結婚式には決まって「よいとまけの唄」を熱唱するのが名物となった。二十年にわたって彼は心塾の大黒柱として汗を流し、九九年に作った神戸のレインボーハウスの学生寮「虹の心塾」の館長を務め、さらに東日本大震災でも仙台事務所の立ち上げ、レインボーハウス建設と運営をお願いした。その後も、事務局長、会長補佐を務めてくれたが、二〇一七年に突然のがん発見で逝去、享年六十五という若さだった。

「サムライ」の七人目は一九七六年に育英会の仲間となった工藤長彦君だ。彼は秋田県庁にほぼ就職が決まっていたのを私が育英会に半ば強引に誘ったのだ。八郎潟に近い山間にある琴丘町の農家の次男で、親元を離れて能代高校に通い、農業技術者になろうと一九七二年春、宇都宮大学農学部に進学した。その年の二月には連合赤軍による浅間山荘事件が起き、入学式は闘争学生にぶち壊され、秋まで授業もなかった。この事件は「政治の季節」の終わりを告げるもので、大学生の心から「革命」が足早に去っていった。若い世代に内向き志向が見られるなか、工藤君は下宿で隣室に暮らす上級生から、遺児の文集『天国にいるおとうさま』を渡され、宇都宮交通遺児を励ます会の会員となった。多感な工藤君は泣きながら読み、育英会が長野で開いた励ます会の全国大会で私と出会う。三年のときには栃木県の励ます会の代表になり、永田町の育英会事務局にも頻繁に顔を出すようになった。

彼を打ちのめす悲劇が起きたのは大学三年の冬だった。励ます会のリーダーとして栃木県小山市内の障害児施設で開かれたクリスマス集会に四人の女子専門学校生を派遣した。その帰り道、バス停で待つ彼女たちに居眠り運転のダンプカーが突っ込み、二人が死亡、二人が重傷を負ったのだ。彼は悲嘆にくれ、怒りと自責の念でボロボロになって酒浸りの日々を送ったという。

四年になり、町の収入役を務めていた父に秋田県庁で農業の仕事をするよう勧められ、自分もその気になっていた。ところが、あの事故を引きずっていた彼を私は放っておけず、心配で宇都宮まで会いに行き、「君の力が必要だ。一緒にやらないか」と口説いた。一瞬、驚いたような顔をした彼だったが、翌日には晴れ晴れとした顔で私の説得を受け入れた。下宿から実家に電話で報告すると、お母さんは猛烈に反対したそうだが、後に町長となった親父さんは「男が見込まれたのなら受けるものだ」と達観した様子だったという。工藤君は育英会では心塾で林田君と長く働き、あしなが育英会でも事務局長など重責を担い、今も育英会のフロアで若い職員を優しい眼差しで見守ってくれている。あしなが運動の歴史をまるまる背負ってきたような存在だ。

彼らは文明のひずみの中で生まれる遺児家庭を訪問し、肌で感じる現実と理想を頭に描きながら行動した。彼らは「あしなが運動」で成長していった。私は常々、遺児たちにも文明のひずみを直すための戦士になって成長してほしい、と言ってきたが、彼らはその当事者でもあり、それを懸命に支えながら成長してくれたのだと思う。

こうした熱気とともに育英会の設立に燃えた若者たちの魂の叫びを詩人の宗左近さんが『週刊朝日』の特集で書いてくださったのも忘れられない。九州市に生まれた宗さんは小学校六年のときに父を亡くし、家が貧しかったため母と兄と離れて宮崎県の親類宅に預けられ、毎朝五時に起きておばの小売店を手伝いながら中学に通った体験があった。そうしたご縁から、私は交通遺児を励ましてもらう文章も書いていただいた。

第六章　人づくりと文明論――1970〜

奨学生のつどい

募金活動が動き出すのと並行し、交通遺児育英会は高校奨学生の第一期生に一九六九年十月、最初の送金をした。金額は私の判断で月額五千円とした。日本育英会の高等学校奨学金の月額千五百円に比べ三倍以上という破格の貸与額である。当時の文部省調査では教育費は月額千七百円だったが、貧困家庭の子は授業料だけでは学校に行けない。生活費がちゃんとあり、交通費、制服の費用をまかなえ、弁当も持っていけて自由に時間を使えなければ高校には行けないのが現実だ。私も貧乏人の家で育ったから、「貧すれば鈍する」という言葉を身に染みて分かっていた。奨学金を扱う者として、容易には望めぬ体験を持っていたとも言えるだろう。

交通遺児には進学の夢をかなえさせる奨学金制度はもちろん大事だが、突然の不幸で親を失ったことで傷ついた心のケアや教育も交通遺児育英会の重要な役割だと私は考えた。永野重雄・初代会長が唱える「暖かい心、広い視野、行動力」を兼ね備えた「社会有用の人材の育成」に共鳴する私はそれを教育理念としてことあるごとに強調した。

そのための試みとして、育英会設立翌年の七〇年夏に日帰りの「高校奨学生のつどい」をスタートさせ、夏休みに十県十会場で開催した。その後、全国八会場開催が基本となった。在学中に一度は参加できるよう呼びかけ、地元教育委員会や交通対策室の協力を得て開催した最初の年は親睦目的の色彩が強かったが、二年目からは育英会独自のプログラムで「自分史の語り合い」に力を入れた。

つどいのリーダーとして各班に遺児の大学生を採用したが、彼らが「お兄ちゃん、お姉ちゃんも交通事故でお父さんを亡くしたんだよ」と声をかけると、それまで口を開こうとしなかった子の険しい顔に赤みが差し、重い口が少し開く。親と死別した体験を初めて口にする高校生も多く、心を開くことで仲間意識が強まる姿に私は手応えを感じた。資金的には厳しかったが、「つどい」こそが教育であると私は思った。彼らを集め、育英会から一方的に何かを言うだけじゃなく、奨学生同士で心を打ち明け、話し合ったり、仲間づくりをしたり……。そう、仲間こそが君たちにとって一番大事だということを感じてほしかったのだ。

毎年夏休み期間中に開催し、遺児の連帯をはかる「奨学生のつどい」

小さな輪をつくり、学校などで日ごろ口にすることのなかった親と死別した悲しみや苦しみを打ち明け合うことで、友情が芽生え、新しい自分の出発を意識する。そんなつどいを重ねることで職員と奨学生らが一体感を持ち、七〇年代後半には奨学生の約半数の二千人余りが参加する形になった。

初めは「遺児ばかり集まって傷のなめ合いをするようで嫌だ」と下を向いて乗り気でない子もいた。ところが、似た境遇の仲間の話を聞いて、「そんなに頑張っているのに、自分は悲劇の主人公のように甘えている」と感じるようになる。実はかつての私もそうだった。無理強いして語らせることはしないが、合宿で寝食をともにすることで他の参加者と打ち解け、最終日は涙ながらに名残りを惜しむほどになる。つくづく、教育は愛情なくしてやれないものだと思う。

七四年からは「大学奨学生のつどい」がスタートし、学問、職業、恋愛など学生たちが直面するテーマについて議論し合う場となった。当時、私は母子家庭の多い交通遺児の男子学生がやさしい気質ながら、ひ弱な印象を持っていたため、「軟弱さを克服し、たくましく人生と格闘せよ」とハッパをかけたものだ。私も若く、遺児たちには社会に出て活躍してほしいとの思いから、力みもあった。環境学者で水俣病など公害問題の研究家として世界から尊敬されていた宇井純さんや新聞記者などメディアの第一線で活躍する人たちにも講義を頼んだ。

宇井さんは現場主義の人で、自分が被害者から直接ヒアリングして確認する姿勢を貫いた。七四年夏の山中湖合宿で遺児学生への講義でこう励ました。

「苦しみを苦しみとして分かっている君たちが、いつかこの国を背負って立つ時が来る。君たちには社会的弱者を助ける、社会的不公平をなくすことを目的とした学習をしてほしい。蓄積型学習ではなく、問題解決型学習を望みたい。期待しますよ」

真の社会変革は学者や専門家がやるのではなく、被害者が立ち上がり、体験に基づいた学問を生かすことで可能になると唱える宇井さんに感化され、アカデミズムの世界に進んだ交通遺児も少なくない。その一人が堀口敏宏君だった。釣り好きな少年だった彼は東京水産大学水産学部水産養殖学科を卒業後、東京大学大学院で海洋汚染が生物に与える影響を研究した。宇井さんの話を聴いて、「自分にできることは何か」を考え始めたという。「先生の現場主義が私の思考、行動の基本原理となり、魚や貝を見つめ続けて環境汚染の兆候を観察する道を選びました」。そう語る堀口君は巻貝の一種であるイボニシのメスが、環境ホルモンでオス化する異変に注目し、有機スズ化合物が原因とみられることを指摘し、東大で博士号を取得した。環境問題の指標としてイボニシの生殖異常に着目した研究だ。

「宇井先生の後に続きたい」という一念から国立環境研究所（茨城県つくば市）の冷凍施設に保存した大量のイボニシの貝殻を割って卵巣の成熟ぶりをチェックする作業を十数年続けた。海洋汚染の問題に粘り強く取り組む原点にあるのは、大学一年のときに読んだ宇井さんの著書『公害原論』だった。東大医学部などの御用学者の姿勢を徹底的に批判し、水俣病を告発した書である。堀口君は東日本大震災のあと、福島第一原発に近い海岸でイボニシを拾い、その生態や繁殖の変化を調べているという。何かを掴みかけているのかもしれない。今もなお宇井さんの背中を追いかける堀口君の姿が目に浮かぶ。

多くの学生、特に理系の学生が国際的な公害学者・宇井純先生に励まされた

私の著書を高く評価してくれた技術評論家の星野芳郎

さんが「誰も行かない道は苦しいが、競争相手がいない」「愛するには力が必要です」と淡々と語られていた姿も印象的だ。戦後ニッポンの発展を支えた科学技術と人間とのかかわりを地球環境も意識した哲学的観点から見つめた人物である。

交通遺児の学生寮「心塾」の初代学生として早稲田大学理工学部で学んでいた村山武彦君は星野さんから「東工大でアスベストを勉強してはどうか」とアドバイスを受けたのが将来を決定づけた。九歳で父を交通事故で亡くした村山君は心塾で月二冊の読書と感想文、講演の聴講、小論文、三分間スピーチにも熱心に取り組み、幅広い学識を身に着けた。心塾での成人式で私は彼に「甘えは醜い、自助そして持続」と書いた祝福の言葉を贈ったことを覚えているが、公害を解決させようという「学生の会」を結成し、バイクの騒音や大気汚染への規制を呼びかけるなど社会への意識も強かった。星野さんは社会派としての資質を見抜いたのだろう。心塾の一学生に環境保全の専門家への道を開いたのである。

村山君は大学院に進学すると、災害遺児救済運動のリーダーを務め、修士論文のテーマに「災害遺児」を選んだ。さらに博士課程で都市の環境汚染の実態を研究して博士号をとった。早稲田大学理工学部教授となり、今世紀初めの学会で、アスベスト（石綿）による悪性中皮腫で推定される死者数のピークが二〇三〇〜四〇年頃になるとの予想を発表し、工場労働者にとどまらず一般住民の健康状況にも影響するアスベスト対策の重要性を指摘した。東京工業大学大学院教授（リスク管理論）に転身し、日本を代表するアスベスト被害の研究者として人命軽視の対応を続ける国の姿勢に厳しい姿勢で向き合っているようだ。

『匠の時代』で脚光を浴びた経済評論家の内橋克人《かつと》さんは「無（ゼロ）から有（イチ）を生み出す『0↓1人間』を目指せ」と語ってくれた。宇井純、星野芳郎、そして内橋克人。このお三方はじめ諸先生の講演を聞いた私自身もずいぶん学ばせていただいた。

やがて八〇年代に入ると、遺児たちの間で「恩返し運動」が盛り上がりを見せ、他者への共感を行動につなげる学生たちの姿に私もスパルタの姿勢を変え、柔軟に構えるようになった。

いずれにせよ育英会は単なるカネ貸し団体ではなく、奨学生一人一人に寄り添うことを大切にしてきたのだ。その思いで遺児たちを手助けする若手職員たちが「つどい」を支えてきたことも誇りに感じている。

ファシリテーター役となって活躍した育英会のスタッフは専門的な研修も積んできた。そのひとつ日本レクリエーション協会の指導課長をしていた元日本体育大学講師の平野仁さんにも鍛えていただいた。彼は松下政経塾でも体育講師をしていた縁で中国をよく訪れていて、私が中国に同行した一九八五年四月三日、中華全国青年連合会主席だった胡錦濤《こきんとう》さんと会談した。

あしながの奨学金制度を説明したところ、「国ではなく、なぜ遺児たちが制度を作り、国民がそれを支援しているのですか」と尋ねられた。私は母を交通事故で失ったことをきっかけに、脆弱な交通行政を告発し、街頭募金が広く理解を得られたことを説明した。すると彼は色紙に「交

中国訪問で若き日の胡錦濤・中華全国青年連合会主席と会食（1985年4月3日）

流事業の繁栄を祈る」と書いてくれた。

これが縁となって、同年十二月、私が高校生四十七人と指導役の大学生七人を引率して中国研修を行い、北京、西安、南京、上海を視察した。民泊先の家庭では文字通りの熱烈歓迎で、各家庭のお父さん、お母さんと一緒にワンタンなどの料理を作り、心と味を通して中国人の暖かさに触れることができたのである。その彼が十八年後に国家主席になるとは、不思議な縁もあるものだ。

明日があるから生きるんだ

募金活動と奨学金制度を始めたころ、交通遺児の少年少女たちの青春を実りあるものにしたいと思った私は知遇を得た各界の著名人三十人にそれぞれの人生における試練を語っていただき、それを編纂した書籍『明日があるから生きるんだ』（サイマル出版会）を出した。

私は執筆を依頼した方々にこうお願いした。

「貧しく孤独な交通遺児にあなたの体験を分けてあげてください。でも、原因が何であれ他の遺児（労災・病死など）にも読ませたいのです。それに、ちょっと飛躍で欲ばりすぎかもしれませんが、この無目的社会で目標を見失いがちな現代の若者すべての心の糧になるようなものを……」

宗左近（詩人）、野村克也（プロ野球選手）、鈴木健二（NHKアナウンサー）、水上勉（作家）、真鍋博（イラストレーター）、落合恵子（エッセイスト）、北山修（精神科医）、宇井純（東大工学部助手）、俵萌子（社会評論家）、田中角栄（政治家）、坂西志保（評論家）、淀川長治《ながはる》（映画評論家）、緒方富雄（東大名誉教授）、永野重雄（交通遺児育英会会長）……。

このような面々を含む多彩な執筆者は皆さん喜んでお引き受けくださった。何人かの文章から一部を引用してみたい。

私と同じ一九三五年生まれの野村克也さんはテスト生として高卒で南海に入団し、四年目に本塁打王、そして私の論文が『朝日ジャーナル』に初めて掲載された一九六五年に三冠王に輝いた大スターだ。その彼の言葉は今読んでも感動を覚える。

《戦争がすんだのが、ちょうど小学校の四年の時でした。父は戦死しましたし、戦後間もなく母が大病しました。おまけに、敗戦後の物資の足りない時代に、経済的に恵まれない私たち一家は、まったくひどい生活をしていました。

その頃、私はいつも考えました。

「自分は不幸な運命に生まれついたのだ」と。

せめて、父が無事で戦争から帰って来てくれたら、でなければ、母が丈夫で働くことができたらこんなひもじい思いもせずにすむだろうに……と、愚痴っぽい考えを持ったものです。だが、いつまでも自分の不幸を嘆いてはいられません。何とか自分の運命を切り拓いて行かなければ、私たち親子は餓死してしまいます。これが生活とのたたかいというのでしょう。

働いて報酬を与えられる仕事なら、何でもやろうと決心しました。新聞配達もやりました。牛乳も配って回りました。朝早く起きて、膝を埋めるほど降りつもった雪道を走り回るのは、決して楽なことではありませんでした。が、苦しみに負けてはいられませんでした。

新聞店には十二、三人ばかりの小中学生が働いていました。もちろん、ぼくがいちばん年が小さい。ぼくたち新聞少年は、それぞれ五十軒ずつ受けもっていました。もっとも、朝刊だけでよかったのですが、一か月三十円の給料でした。

年も暮れようとするころ、ぼくは初めて給料というものをもらいました。自分で汗を流して得たお金です。うれしかった。からだが、ゾクゾクしてきました。

「おかあちゃん、もらってきたで」

声をはずませてぼくは母に差し出しました。

封筒の中には、三枚の十円札が入っていました。こんな小さな子に、お金の苦労をかけねばならないとは――母もつらかったことでしょう。

「克ちゃん、ほしいものがあったら、これで買うてええのやで」

「ううん、なんにもほしいものあらへんわ。ぜんぶ、おかあちゃんにあずけとく」

少しでも、家計のたしになれば、とぼくは思っていたからです。

一か月間配達してみて、五十軒くばるのが、そんなに苦しいとも感じませんでした。それに、もっとたくさんお金がほしい、少しでも母に喜んでもらいたい。それで、

「おっちゃん、もう五十軒よけいにくばらせてもらえんか」

と、頼んだのです。

「それは、ちょっと無理やで、克ちゃん」

いくらぼくが体格が大きくても、まだ小学三年生です。それを、人の倍も配達するという。おっちゃんが無理だというのも当然です。けれども、ぼくは、とうとう、おっちゃんを説得しました。

さすがに、百軒の家へ配達するのは、たいへんなことでした。けれども、ぼくは歯をくいしばって耐えました。そしてまた、成績が落ちると母から配達をやめさせられるので、これまで以上に、勉強にも力を入れました。新聞を脇にかかえて、元気よく配達して回るぼくに町の人びとは、「克ちゃん、がんばって!」と声援を送って下さいました》

拙著『示談——交通事故の知識』(潮新書、一九六六年)の挿絵で仕事をご一緒したのが縁で、交通遺児育英会のポスターなどをボランティアで手がけてくださった真鍋博さんの体験談も心に残る。愛媛県新居浜市生まれで、一九五四年、東京の多摩美術大学に進学し、月四千円の仕送り

で頑張った思い出が述べられた。次のような一節がある。

《物価はいまと比べようもないが、それでも四千円で東京で生活するというのはちょっと普通では考えられないことだった。それでもやってみせるから、どうか東京の絵の学校へやってほしいと何度も父にぼくは頼んだ。

上京して半年もたつととうとうクツがいかれてしまった。しかし、新しいクツを買うにもお金はないのでつっかけ下駄を買った。しかし、学校では廊下がガンガンひびくので靴で来いと厳重に注意された。仕方なく新宿のクツみがき屋が売っている安い黒の革靴を買ったら二、三日すると斑《まだら》にはげてきて、一週間もたつとなんと赤靴になってしまった。赤茶のクツにスミをぬって、ピカピカ黒靴にして売っていたのである。

四千円ではどう計算してもとても物理的に生活ができない。そこで仕送りのある日は下宿の玄関で郵便屋さんの来るのを待っていて、下宿代を払うと定期、フロ券、チリ紙、ハミガキ、石ケン、木炭紙、木炭を買い、つまりすぐ物に替えてしまい、あとは毎日一個のコッペパン代だけ現金で残してもっていた。そうしないと一か月の生活ができないのだ。

パンだけは買い置きができないから毎朝、朝食のコッペパン一個を買い、その皮だけ食べて、中の白いところは木炭デッサンにつかった。パンの白いところを思いきり食べてみたいと何度思ったことだろうか》

《だが、ぼくにはこの青春時代のことが苦労でも不幸せでもない。南国生まれのぼくは過ぎ去ったことはすぐ忘れてしまうし、物事にクヨクヨはしない。あきらめもいい。楽天的だからあんな未来の絵を疑いもせず描けるのだろうと人もいう。たしかに未来はバラ色も灰色もあるだろう。しかし、どうせ未来をイメージするのならバラ色にこそイメージしたいと思う。明日のこと、明後日のことも生産的にだけ考えようといつも思う》

「レモンちゃん」の愛称で深夜放送の人気者となり、文筆の才も発揮する文化放送アナウンサーだった落合恵子さんはラジオの語りのようなイメージで綴ってくれた。

《「どうして、猫も杓子も大学へ行きたがるのだろう。オレは行きたくない。イヤ、行けないんだよ。中学を卒業したら、すぐ就職するんだ。家の人にこれ以上経済的に迷惑はかけられないんだ。間違ってないよネ、オレ」

そうよ。中学、高校、大学、これは誰かが勝手に作り上げた予定表にしかすぎないのよ、あなたはどちらが好き？　たとえば○時○分の汽車で、泊りは○○ホテルで見物は予定コースを団体でというパッケージ旅行と、ナップザックを背に一冊の本を手にして、自分の好きな時、好きな汽車に乗り、好きな駅で降りるなんていう〝たび〟と。〝旅〟……人には人それぞれの〝たび〟があるはず。何も皆と同じコースをとる必要はないのよ。自分の道は自分で決めるもの。大学はいくつになっても行けるわよ。それに誰かが言ってたわ。カリフラワーは大学教育を受けたキャベツに過ぎないって。キャベツは、何にでも似合うの。コロッケにもステーキにも。ガンバレヨ！

栄養満点のたくましいキャベツさん！》

田中角栄さんは一九七二年に高等小学校卒の学歴ながら戦後最年少（当時）の五十四歳で総理大臣となるが、この原稿をいただいたのはその前年だ。「日本列島改造論」を発表し、「今太閤」ともてはやされる直前のことだった。

《今日のようなスピードとモータリゼーションの時代には、陸といわず、空といわず、いろいろな殺人マシンがうようよしていっぱいだ。文明社会になればなるほど、一人の人間の注意だけでは自分を守れない。従って犠牲者がたえない。

そんなとき、友人玉井君が交通遺児を励ます運動に全力をあげていることは全く心強い限りだ》

《最後にイギリスの詩人、ロバート・ブラウニングの作と記憶しているが、私の好きな詩の一節を贈ります。

努めよ、そして艱難を苦にするな
学べ、痛みを恐れずに
行なえ、悩みつぶやかずに》

この角栄さんが首相を辞職後、ロッキード事件で逮捕され、我が盟友の堀田力さんの取り調べを受けることになるのだが、運命というか巡り合わせというものを考えると感慨深い。

心塾

「奨学金を出すのもいいけど、小さくていいから塾を作って、人間づくりをしなさい。人間を人間にするのは心だ」

一九七一年の夏、そう言って、私の背中を押してくださったのは、緒方洪庵の曽孫に当たる血清学者の緒方富雄理事だった。蘭学者で医者の洪庵が大阪に開き、福沢諭吉ら多数の人材を輩出した「適塾」が念頭にあったのだろう。突然の不幸に見舞われた遺児たちの心の部分を支えることが必要だと感じていた私にとっても我が意を得たりの心境だった。

育英会はこれをきっかけに一九七八年四月五日、東京都日野市に「人づくり」の場として「心《こころ》塾」を開いた。これは私が名付けた。「今の教育では記憶力のいい盆栽人間しか育たない。寮は人間力豊かな巨木を作る場だ」と語った永野会長の思いも込められた教育機関で、そこで寝食を共に寮生活をし、礼節を重んじる人間に成長してほしいと期待を込めた。

永野さんは教育者でもあった。永野語録をいくつか紹介したい。

「初月給はお母さんにようかんでも買ってあげなさい」「スポーツマンが社会で役立つのは、チームワーク、忍耐力、指導力が養われるからだ」「真の友こそ一番の財産だ。人間同士の肌のふれあいが友情を育てる。それにはクラブと寮が役立つ」

そんな思いが込められた塾だった。

林田吉司塾頭の献身的な指導で多くの若者が立派な大人への基礎を培った。

緒方さんとの出会いは評論家の坂西志保さんの紹介だった。坂西さんには育英会の理事になっていただきたかったが、「国家公安委員なので私は受けられない。その代わりに」と東大名誉教授の緒方さんを紹介してくれた。二人はアメリカの留学生仲間で親しかったからだ。緒方さんに電話でお願いすると、育英会の理念から交通遺児の置かれた状況、励ます会のことまで次々尋ねられ、私が一時間くらい懸命に説明すると、「よし、分かった」と快諾してくださった。緒方さんのような大物が理事に入っていれば、後で他の人に理事を依頼するときに、「あの人がいるなら、入ってもいいよ」ということになる。良い先生が初めに理事になってくだされば、後の人にも安心して入っていただける。そう考えて必死に口説いたことを思い出す。

塾はどんなに貧しくても、ここへ入れば大学に行ける、という場所にするため、二食付きで一か月一万円の寮費に抑えた。六時起床、ラジオ体操、ランニング、清掃のあと、パン一個と牛乳の朝食をとり学校に向かう。

それに大学の授業とは別に、「心塾」独自のカリキュラムを作り、毎週水曜は各界の著名人に来てもらい、講演を一時間聴き、三十分間の質疑応答、そのあと三十分で作文を書く。さらに毎月、二冊の本を読んで感想文を書くこともノルマとし、「読み・書き・スピーチ」と称して、大いに鍛えたのだ。

「読み書き」に関しては、幸いなことに、私には各新聞社から著名な講師たちの応援が得られた。私のジャーナリストとしてのデビューに道を開いてくれた元朝日ジャーナル編集長の影山三郎さん、元読売新聞編集委員の小倉貞男さん、元サンデー毎日編集長の三木正さん、元朝日新聞メディア研究担当部長の森治郎さん、元NHKプロデューサーの菊地良一さんらに大変世話になった。

「スピーチ」の指導は、NHKアナウンサーの酒井広さんに心塾の草創期から亡くなる二〇一七年まで約四十年も講師を務めていただいた。厳しさの中にもやさしさのある指導に寮生はどれだけ鍛えていただいたことか、感謝に堪えない。

遺児たちにスピーチの大切さを教えてくれた酒井広・元 NHK アナウンサー

「暖かい心、広い視野、行動力、国際性」が身に付くよう願いを込めた密度の濃い心塾のカリキュラムだった。それだけに、その高いハードルを越えられない脱落者は三割に及び、特に一年生は「強制されたくない」「教育は大学で十分だ」と猛反発したが、食らいつく寮生は日々たくましく成長し、首都圏の学生募金の中心的な担い手としてリーダーシップを発揮した。年齢相応以上の文章を書き、話ができるようになった寮生たちは就職試験でも高く評価されたのは言うまでもない。一生の武器を授けてくれた諸先生の心の籠もった指導、教育にあらためて敬意と深謝を申し上げたい。

マスコミの講師陣には、学生だけではなく、育英会と遺児、遺児家庭をつなぐ機関紙を手がけるスタッフも大変世話になった。若手職員の文章力修行、編集作業にもお力をお借りした。原稿添削に加え、紙面作りにもアドバイスをいただいた元朝日新聞編集委員の榊原昭二さん、読売新聞の関係では元編集部デスクの岩見琢郎さんにはタブロイド版機関紙の記事の書き方から編集、レイアウトに至るまで若手職員への指導など、時には徹夜作業にまでお付き合いいただいた。岩見さんの先輩で元編集局長の吉家義雄さんには『交通遺児育英会二十年史』の編集、元編集委員の川本淳さんにはリタイア後、あしなが育英会に入っていただき、広報の顧問として手腕を発揮していただいている。国際的な物の見方の助言者として機関紙にコラムを長年書いてくださった元読売新聞特派員の高濱贊《たとう》さんには、反公害運動家のラルフ・ネーダー氏を紹介いただいたことがあった。

卒塾式と入塾式

一九八二年春、心塾一回生が卒業した。四年前に彼らが入ってきた当初、教育方針について議論した際、私は彼ら奨学生から「時代錯誤もはなはだしい」と吊るしあげられた。朝六時起床に始まる厳格な日課やあいさつの義務付けは彼らにしてみたら、修身復活か軍隊を想像させたのだろう。だが、私は一歩も引かなかった。怒号と怒号がぶつかった。

「朝は十一時ごろまで寝て、パチンコ、麻雀、ディスコに明け暮れる学生がどうして大学生なのか。自治寮とは勝手気ままが許される寮ではないぞ」

とはいえ、心塾の教育方針も時代とともに少しずつ変わっていった。私が成人式で贈った言葉にもそれが現れている。最初の十年間を年代別に紹介すると、「青年は一人荒野をめざせ」（一九七九年）、「自助、そして持続」（八〇年）、「自助、そして持続、甘えは醜い」（八一年）、「二十代蓄積、三十代脱兎、勝者が笑うのはそれから」（八二年）、「人生意気に感ず」（八三年）、「（男子には）大志こそ成長のエネルギー」「（女子には）品性豊かに」（八四年）、「愚直に生きる」（八五年）、「一日一生」（八六年）、「めざせ考動人」（八七年）、「一日一生」（八八年）、そして再び「青年は一人荒野をめざせ」（八九年）——といった具合だ。

時は流れ、施設も変わり、二〇二四年二月十一日に行われた「あしなが心塾」の二十回目の卒塾式で、私は巣立っていく十二人の塾生にこんな祝辞を述べた。

《私は「あしなが運動」をたった一人から始め、多くのボランティア仲間と、大変な思いでやって参りました。運動の中で日本国内に二つの「心塾」を建塾し、あしなが心塾は二十期生を社会に輩出するまでになりました。米寿を過ぎた私にとって感無量です。

今年は元旦に能登半島地震に見舞われ、ロシアのウクライナ侵攻は収まらず、内外共に複雑な事情を抱えています。そういう年にもかかわらず、二十期生のみなさんが本日無事卒塾されることは大変めでたく、うれしいことです。

時代はいろいろな問題を抱えて、今後とも安心できる状態ではありません。しかし私は、あしなが奨学生がアフリカやイタリアなど諸外国で学び、新しい世界に飛躍していることを大変喜んでおります。

未来を引き継いでいく子どもたちに留学の機会を授け、外国からも優秀な若者たちが日本の大学に進学できる環境を作ることを、今後も大切にします。世界がどんな事態になっても、先生や留学生、日本の学生、世界の学生たちと力を合わせて、果敢にこの歴史的な事業を進めます。日本の学生諸君、卒塾生のみなさんのさらなる奮起と活躍を期待しながら、私の挨拶といたします》

これは門出を祝う私から学生へのはなむけの言葉であるとともに、自分自身への誓いだった。

塾生が巣立っていったあとに、新たな若者が入ってくる。二〇二四年春の入塾式。私はオンラインで参加し、祝辞を述べたが、交通遺児育英会学生寮「心塾」の卒塾生で、あしなが育英会評議員も務める東京都議の菅原直志君が挨拶のため登壇した。

菅原君は「貧困には経済的、社会関係性、そして文化と三つの貧困があります。経済的には難しくても、心塾では友人ができて一緒にご飯を食べるなど社会関係性の貧困と、そして良い本や新しい音楽に触れる文化の貧困は満たされるので大いに学んでほしいです」と明るく激励してくれた。

菅原君は小学二年生のときに父親を交通事故で亡くし、中学一年のときから新聞配達で家計を助けてきた頑張り屋だ。心塾に入り二十歳でブラジルに一年間留学し、アマゾン奥地で日本語教師を務めるなど得難い体験をした。それを礎として、心塾のある日野市の市会議員に二十五歳で初当選してから六回連続で当選し、現在は都議として二期目を迎えた。そんな姿を見るだけでも、新入生には力強く感じたことだろう。

続いて入塾式の記念講演をしたのは、NHKの政治部で首相官邸キャップを務める徳丸正嗣君だった。四歳のときに父親を災害で亡くした元奨学生で、あしなが心塾ができる前の、おんぼろの「新塾」で塾生長として青春の日々を過ごし、ブラジルで一年間の研修を体験している。その飾らない人柄から、私は親しみを込めて「徳ちゃん」と呼んでいる。

講演では照れ臭そうに、「塾ではよく怒られました」と言ったが、あしなが学生募金事務局長と山中湖でのつどいの司会を二年続けて務め、後輩たちに大きな影響を与えた。

朴訥とした口調ながら、岸田首相が電撃的にウクライナの首都キーウに飛び、ゼレンスキー大統領と首脳会談を行ったことなど政治の最前線のホットな出来事を説明する徳丸君をオンラインで聞いていた私はこう呼びかけた。

「徳丸君、ありがとう。難しい話をやさしく話してくれて満足です。徳ちゃんはブラジルから帰ってから二年くらい、あしなが運動の先頭に立って頑張ってくれたね。それが今日にどういう影響を与えてくれたか。忙しいなかでも何かをしたら、次の人生にプラスになるというような話を学生にちょっとしてほしいな」

すると徳丸君は入塾生にこう語りかけてくれた。

「自分のためだけではなく、他人《ひと》のためにやる方がエネルギーが湧いたし、結果的に自分のスキル向上や視野の拡大につながったと思う。自分の得にならないことでもやってみてほしい」

そうだ、そうだ。彼は本当に塾で鍛えられ、成長したのだ。そんな徳丸君の話に私はまた幸せな気持ちになったのである。

ユックリズム

環境汚染への意識を高める狙いで二〇二〇年夏、スーパーのレジ袋が有料化されて大騒ぎする社会を見ると、半世紀近く前に地球環境の浪費減速を求めて提唱した「ユックリズム」は我ながら先駆的な行動哲学だったと思う。一九七三年三月二十七日、交通遺児を励ます会全国協議会の「ゆっくり歩こう運動実行委員会」委員長として私が発表した声明「ゆっくり歩こう」に書き込んだ「ゆっくり」と「イズム」を合成した私の造語である。

「いま地球と人類は滅亡の危機に直面している。現代文明の『技術』と『速度』がその元凶である」で始まる声明は「大量生産、大量消費、大量廃棄の浪費経済社会を作った結果、公害で環境は汚染破壊され、人間は経済の下僕となった」と綴り、「自動車」をその典型として「最大の地球破壊者」と断じる。

《この鉄の塊は、できあがるまでに、大量の石油を消費する。いったん、道路に出れば、再び石油をがぶ呑みし、その排気ガスは、大気汚染をもたらす。自動車道路は、それ自体で大量の資材をつかい、しかも、緑をズタズタに切りさいてゆく。事故、騒音、振動による人間破壊にいたっては、もはやだれのための自動車かと言わざるを得ない。人類が、自らの滅亡と地球破壊を回避するため必要なものは、『ＹＵＫＫＵＲＩＳＭ（ゆっくりの哲学）』である。スピード化された現代文明を減速させることである》

一九六〇年代に日本経済を一気に押し上げたモータリゼーションは交通事故死傷者百万人（うち死者二万人前後）を出した。物の大量生産には光と影がある。建物や食物や装飾品など、人間が生み出す欲望が地球上の物を食いつぶす。その欲望を減速しなければ地球は救えない。ユックリズムの声明は技術万能主義から自然回帰を図れと警告する内容で、つまり現在の天候異変が引き起こされる自然破壊に当時から「ＮＯ！」と訴えていたわけだ。当時も各新聞社が好意的に大きく取り上げ、アメリカの『シカゴ・トリビューン』など海外の新聞も紹介してくれた。テレビではＮＨＫプロデューサーだった菊地良一さんが朝の情報番組「こんにちは奥さん」で取り上げてくれたのが大きかった。その頃からことあるごとに応援してくれる友情に感謝している。イラストレーターの真鍋博さんが描いた印象的なポスターも注目された。ご本人にとっても記念碑的作品だそうだ。

「ゆっくり運動」第一弾として一九七三年五月、全国三十九都道府県で、五歳から八十歳まで約五万人が歩いた。続いて六月から九月にかけ、車公害を告発しながら交通遺児たちが自転車「赤トンボ号」を乗り継いで全国を一周し、秋には第三弾として「弱者のための町づくり」を掲げ、歩行者にとって障害の多いことを指摘した。

翌七四年も六月に第四弾を試みたが、参加者は落ち込み、その直後の第一次オイルショックで日本人の関心は一気に萎み、なかなかうまくいかなかった。科学技術の進歩が生活を豊かにし、ハッピーをもたらしてくれる。そういう時代に、世の中の資本主義全体を相手に、「進歩を止めろ」と言うのだから、そう簡単に運動は浸透しない。でも現代の地球を見てほしい。これだけ頻繁に大雨が降るのも環境破壊による異常気象が指摘されているではないか。確かに私はあの時代に警告を発したのだ。全国的な運動を行い、真夜中にも歩いた。「赤トンボ号」で走った学生はしんどかっただろうが、楽しかったはずだ。弱者のための街づくりを目指したのだから。乗り継いだ遺児たちが各地で車公害を告発し、自治体の首長に交通安全メッセージを手渡しながら、沿線で日本の自然の美しさに触れたことも有意義だった。

こうした活動のきっかけの一つが、日本でもベストセラーになった民間シンクタンク「ローマクラブ」（本部・スイス）が一九七二年に発表した『成長の限界』だ。地球資源に限界があることを警告する内容で、爆発的な人口増加と食料の枯渇、環境汚染による生態系破壊の可能性を鋭く指摘していた。もう車どころではないと思い、「ゆっくり歩こう運動」を提唱したのだが、車の利便性を知ってしまった人間はそう簡単に車を降りようとはしない。「ならば交通犠牲者の救済だ」と方針を定め、交通事故で親を亡くした子どもたちに奨学金を貸与して、高校、大学への進学を支援する活動に向かったのだ。

ブラジルとの交流の夢

奨学金で高校へ進み、優秀でありながら経済的な理由から大学進学までは果たせない若者が大勢いた。実にもったいないことである。私は彼らが就職する前に世界を体感してほしかった。「記憶中心の勉強ではダメだ。海外に行っていろんな経験をして、しっかりしたものの見方を身につけてほしい」。その思いを形にしたのが「海外研修大学」という制度である。一九七五年十二月、アメリカ研修団と称して生徒二十六人を初めて派遣した。この第一回から九二年まで、ブラジルを中心にオーストラリア、中国などへ高校生五百五十二人を送った。元朝日新聞記者で海外取材経験が豊富な青木公《ひろし》さんには解説役として何度も海外に同行していただいた。

交通遺児の元高校奨学生で、あしなが育英会の評議員を務める石原孝代さんも高校卒業時に私が団長だった第四回海外研修大学でブラジル研修を経験した。看護師、社会福祉士、介護支援専門員の資格をとり、名古屋で活躍している。

海外での異文化体験は私にとってもロマンを感じさせるもので、大学奨学生らを対象として八一年から始めた日本ブラジル青少年交流協会の留学制度は特に効果的だった。一年間、現地で働きながらコミュニケーションを図り生活する。心塾生も随分送り込んだが、絶対的な貧困を抱えながら開放的に生活を楽しむブラジル人との交流で、帰国した時は見違えるようなスケール大きな若者になっており、人間性の成長を実感したものだ。もちろん、現地で下準備をこなした藤村修君の存在があってこそ達成されたのである。

ブラジルとの関わりは私が七四年にブラジルで交通事情を視察した際、サンパウロ大学で日系ブラジル人を研究する斉藤広志教授という文化人類学者と出会ったことに始まる。そのことを記しておきたい。

「日本人の記者は研究内容について同じ質問ばかりするでしょ。何回も同じことを答えるより、本を一冊出しましょう。私がサイマル出版に話をつけますから」

私からそう言われた斉藤先生は「えらいハッタリこきの男が日本から来たもんだ」と笑ったが、私の目論見通り『新しいブラジル——現地からの特別報告』（サイマル出版会）が同年に出版されたのを機に斉藤先生は大活躍した。七八年の著書『外国人になった日本人——ブラジル移民の生き方と変り方』（同）で日本エッセイストクラブ賞を受賞し、七九年にサンパウロのブラジル日本移民史料館の初代館長に就任した。出版界の鬼才と呼ばれたサイマル出版会の田村勝夫社長には遺児作文集『天国にいるおとうさま』の単行本を出してもらうなど、気心が知れていたので、私の推す斉藤先生の書籍も阿吽の呼吸で出版されたのだ。

斉藤先生はスケールの大きな人物だった。十四歳で一家とともにコーヒー労働者としてブラジルに渡り、農学校にあった図書館の本を全部読んだというだけあって、ものすごく博識だった。現地で通訳として出会った文化人類学者の泉靖一《せいいち》・東大教授から「神戸大学で勉強せえ」と言われ、それをきっかけに学者の道を進み、サンパウロ大学の教授になった。

ブラジルのセラードに立つ（1979年冬）

ブラジル移民七〇年史の編纂を完了し、「恩返しとして、余生を日本とブラジルの架け橋的人材の育成に捧げたい」という彼の夢に共感した私は「日本とブラジルの若者を交流させ、両国の相互理解を深めたい」と八〇年、二人で「日本ブラジル青少年交流協会」を立ち上げた。協会の専務理事には北欧史研究家の清原瑞彦《みずひこ》さんになってもらった。交通遺児育英会の草創期にスウェーデンの交通事情を調べた縁で知り合った人だ。北欧史の研究とは無関係ながら、若者に異文化体験をさせようという私の教育活動に引っ張り込んだのだ。

世界の釣り師としても知られる作家の開高健《かいこうたけし》さんは斉藤さんとアマゾン川の大魚ドラドへの思いで意気投合し、「飲めば最高の友であり、剛気な人生の師匠」と慕った。この冒険作家の名著『オーパ！』にはドラド釣りの魅力に美しい写真と達意の文章で触れることができる。私は二人を結ぶ連絡役として関わり、酒を交えた話を存分に聞かせていただき、酔いしれたものだ。開高さんは財界から金を集めて遺児に送る私を「ねずみ小僧」と呼んで親しみを抱いてくれた。大阪人ならではのざっくばらんな誉め言葉をダミ声で発する大作家の笑顔が懐かしい。

斉藤先生とのご縁で、国土が広く資源が豊富なブラジルの将来性ははかり知れないものがあると確信した。しかも金銭や出世より親友のためならすべてを投げうってくれるアミーゴ（友人や友情）の国だ。私はこの国にほれ込んでしまったのである。

ブラジルとの交流の夢を実現させようと立ち上げた協会の事務局次長には藤村修君を抜擢し、八一年から妻子ともども現地に送り込んだ。一年間大学を休学して現地の企業や自治体で働きながら夜学に通わせる研修制度を作り、そのブラジル側責任者として彼は専従で十二年間働き、現地の日系人社会に入り込んで受け入れ体制をどんどん作ってくれた。私も楽しかったので年に何回もブラジルに行っては研修生の受け入れ先を決めた。この協会は二〇〇五年に第二五期生四十八人を送り出したのを最後に解散した。時代も変わり、応募者の熱量が低下したからだが、意義は大きかったと思う。二十五年間に全国から遺児の大学生やポルトガル語を学ぶ学生ら七百五十人を送り出したのだ。

ブラジルでの経験は私に「共生とは何か」を強く意識させた。「人種のるつぼ」のブラジルでは、人種に関わらず皆が一緒になってサッカーの応援をし、サンバを踊る。そして肌の色に関わらず恋をして結婚し、子どもを作る。異邦人の私を当たり前のように受け入れるブラジル人気質が心地よかった。貧しくても、心が豊かで優しい国だった。日本の二十三倍もある広大な国で人種を超えた共生が力強く私に迫り、気が付けば私はブラジルにのめり込み、多くの学生にこれを体感して国際人になってほしいと強く思ったのだ。

ブラジル研修の体験を生かす仲間たち

ブラジルを経験した研修生たちは各界で活躍している。

一九八二年、あるブラジル企業から「一人引き受ける」と言われ、上智大学外国語学部でポルトガル語を学ぶ三年生に白羽の矢を立てた。それが篠田伸二君だ。礼儀正しく、さわやかな好青年で、岐阜県の郡上八幡の居合術「北辰神桜流」宗家三代目だと聞いて、「こいつを放り込め」と周囲の意見も一致した。

留学とはいえ、工場で働く粗暴な少年たちと向き合う強烈な異文化体験だ。彼はそれを力に変え、帰国すると一九八五年にＴＢＳに入社した。ディレクターやプロデューサーを約三十年務め、早期退職して映像関連会社を設立。あしなが運動に共鳴し、ウガンダのエイズ遺児、東日本大震災で親を失った災害遺児たちが米国ブロードウェイに挑む姿を描いた映画「シンプル・ギフト はじまりの歌声」を制作した。彼にとって初めての監督作品が、あしなが運動を描いたものになったのだ。

ＴＢＳ社員だった一九九二年一月、篠田君が事務局に訪れた。同伴したのは婚約者で女優の紺野美沙子さんだ。少し話しただけで、賢く素直なかたで、さすが篠田君だと納得した。紺野さんがＵＮＤＰ（国連開発計画）の親善大使として活動するのも、篠田君に背中を押されたと聞いた。

そんな篠田君は二〇二〇年四月から縁もゆかりもなかった富山県氷見市の副市長を務めている。全国公募に応募した八百人余りから選ばれたという。就任時の挨拶がホームページに載っている。

《ＴＢＳに入社後、テレビ、ステージイベントや大型美術展覧会、そして映画などのエンターテイメントと芸術の分野で、大小様々なメディアを通して「伝えること」を追求してまいりました。このたびこのような機会にめぐり逢い、この街に継承されてきた文化や歴史、世界に誇る景観と農水産物など……数々の「お宝」を内外にどう伝えていくか、そして、市民の皆様の総幸福量をあげる役目を、全身全霊を傾けて全うする覚悟でございます》

映像の世界から行政マンへの転身はブラジルで培った開拓者精神のたまものだろう。観光協会や芸術団体から続投の嘆願もあったといい、二〇二四年春に再任し、能登半島地震の被害からの復興にも力を注いでいる。

　ブラジル北東部の港湾都市レシーフェで一年間研修した浜口伸明君はラテンアメリカ経済の研究者として大活躍している。アジア経済研究所に入り、リオデジャネイロ連邦大学経済学部の客員研究員などを経て神戸大学経済経営研究所教授となった。十数年前、日伯青少年交流協会の理事会で久しぶりに顔を見たので、「新興国グループＢＲＩＣｓの先頭を走るブラジルは日本に追いつくのでは？」と尋ねると、「天然資源が豊富で、通貨も国際的評価が高まり、投資が増えています」と話していた。あしながのブラジル人脈の広がりを感じた私は「人植え稼業、ますます繁盛」と感慨深かった。

　日本、ブラジル両国を結ぶ一人として期待しているのは留学生四期生として一九八四年にサンパウロ郊外のクリチーバ市で研修した武田千香さんだ。母校の東京外国語大学総合国際学研究院の教授を務めるポルトガル語の専門家だ。ブラジル文学を精力的に翻訳し、ＮＨＫラジオでポルトガル語の講師を担当するなど、「日伯の懸け橋」として活躍してきた。日系ブラジル人の子弟はじめ在日外国人児童生徒が言葉の壁のせいで不登校や非行に走らず地域社会に溶け込めるよう、留学生たちがボランティア組織「東京外大在日外国人交流ネットワークアミーゴス」を作る際、全力で支援したという行動派だ。ブラジルのためにこれだけ貢献してくれる学者は得難い。あしながが育英会の元評議員でもあり、今後の活躍も大いに期待している。

ブラジルの大学で教鞭をとる研修生OBもいる。

九期生に渡辺満君という環境問題の専門家がいる。大学で砂漠化防止や森林保全を学び、一九八九年にアマゾン河口の都市ベレンに渡り、木材会社の研究所などで植林を学んだ。さらに国際協力機構（JICA）の青年海外協力隊員としてタンザニアで砂漠化防止に取り組み、その後もJICA専門員としてブラジルのセラード（灌木地帯）で樹木保護活動、アルゼンチンのイグアス地域自然環境保全計画に取り組み、ブラジル政府の要請を受けたJICAのチーフアドバイザーとしてブラジル北部のアマパ州で森林資源の持続的活用に向けたプロジェクトに取り組んだ。

同じ九期生にはブラジルのリオグランデドスール連邦大学水理研究所で教授を務める小檜山雅人君がいる。大学卒業後、青年海外協力隊の理数科教師として滞在したガーナから帰国の途上で訪れたブラジルに〝一目ぼれ〟した。東京農工大農林学部の大学院修士課程で砂防学などを専攻し、在学中の一九八九年からポルトガル語の習得と林学関係の調査を目的としてブラジル研修留学に参加し、一九九一年にブラジル移住を果たした。

三期生の森幸一君は名門サンパウロ大学で哲学・文学・人間科学部の博士教授になった。留学を前に、斉藤広志教授ががんで闘病していたため、「君の研修は、斉藤先生の最後の弟子として、遺稿となるであろう言葉を本にするのだ」とハッパをかけ、私に代わって大役を任せようと考えた。しかし、斉藤先生にはすでにその余力がなく、書き残した原稿を森君が出版社に持ち込み、本にしてくれた。その遺稿集が『ブラジルと日本人——異文化に生きて50年』（サイマル出版会）だ。その後、森君はブラジルに渡り、斉藤先生の遺志を継ぎ、日系社会きっての移民研究者となったが、斉藤先生と同じ六十四歳で亡くなった。

一九九二年に留学してサンパウロのファベーラ（貧困地帯）で子どもたちへの識字教育に携わった定森徹君は翌年に帰国するとすぐNGOを立ち上げ、現地を拠点に保健衛生や農業支援に携わっている。九〇年に留学した島準君と貴子さんの夫婦はアマゾン流域のマナウスで旅行会社を経営し、ブラジルの大自然と向き合うチャレンジャーである。ブラジルに関わる仲間たちの話はどれもスケールが大きく、聞くだけでワクワクしてくる。

文明論のススメ

私が思想や文明論を言い出したのは、制度を問うなかで、なぜ救急医療がうまくいかないのか、補償が上げられないのはどこが問題なのかを考え、それは資本主義の利益追求型ではなく、人間を大事にしなければ達成できないとの考えに行きついたからである。ところが、補償額が上がれば保険料が上がり、自動車が売れなくなることから、業界は経済優先の邪魔になる我々の主張に猛反対した。そのうえ一般消費者の多くも「経済があるから我々ハッピーなんや」「それを反対するような考え方はけしからん」と思い、世論も総スカンだった。

それでも、「ユックリズム」は時代の核心を突く言説だったと今でも思っている。私が世に提起した翌一九七四年、世界的な経済学者の宇沢弘文《ひろふみ》・東大教授が育英会の調査を引用した著書『自動車の社会的費用』（岩波書店）を刊行し、モータリゼーションの弊害としての「市民的権利の侵害」に危機感を示した。この本で宇沢先生は「日本における自動車通行の特徴を一言にいえば、人々の市民的権利を侵害するようなかたちで自動車通行が社会的に認められ、許されているということである」と批判したのだ。こうした危機感を共有できた宇沢さんとの交流も生まれ、我ながら先見の明があったのだと思ったものだ。

とりわけ、「ユックリズム」の哲学は、学園紛争に刺激されながらもエネルギーの発露に苦悶していた各地の大学生を激しく揺さぶったらしく、私が育英会に誘った「第一世代」はみな「ユックリズム」に共鳴している連中だった。

「七人のサムライ」の一人、工藤君は私に「私はユックリズムの本を読んで指針を与えられました。学生運動が凶悪な方向へ行くなか、それは違うと思っているとき、会長の本に出合って目が覚めました。夜中に歩くというダイナミックな行動もあり、勇気をもらいました」としみじみと言う。確かに、日本の資本主義の在り方を考え、視野を広げさせたところがあり、学生たちにとって、単なる遺児救済運動ではないということだった。これからどう生きるか。ユックリズムは社会そのもの、あるいは資本主義の在り方を問いかけていた。学生たちにそれを考えさせたのかもしれない。単に遺児救済だけでは運動が小さくなる。世の中や学生の将来の取り組みを示唆する本だったのかと思う。確かに画期的なことだと思う。

私は「アフタヌーンショー」でキャンペーンを張る頃から文明の在り方を意識していた。その証拠というわけではないが、『朝日ジャーナル』の文明告発シリーズ第一弾「文明破壊者としての自動車」特集（一九六七年十月十五日号）に、「殺人機械」と題した論文を掲載した。ちなみにこの特集では他に交通評論家の角本良平《かくもと》さんが「都市生活の敵」、小説家の堀田善衛《よしえ》さんが「自己喪失をうながすもの」のタイトルで執筆している。私の論文から一部を次に引用する。

《人類の歴史は死からの防衛であったともいえる。長い間、人間は自然の猛威のなかで天災、飢え、病いと闘い、異民族の侵略に備えを固めた。そして、科学の進歩は徐々に自然を征服しつつある。洪水や飢饉、疫病は人間に飼い慣らされようとしているが、人が人を殺す戦争は依然絶えないし、科学の副産物である新しい災害が人類を悩ましはじめている。

一方、産業革命は新しい社会と経済機構を生み、科学の進歩は生活を快適で便利なものにしたが、新しい産業災害が起り、交通災害も大量になった。その代表的なものが自動車事故である。

自動車事故の歴史はアメリカに象徴される。犠牲者第一号が出たのは一八九九年のニューヨークの片隅でだが、一九一三年、ヘンリー・フォードがコンベヤーシステムを採用して、当時ぜいたく品だった自動車を大衆に大量に供して以来、事故もうなぎのぼりに上昇した。そして昨年、一億近い自動車が五万三千人を殺し、一九〇万人をキズつけ、そのうち二〇万以上を取返しのつかない障がい者にした。経済的損害になおすと、もらえたはずの収入の損失、物損額、医療費および保険金の支払いで、総額実に一〇〇億ドル（三兆六千億円）にのぼる。この間、死者の累計は一六〇万人を越えており、いまなお、年々ふえる一方である。

これを戦死者と比較すると、一七七五年の独立戦争以来、一八一二年戦争、メキシコ戦争、南北戦争、米西戦争、第一次大戦、第二次大戦、朝鮮戦争、ベトナム戦争（一九六六年まで）にいたるまでのすべて戦争の戦死者が一一〇万人であるから、自動車事故のほうが五〇万人も多い。ちなみに、全戦傷者は一三〇万人であり、これも昨年一年間の負傷者より六〇万人も少ない》

《自動車はふえ、経済力は高まる。だが、安全なくしてなにが文明の利器であろうか。エコノミック・アニマルが〝殺人機械〟を駆って得意がっている図は、まさに醜態以外のなにものでもない。向う一〇年間に一家けん族から一人の犠牲者を出さねばならないとしたら、バラ色のモータリゼーションの夢もたちどころに色あせよう。交通渋滞が自動車の高速性と利便性を殺し、厳しい交通規制が自在性を失わせ、事故の激増が快適な個室を血なまぐさい棺桶にかえてしまえば、自動車は本来の特性を失い、滅亡への道をたどるであろう。それらの兆候はすでにあらわれはじめている。

〝自動車文明〟はいま最大の岐路に立っている。一時的な思惑を捨てて、人類の立場でこの難局に対処すべきときがきている。人間の知恵が結集されるべきである。核兵器に対するような厳

しい姿勢がここでも要求されているのである》

いささか肩に力が入りすぎた面は否めないが、私にとっては渾身のレポートである。一連の『朝日ジャーナル』の告発シリーズの論文は、「人類の進歩と調和」をテーマとする大阪万博開催中の一九七〇年七月に出版された『文明は死の行進をはじめた』(三一書房)に収録され、私の「殺人機械」が掉尾を飾り、高度経済成長のシンボルとしてのお祭り騒ぎに一石を投じた格好となった。

第七章　あしながさん募金――1979〜

亡き姉からの贈り物

交通遺児育英会の財政が七〇年代の終盤、危機的な状態に陥った。石油ショックによるインフレ、さらに遺児たちの教育にも力を入れようと建設した「心塾」に大きな費用がかかり、育英会創設から八年目の七六年度から支出が三年続いて収入を上回ってしまったのだ。赤字財政を救うためには寄付を広範な国民からいただくしかない。そう考えて打ち出した窮余の策が「あしながおじさん」だった。

それは「高校生に毎月一万五〇〇〇円を三年間贈るか、大学生に毎月三万円を四年間贈る」ことを交通遺児育英会に申し込んでいただき、育英会が匿名扱いで交通遺児の高校生、大学生に結びつける仕組みだ。贈る側は一人の遺児を卒業まで面倒を見て、学資を受ける奨学生は相手が匿名なので負担を感じないですむ。育英会の保証をもって成り立つ仕組みで、寄付してくださるかたには会報や〝子どもたち〟の文集を送り、つながりを実感してもらう。

どうしてこんな仕組みを考えたのか。それはいくつかのヒントが重なったからである。

実は育英会創設から間もない頃から毎月、育英会に手紙を添えて現金書留で寄付をしてくださる人がいた。「夫の墓参りの帰りにわずかですが送ります」などときれいな字で書かれ、使われる漢字や繊細な表現、それと「本所」という消印から、都内に暮らす高齢女性とだけ分かったので、「本所のオバアチャマ」と呼んでいたが、そのような陰徳を望む支援者がいることを感じていた。

評論家の樋口恵子さんから「玉井さん、何も応援できませんが、遺児に負担をかけずに奨学金を贈ることを制度化してはどうですか。それなら私にもできます」と言われたこともヒントになった。奥ゆかしい日本人にはそういった「教育里親」の仕組みもいいのかもしれない。そう考えているうち、ふと蘇ったのが、子どものころ文学好きな姉に読み聞かせをしてもらったときの光景だ。

夏海という看護婦をしていた姉で、脊椎カリエスを患って実家に戻って療養しており、小学校にも上がらぬ年の私によく本を読んでくれた。どんな本だったかほとんど忘れたが、一冊だけ覚えていた本があった。筋書きは記憶していなかったが、すらーっと長く伸びた足を持つ紳士の挿絵はしっかりと目に焼き付いていた。

「そうや。あしながおじさんや！」

遠い日の残像から私なりにイメージしたイラストを描きながら、「あしながが」をネーミングにしようと思い立ったのだ。あとで確認したのだが、それはアメリカの女性作家ジーン・ウェブスター（一八七六—一九一六）の小説『あしながおじさん』だった。一九一二年に発表され、児童文学の傑作として世界中の少年少女に読まれ続ける作品だ。

孤児院で育った明朗快活な少女ジュディ（ジェルーシャ・アボット）が主人公で、彼女は資産家である匿名の男性に日々の出来事を手紙に書いて送ることを条件に学費を出してもらうことになった。彼女の文才を知り、見返りを求めずに資金援助してくれる男性は後ろ姿のシルエットから「あしなが」の紳士としかわからなかったが、大学を卒業して大人になった彼女はその男性と結ばれる——というハッピーエンドの物語である。

内容もピッタリではないか。一人の交通遺児を一人の篤志家が入学から卒業まで奨学金の支援をする制度のアイデアが生まれた。ただ、誰が誰を養子にするのかとなると不都合なことも起きるだろう。そうではなく、どこの誰かが、どこかの誰かに、名も告げず、そっと贈るような奨学金の制度ができないものか、という具合に少しずつアイデアが煮詰まっていき、ついに奨学金制度としての形となったのである。

森光子さんから電話

一九七九年四月十八日、私は記者会見を開き、この制度を説明した。それとともに、ゴールデンウィークに入る二十八日から全国主要都市で「あしながおじさん」募集キャンペーンを始めることも発表した。ありがたいことに、新聞各紙が飛びつき、大々的に報道してくれたのである。

「毎月一万五〇〇〇円はできないけど、学びたい子どもたちに少しでも贈ってあげたい。五千円でもいいですか？」という反響があった。つまり、「あしながではなくて、短足おばさんでもいいですか？」と。満額は無理でも一部なら贈りたいという気持ちをユーモアに包んだ「貧者の一灯」だった。それが報じられると、また大きな反響を呼んだ。

森光子さん（右）は、ご自身が電話で「あしながさん」になることを申し込んでこられた。左は舞台「放浪記」で共演の山口いづみさん（1983 年 9 月 25 日）

新聞を見たという女性から育英会に電話があり、たまたま私が出たら、聞き覚えのある声から、すぐに「女優の森光子さん」とわかった。有名人の行儀作法なの

副田義也先生の教え子だった俳優・竹下景子さんは「あしなが運動」の支援者。右は桂小金治さん(2007年)

だろう。「名前を出さないで」と最初は匿名を希望された。私は「いや、ぜひ名前を出してください」と突っ込んだ。当然ながら森さんのネームバリューを意識した。遺児のために一肌脱いでいただけないかとお願いすると、「それなら、いいですよ」と了承してもらった。森さんが募金してくれたおかげで多くの人たちが一緒にやろうと思ったのではないだろうか。大きな宣伝役を買ってくれたのである。この運動にとって忘れ得ぬ人で、学生の街頭募金にも一緒に立ってくれた。森さんと親しかったタレントの東山紀之さんが家来のように馳せ参じてくれたこともあった。また、お仲間も募金活動に誘ってくださり、〝あしながが女優さん〟として竹下景子さん、紺野美沙子さん、東ちづるさんが街頭に立って世論を喚起していただいたのもうれしかった。

「森光子さん効果」も加わり、一九七八年に五億円台だった寄付は、あしながを導入した翌年に十六億円台と三倍になり、安定財源につながった。もし、「あしながおじさん」と言わなかったら、そこまで寄付の額は増えなかっただろう。まさに起死回生の出来事だった。「あしながおじさん」という夢のあるイメージを前面に出せたのが良かったのだ。小学生の頃、あしながの絵を私が覚えていたというのが運命的だったと思う。読み聞かせをしてくれた姉は過労で体を壊して二十代前半で亡くなったが、「姉さん、ほんまに大きな財産を残してくれたね。ありがとう」と言いたい。

「恩返し運動」を生む

「あしながおじさん」。自分で言うのもなんだが、こういうキャッチフレーズや言葉をうまく選び、そのつどうまくいったと思う。「ユックリズム」も流行った。近年の大水害を考えても、そこには未来への警鐘を込めた文明論的な哲学があって、今につながっていると思う。当時、警察は「ゆっくり主義」という言い方をしたが、それでは単に制限速度を守って走りましょうということなので、私の込めた言葉とは意味合いが違うのだ。

「あしながおじさん」は遺児たちの教育者でもあった。あしながおじさん募金は当初、振り込み用紙で受け付けていたので手紙がついていた。その文面を奨学生たちに朗読して聞かすのだ。

「どうして募金をしてくれたのかな?」

あしながおじさんの気持ちを考えてもらう。遺児は初め「お金持ちが同情して恵んでくれるのだろう」「政府の税金」などと思っていたが、それほどお金持ちでない人が持ち寄っていると知って変わる。たとえば、「私は貧乏だったので進学できなかった。私に代わって君が進学してほしい」「亡くなった娘が生きていれば高校生になります。あなたが娘だと思って応援させてください」

などと書かれているのだ。心があたたかくなる言葉をたくさんいただく。私から一切説明しなくても、それを読むことで、同情の恵みや施しではないとわかる。

あしながおじさんは本当にごく普通の心優しい人たちだ。申し込みしてくださるときの動機をうかがってみると、何の報いも求めず、無償の愛を注いでくれる存在だとわかる。会報などで遺児たちの様子は伝えているが、学生が手分けして書く残暑見舞いは対象が多いため二、三年に一度しか届けられないが、それを心待ちにして、お金を継続して送ってくださる。そんな人たちが全国で支えてくださっている。遺児たちは「お金持ちが恵んでくれるのだろう」という気持ちを抱きがちだが、「決してお金持ちではない人たちがコツコツと送金してくださっている」と感じることで、心の中が晴れわたっていき、素直な気持ちで「こんどは自分たちが恩返しをしたい」と思えるようだ。

もっとも、「わたし女性ですけど、おじさんは変じゃない?」という声が出てきたので、それじゃあということで、「あしながさん募金」に名称を変更した。

あしながさんの思いに触れた奨学生たちに寄付の意味を真剣に考える動きが出てきた。一九八二年夏には「恩返し運動」として献血に取り組み、翌一九八三年夏の「高校奨学生のつどい」では恩返し第二弾として、島根水害、日本海中部地震、長崎水害、北海道夕張市の炭鉱災害、三宅島噴火などの被害地を意識した「災害募金」の実施を決めた。「世話になった私たちがこんどは交通遺児の救済から漏れている自然災害の遺児を救おう」と、さまざまな自然災害を意識したも

災害遺児育英運動が熊本の交通遺児高校生・宇都宮忍さんの提唱で始まった。細川護熙知事（当時）も街頭募金に参加した（1983 年 11 月 27 日）

ので、災害遺児募金の先駆けとなった。九月二十五日に全国十か所で実行し、二二八四万三九六六円を集めたのだ。

そうした影響もあって、一九八三年十一月には熊本の高校奨学生が街頭に立った。

「僕らは、あしながさんのおかげで高校に進学できた。自動車事故ではないにしても、同じように事故でお父さんを亡くし、お母さんと苦労している災害遺児が貧乏のために高校に進学できないのはどんなに辛いことか。僕ら交通遺児の手で、災害遺児の仲間が高校進学をはたせるよう運動しよう」

この時、モータリゼーションをテーマにしたキャンペーンで共闘して親しくなった朝日新聞の伊藤正孝記者に連絡した。彼の鹿児島支局で一年後輩だった元朝日新聞記者の細川護熙《もりひろ》・熊本県知事に協力を頼んだ経緯があった。肥後熊本藩主だった肥後細川家の第十八代当主の彼は穏やかな風流好みの紳士で、高校生と並んで街頭に立ってくれた。

欧米の国のように社会のバックグラウンドにキリスト教がある国は寄付が自然の形で行われるが、「あしなが」という物語性だけで引っ張ってこられたのは、日本の寄付文化の歴史でも珍しかったと思う。日本人は堂々と寄付することが恥ずかしいというか、善意は目立たないようにしたがる。募金の光景を見ているとよくわかるが、真っ昼間より夕暮れの、他の人があまり見ていない時にサッと入れてくださる人が多い。

副田義也さん

あしなが募金が軌道に乗ったころ、社会学者として調査活動で併走してくださった副田義也《そえだよしや》・筑波大名誉教授は「日本的な福祉ボランティア像」という表現で、幸福に感謝するという動機をこう分析していた。

《自分の能力や努力の結果であると考えるよりは、自分を超えたなにか大きいもののおかげと考える発想が背後にある。これは工業社会の業績達成主義よりは、農業社会の収穫感謝思想に近い》

ほかの章でも述べたが、私は副田義也という類まれなる先生を味方に、二人三脚で仕事を進めたことで理論と実践に大きな力を与えられ、あしなが運動を拡大させることができた。私とは同学年で、社会学者としてキャンペーンをデータで下支えする役割を担い、直感で動こうとする私とコンビを組み、良き盟友となった。彼の業績をここで振り返ってみたい。

副田先生の実態調査は遺児家庭母子の苦しさを科学的に訴えるもので、救済提言のエビデンスとなってきた。初めて調査を依頼したのは東京女子大に在籍されていた一九七四年だから、もう半世紀前になる。その調査は、郵送法によって遺児家庭の実態を数量的にとらえる全国調査、家計のやりくりを数量的にとらえて食卓の様子をとらえる家計簿調査、遺児学生が訪問して母親からの生の声をレポートする事例調査の三本立てが特徴だ。精緻を極めた調査で、遺児家庭の生活が浮き彫りになり、問題点がリアルに示された。毎年テーマを決めた調査を依頼し、その結果はいつも新聞、テレビなどに大きく取り上げられ、それによって募金額が急増した。

一九七四年から一九八八年の交通遺児に関する調査は、生活実態、教育状況と教育費、母親の職業や疾病、遺児の社会参加の様子、交通事故の補償、後遺症など多岐にわたった。初めての調査で、夫を亡くした妻の大半が中卒で、過半数が月収六万円未満というショッキングな結果が分かった。遺児家庭の多くは「絶対的貧困」にあえいでいて、生活保護受給者が七・九％、母子心中を考えたことがあると答えたのが一二・一％で、私たちを驚かせ、心のケアの必要性も突き付けられた。

そんな中で遺児を支援してくださる「あしながさん」の生活と意見を調査したのは一九八四年

で、その人間像、正義感、愛情に触れることができたことも印象深い。続いて災害遺児に関する調査に移り、支援すべき災害遺児の数的な規模をとらえ、貧困の度合いが交通遺児より劣悪な実態が明らかになったのである。

フィランソロピー

休暇をとってニューヨークに出かけたのは一九九一年の六月だった。これからの十年間をどうするか。充電を兼ねて戦略を練ろうと思ったのである。高齢化が進み、介護や社会保障の課題を抱えた日本はバブルが頂点を極めていたが、経済成長は永遠に続くものではない。仮に続いてもカネでやさしい介護は買えるわけではない。政府を頼りにしていては解決などできない……。そんなことを考えていた私にヒントになったのがアメリカの寄付活動だった。企業は従業員のボランティア活動を推奨し、市民も企業の二十倍もの寄付をして社会を守っていることを知った。向こうは伝統的に寄付が根付いている、お上にまかせず、自分たちのことは自分たちでやろうという意識がある。

日本でも企業や市民、学生が一体となって「やさしい社会」を作れないだろうか。そのキーワードが「フィランソロピー」(philanthropy)という言葉だった。ギリシャ語の「フィリア(愛)」と「アンソロポス(人類)」に由来するそうで、転じて「社会貢献」などと訳すそうだが、私たちは「やさしい人間愛」と訳し、そんな社会を実現させたいと考えた。考えてみれば、「あしながさん」の愛こそフィランソロピーではないか。

ちょうど奨学生たちの恩返し運動が十周年を迎えるなか、「やさしさ」ある社会の実現を目指し、さまざまな遺児の進学支援を訴えるために、P（フィランソロピー）を冠した「Pウォーク10」と

米国の「マーチ・オブ・ダイム」をモデルとして遺児学生たちが始めたあしながPウォーク。「やさしい人間愛社会」の実現をめざした（1991年10月）

いうイベントが決まった。ボランティアウィークを調査するためニューヨークにも同行した災害遺児の伊藤源太君を実行委員長に、十月十日の体育の日に全国百コースで十キロを歩き、企業と市民に病気遺児の奨学金制度をスタートさせるための寄付を募ろうというものだ。欧米のように、企業と市民が積極的に参加する社会貢献を目指すのだ。国頼みではなく、企業も市民もお金と汗を出し合い、自分たちで高齢化社会や環境などの問題の解決を図ろうという志である。

このウォークはアメリカのルーズベルト大統領が一九三八年に提唱し、ポリオ撲滅のために始めた「マーチ・オブ・ダイム」という運動をヒント

にした。子どもの問題を一貫して取り上げて継続させ、サラリーマンが同僚から寄付を集めて行進にも参加するなど幅広く、私たちも社会の金の出し合い方を変えようと考えた。

いくら経済大国になったとしても、不況で寄付が出せないのは心が豊かとは言えないだろう。このPウォークは企業の社会貢献に期待する取り組みでもあるが、フィランソロピーは決して企業だけではない。アメリカでは個人寄付が圧倒的に多く、日本の個人寄付の少なさとは大きな開きがある。子どもの頃から自然にボランティアができる土壌が違う。何よりもスタートは意識改革が必要と考えた。

十月十日、私も日比谷公園からPウォークに参加した。開会式に集まったのは身内ばかり約三百人。企業スポンサーの反応は鈍く、残念ながら低調だった。経済最優先の果てに、「モノとカネがあれば幸せ」という感覚が染みついてしまったのか。だが諦めず継続が大事だ。応援のため隣で歩く女優の紺野美沙子さんの笑顔を見ながら、「根気よく歩き続けよう」と肝に銘じた。

翌九二年五月の第二回Pウォークは開会式に千人以上が集まった。私も心塾の学生から二月の誕生日にプレゼントされた赤いトレーナーを着て「このフィランソロピーを社会福祉や社会問題の解決に向けて広めていこう」と元気よく開会宣言した。薫風が心地よいお堀端から国会議事堂を経て永田町、迎賓館、明治神宮、東京都庁へと長い列をなし、ゆっくりと歩き、参加者の笑顔が陽光に輝いていた。

このPウォークは二〇一五年まで二十四年間、あしなが育英会の奨学生を中心とした「Pウォーク実行委員会」が開催し、計四十二回、延べ人数五四万七六一九人が参加し、約四億九千万円の寄付を集める成果を上げた。

第一回から第七回まで実行委員長を務めた伊藤源太君は一九九四年、ＮＨＫに入局し、アナウンサーとして活躍している。Ｐウォークなど自分たちが取り組んだ活動が後に世界の遺児支援につながったことを誇りに感じながら日々の仕事に向かっているという。

「両腕」が国会議員に

熊本で高校生たちと「災害募金」で街頭に立ってくれた細川護熙さんを紹介してくれた朝日新聞の伊藤正孝記者はその後、中東の要カイロ支局に赴任し、当時カイロ大学に留学していた後の東京都知事、小池百合子さんとも面識があった。東京に戻って編集委員をしていた一九九二年には、細川さんが政治改革を掲げて日本新党を立ち上げると、当時テレビの経済番組キャスターだった小池さんを新党の目玉候補者として推している。実はあのとき、私も水面下で細川さんから「参議院に出てくれませんか」と声を掛けられ、「そんなことをしたら育英会がつぶれてしまいますよ」と即座に断る出来事があった。

私が選挙に出る気がないと分かった細川さんは翌九三年七月の衆院選に向け、「それなら部下を二人出してくれませんか」と言ってきた。その結果、私にとっては育英会草創期から「両腕」

として組織を支えてきてくれた交通遺児育英会事務局長の山本孝史と社団法人「日本ブラジル交流協会」で実務を担当する藤村修の両君に出てもらった。二人は故郷に戻り、山本君は旧大阪四区から、藤村君は旧大阪三区から日本新党公認でそれぞれ出馬し初当選し、細川さんは新参ながら大躍進したミニ政党の党首として、あれよあれよという間に非自民・非共産の連立政権で総理大臣になったのである。

山本君は学生時代、リュックに交通遺児作文集『天国にいるおとうさま』を詰め込み、全国を一人でオルグして歩き、「励ます会」全国協議会の事務局長として活躍した「学生入局第一号」だ。兄を交通事故で亡くし、第一回学生募金からリーダーとして交通遺児救済運動に身を投じてきた闘士である。

国会議員としても体を張った。参院議員に転じ、医療や福祉の問題に真剣に取り組んだ。二〇〇六年六月十六日に成立した「がん対策基本法」の審議を加速させたのは五月の参院本会議で「私自身ががん患者」と告白したからだった。先に民主党が法案を提出し、与党が追いかけて提出する形になった。会期末を控えて与野党の対決ムードが高まるなか、山本君が「もう治りません、と見放されたがん難民が日本列島をさまよっています」と訴えた瞬間、議場は熱い拍手が鳴り続き、緊迫した空気に包まれたという。悲願だった法律の成立が危ぶまれ、自らの余命がそれほどないことを示唆したことで、早期成立を求めたのだ。「山本さんのために今国会中にまとめよう」

という機運が党派を超えて高まり、法案が通過したのは劇的なことだった。

実はその前年の暮れ、神戸のホテルにいた私に彼から電話があり、「胸腺がん」が見つかったことを「第一報」として伝えてきた。どう生きたらいいか、との相談だった。窓から見える街は雪が水平に走り、寒々としていた。

「政治家は代わりがいる。君は残り時間を奥さんとゆっくり生きればどうか」

国会で「私自身ががん患者」と告白した山本孝史君

私は亡き妻由美を看取った経験からそう伝えたが、彼はそうしなかった。

がん対策基本法が成立した時は抗がん剤治療で体重が一〇キロ以上減っていたが、七月の参院選で再選され、酸素ボンベを引きずり、チューブを鼻に装着しながら登院したが、翌二〇〇七年十二月二十二日、力尽きた。惜しまれる五十八歳の逝去だった。学生時代から勉強家で、永田町で政治家相手に陳情するなど行動する若者だった。最後に見舞った時、彼は「また会いましょう」と笑顔を見せた。それが最後の一言だった。二〇〇八年一月十二日、郷里の大阪で営まれた告別式では、彼が大阪に「交通遺児を励ます会」を作り、遺児家庭の苦境を説きながら、全国に「励ます会」を広げていった姿を思い出しながら、弔辞を述べた。弱い者を救おうと命がけで生き抜いた見事な人生だった。

藤村君は広島大学の自動車部員として二年生から街頭に立ち、第一回募金のとき、東京の全国会議に参加し、「若者が公害を生む交通文明のひずみを解消し交通遺児自身が運動に参加するまでになることを念願する」という学生募金の基本姿勢採択に関わった。優良企業に就職が決まっていたのを私から強引に育英会に引っ張り込まれ、社団法人「日本ブラジル交流協会」理事長として遺児のブラジル研修に尽力し、一九八一年の第一期生（十三人）から第二十五期生まで大学生の奨学生ら七百四十八人の一年間留学研修を実現させた。学生が現地の幅広い分野の職場で研修する制度の現場で十年余り汗をかいてきた人物で人望がある。「あしなが運動二十年」をビラに書き、遺児奨学生たちの応援もあって、選挙区（旧大阪三区）でダントツの一位で当選し、国会では文教の専門家として活躍し、民主党の野田佳彦内閣では官房長官を務めた。

第八章　愛してくれてありがとう――1984～

二十五年の年齢差超え

休みなく深夜まで仕事する。それこそ生きがいだ――。一九六九年に交通遺児育英会が立ち上がった頃は確かにそうだった。当時の組織は猛烈に働くことを美徳とする男社会で成り立っていた。それは、社会を引っ張るのは男たちだという価値観を信じて疑わぬ私の姿勢そのものでもあった。無意識とはいえ女性という存在を男たちのアシスタントのように考えていたことは否めない。実際に草創期以降、育英会には幹部どころか中間管理職にすら女性が一人もいない時代が長く続いた。

だが、そんな私を変える女性が出現した。三十四歳の時に育英会が設立されてから十五年、わき目もふらず仕事に邁進し、まさに陣頭指揮でガンガンやっていた頃のことである。その女性は二十五歳で五十歳の私と縁を結び、苦しい闘病の末、二十九歳で旅立った愛妻由美である。

彼女と初めてじっくり話をしたのは、一九八四年の初めだった。あしなが運動がようやく軌道に乗った時期だった。当時熱中したブラジルへの研修の報告書を作るため、育英会の機関紙『君と581・2271』の編集に携わっていた彼女に助っ人になるよう頼んだ。その半年前に採用された彼女は若いのに筆が立ち、てきぱきとした仕事ぶりを遠目に見ながら、「ようできる子やなあ」と内心思っていたからである。

やがてプライベートなことまで話す仲となるのだが、頭脳明晰で、大人びた言葉を使う子だと感心しているうち、気が付けば彼女に主導権を完全に握られていた。当時は土曜が半ドンで、午後に二人で会うようになった。私は戦前に生まれた昭和の人間である。オープンなデートなど気恥ずかしい。逢引のように密やかな感覚で散歩したものだ。その行き先は、「江戸を教え込みたい」という彼女の希望に沿って、江戸風情が漂う界隈が常だった。谷中、湯島天神、上野の不忍池、浅草、人形町、向島、亀戸天神……。四季折々の花に彩られた江戸情緒の感じられる街は、それまで東京をろくに歩いたことのない私には、どこも新鮮に感じられたものだ。

由美は大阪生まれの私に「とにかく東京をわからせよう」という思いが強かったのだと思う。箏、鼓、三味線、長唄を習って身に着けた素養が、若さに似合わぬ落ち着きを醸し出していた。そんな彼女に私は時に少年のように従順だった。一方、彼女も私の生まれ育った大阪の言葉や、吉川英治の『三国志』、舟橋聖一の『花の生涯』など私の愛読書を読み込み、私の世界に入ろうとしてくれた。

そんな思いで半年ほど過ぎた一九八四年五月の週末だった。

「原稿のゲラを早急にチェックしていただけませんか」

由美から西麻布の自宅に電話がかかった。

「すまんけど、六本木まで届けてもらえんかな」

と由美を呼び出した。喫茶店に入って原稿の手直しをしたあと、私たちは心地よい風に吹かれて歩きながら四方山話で盛り上がり、いつの間にか南青山の根津美術館あたりの裏通りに入り込んでいた。どういうわけか、由美の歩みが遅くなった。

「どうした？」

振り向いて彼女の顔を覗き込むと、何か思いつめたような眼差しを私に向ける。具合でも悪いのかと思って立ち止まると突然、

「私はあなたを愛しています」と言った。

びっくりして、

「おいおい、大人をからかうなよ。俺はもうすぐ五十歳やで。神さんがちゃんと年齢差のハー

ドルを作ってはるから……」

と返すと、由美は、

「いえ、私は本気です」

と真顔で答え、いきなり私の胸に顔をうずめた。不意打ちである。が、こんなに可愛い女性が大胆に飛び込んできたのだ。虚を突かれた私だったが、湧き上がる喜びを抑えきれず、

「俺も好きや」と応え、しっかりと抱きしめた。すると、

「じゃあ、私と結婚してください」

と真剣な瞳で私を見つめる。恋愛も無縁、家庭を作ることなど考えたこともない中年男は浮き足だち、高鳴る胸の鼓動を押さえるのに往生した。「なんて度胸のええ子なんや」……。内心そう思いつつ、しどろもどろで彼女を帰して自宅に戻ると、私は部屋の中で一人、舞い上がっていた。


由美はものすごくませていた。小学校二年から歌舞伎を観ていたせいで、男と女が内に秘めた世界を咀嚼できる頭の構造ができていたようだ。大人の言葉を実によく知っていた。私の方も年の差を絶対的な障害だとはなから否定しなかったのは、映画の好みがフランス映画派だったからであろうか。少なくとも封建的な恋愛観に縛られるまではいかなかった。

とはいえ、さすがに二十四歳と四十九歳である。「結婚はないぞ。こんな中年のオッサンが相手では、あちらの御両親にも申し訳が立たん。散歩できるだけで十分やないか」と自分に言い聞

かせた。結婚となれば、どう考えても私が先に死に、その後長く由美は未亡人として生きることになる。

その当時、由美の世代の女子は短大に行って勤め先で結婚相手と出会って二十五歳までに結婚するのがオーソドックスな生き方だった。優秀な女子高生は短大に行くのがごく当然な時代だった。ただ、都立日比谷高校から大学を滑って浪人した彼女が短大に進んだ理由はそれではなく、高校時代から付き合っていた彼が現役で大学に進学したので、彼より卒業が遅くならないよう考えたからだった。先に社会人になって彼の卒業を待つため学習院女子短大を選んだという彼女流の大人の判断だったと聞いた。その恋愛は成就しなかったが、かといって代わりに私が相手となるにはハードルが高すぎた。「私なんかではなく、魅力的な青年に託すべきだ」。聡明で魅力的な彼女の顔を思い浮かべながら私はそう考えた。

由美も苦しんでいた。その頃の心境が、死後に見つかった日記に綴られている。

まだ見ぬとは言いながら、確実に迫りくる悲しみに、どんな態度で臨んだらよいのだろうということから始まる私のひとつの選択。玉井が先に死んでしまう。私ひとりか私共ふたりか三人か知らぬことだが、残される。それでも私は、前向きに生きる。資産としての悲しみをたずさえて生きる。魂の清浄を感じながら、生きる。悲しみ、それは事実があってのもの。事実から生まれるもので、だろう、とか、多分、の延長にはない。

残されることへの不安は際限なく拡がるけれど、その前に自分が、自分ひとりが、選ぶ、ということへの不安が、あるのではないかと思う。大事なことは、自分で決めなければならない。人のせいにして、自分の心をだましてはいまいか、今まで。本当に、大切な人か。一時も離れてはいられない人か。全身で全霊で愛しているか。真実か。受身でないか。

（六月二十五日）

がん告知

七月になった。

「なんだか、この頃、右手がしびれるの……」

少し足を引きずって歩く由美がそうつぶやいて顔を曇らせている。最初は職場でのストレスから来ているのではないか、と思った。だが、その症状は収まるどころか、次第に強まり、やがて痛みを伴うものへと変わっていった。由美はその年末の定期検診で「手のしびれ」を訴えると、検査するよう指示された。

一九八五年が明け、由美は一月中旬から一週間、大学病院に検査入院した。抗体検査、ＣＴ、頭部レントゲンなど詳細なデータをとった。二月三日に由美は二十五歳になり、六日に私は五十歳となった。由美はさらに東芝中央病院で最先端のＭＲＩ診断に臨み、その結果が二十一日、由美と両親に伝えられた。

その翌日、彼女は私に落ち着いた口調でこう言った。

「首に悪性腫瘍ができている。余命、あと一年ですって……」

本人から突然の告知である。青天の霹靂だった。

「一年って、そんな……」

うろたえる私に彼女はこう続けた。

「あなたのお嫁さんになりたかったのに……。もう、ダメなのね」

その言葉を聞いた私は間髪を入れず返した。

「そんなことない。由美は俺が守る。結婚しよう！」

二人には残された時間がそれほどない。瞬時に悟った私は意外にも冷静な心境に引き戻され、喜んで残りの日々を過ごそうと踏み出したのである。由美が抱え込んだ煩悶と葛藤は私の比ではなかったはずである。それは二人の宿命だった。三月末で由美が交通遺児育英会を退職すると、私たちは寸暇を惜しんで二人だけの時間を作った。この間の由美の心境が日記に書かれている。


二月二十一日（がん告知を両親と受けた日）の日記――

腫瘍だって

おかあさん　おとうさん　ごめんね
時間　大事にしなくちゃ

翌二十二日の日記――
きのうよりつらい
同日二十時三十分　六階にて。
残された時間って
いったいどのくらいあるのだろう
こわいね
ひとりで泣いて
ひとりでたちなおりたいけど
そんなに急に悲しくなったり、つらくなったりしない頭だものだから
きのうより　きょうがつらかったりして
でもお母さんのために　元気になりたい
ごめんなさい
なんでこんなになっちゃったのかなぁ

三月二日由美の日記。僕の言葉として――
お前は人生に勝ったんだよ。先にいっしょになろうと決心してくれたやろ。
その時の気持ちと同じだよ。なにも心配することはないよ。

二十五歳という若さでがん告知を受けた由美は懸命に闘っていた。梅雨のさなかの六月、気力を奪うがん細胞に心が折れそうになりながらも、いくつか由美がくれた詩がある。

ある日　突然でなく
じわじわと　動かなくなっていく　右手
それを見ている　自分
きょうもいい天気だった
みんなが　強い気持ちで病気にたちむかえ　と言う
私は　うなづく
気持ちだけで　よくなるものか
心の中で支えとなっているのは　あなただけだ
それだけで生きてる　生きてゆく

（六月三日）

きれいだと　ほめてもらえる指が
右手に五本　左手にも五本
その中で　左手のくすり指が
いちばん心臓に近い　指なのだという
そこに　あなたからの指輪が　もうすぐ届く
地球のどこかから　あなたに選ばれて
私の心臓に　いちばん近いところに　おさまる

（六月十四日）

ほんとうは　いつも思っている
あなたには　うんと素敵な笑い顔しか　見せてあげない
なまいきな言葉や　深刻そうなタメ息なんて　絶対あげるもんか
ほんとうは　いつもそう思っている
でも時々「泣け」と言うので　こまっている

（六月十八日）

残された時間

梅雨が明け、真夏になった。口に筆をくわえて詩や花の絵を描く詩人、星野富弘さんの絵はがきに、由美はおぼつかない左手で短い詩を綴った。もう手紙を書くことが難しくなっていたのである。

ずっと先を見るのは　たとえようもなくこわくて
きょうを生きたことと　あしたも生きるだろうということ
それだけを考えて生きればいい　と言いきかせる時がある
ああ　しんとしていたい　しんとしていたい
しんとしたなかに　あなたとふたりで　静かにしていたい
（八月二十日）

二人でいるときは努めて明るく装う由美だったが、ひとりになると、恐怖に脅えていたのだろう。初秋の日記には痛切な心境が綴られている。

あなた
あなた
あなた
あなたのそばで死にたい
手足が動かなくなる前に
（九月十八日）

それまで会うことをためらっていた彼女の両親だが、もはや躊躇している場合ではなかった。意を決した私は九月二十三日、初めて由美の父信孝さんと母さち子さんに頭を下げた。

「由美さんと結婚させてください」

お許しの儀式である。その様子を由美は日記でこう綴っている。

　あなたが大汗をかいていたあの間、親子三人にとって幸せな、幸せな時でした。ほんとうにありがとうございました。

　これまで、真面目に生きてきてよかった。真面目なことをしてきたのではなく、生きるのに真面目でよかったと思います。

「前向きに生きている」は、いつだったかあなたが私を評してくださった言葉で、照れくさいけれど、前を向いて生きてきた私をほめてやりたい。

　おかげであなたと結ばれるのだから。いろいろあったけれども、人のせいにしないで、自分で考えて自分で決めた、と思えることを誇りにしたい。

　そして、自分をそうやって見つめることを教えてくださったあなたに、世界最大の感謝をいたします。

　ありがとう、あなた。

（九月二十八日）

嫁入り道具を買うなど新婚への準備が進むときの由美の日記は喜びに満ちていて、亡くなった後に初めてそれを目にした私は切なさに胸がしめつけられた。嫁ぐ日が迫るなか、両親への感謝の思いとともに、私にはこう綴っている。


こんなかたちで林由美からあなたへの手紙を結ばせるのを幸せに存じます。これからはおそばに侍って、思いのたけ、手先でのうて、からだ全部で言えますする。

私を、はだかの私を見てください。愛してください。

私もはだかのあなたを見ます。愛します。

身をよせて、あなたの魂を愛します。

私の魂は、あなたの中へしか行くところはありません。

あなたからこの世の命をもらったと思って、毅然として生きていきます。

どうぞ末永くかわいがってください。


（十月十日）

そして明日は婚姻届を出すという日に由美は私に最後の恋文を綴る。

あなたと私

いっしょにいるのが　いちばん幸せ
あなたと私
いっしょにしゃべっているのが　いちばん楽しい
あなたと私
みつめあっているのが　いちばん美しい
そうだ　それがこの世のきまりだ

（十一月十一日）

新婚生活

美しい青空が広がった一九八五年十一月十三日、東京・赤坂の小高い丘に鎮座する山王日枝神社で私たちは神前の式を挙げた。そのあと、紋付袴、白無垢の花嫁姿で社殿に現れた私たちを、育英会の仲間、交通遺児の学生、私たち双方の友人が歓声を上げて取り囲んだ。百人は集まってくれただろうか、結婚報告に相当する、このセレモニーで私は緊張のあまり指輪を差す指を間違いそうになり、由美の誘導でぎこちなく薬指にはめたのを覚えている。そこはオープンスペースで、一般参拝客も笑顔で祝ってくれた。簡素な儀式ではあったが、幸せな瞬間だった。この神社の北隣には由美が通った日比谷高校があり、鳥居から本殿に上がる階段でよく昼の弁当を食べていたという。

思い出の場所で式を挙げられた由美と私は彼女の両親とともに食事をし、そのまま羽田からシンガポールへのハネムーンに旅立った。貯金不足でハワイに行く余裕がなかったからだが、東南アジアの小国で伴侶である私と並んで歩く由美はまるで世界が自分を中心に存在しているかのような満面の笑顔を見せていた。

私たちは品川区のアパートを借りて新婚生活を始めた。高台にある高輪警察から桂坂を東に降りた場所で、病状の進行で右手が麻痺して包丁を握って料理することができない由美を支えるため、彼女の母親が大田区の実家から都営浅草線一本で通えるようにしたのだった。その頃、由美は日記にこう記している。

由美との結婚間もないころのツーショット

あなたへ

あなたと一緒に暮らしているのですネ。幸せです。こんなにしみじみと幸せを味わえることも、幸せです。ありがとうございます。コップに指輪があたって、カチンと音をたてます。

この天国のような生活が、いつまで続けられるのか、タイムリミットがあればこそ、今日一日を大切にしたい。どの一瞬も愛に満ちていたい。ほほえみの陰に、隠した涙がありました！

「おはよう」。朝起きると、横に由美がいる。トーストを焼き、コーヒーをいれる。何気ない日常が喜びの瞬間となる。結婚した由美はますます美しくなった。深い愛のまなざしが生き生きと輝き、真正面から私を見つめる。マンションを出て振り向く私に、六階のベランダから由美が左手で何度も手を振ってくれる。「行ってらっしゃい」という声が聞こえるようで、何度も歩きながら振り返り、大きく手を振る。幸せだった。

あれだけ仕事一筋だった私は変わった。退社が待ち遠しくなり、事務所を出ると一目散に帰宅した。妻の笑顔の前でお酒を飲みながら、近所の魚屋で買ってきてくれた刺身を食べるのが至福の時だった。

八五年の師走は研修で中国を視察する高校生たちを引率して二週間、日本を離れた。由美は私の帰国前日の十二月二十八日、言葉をメモで残している。

二週間は二週間、生きていればきちんとくる。帰ってくる。やっと、やっと、やっと、あなたが帰ってくる。私のところへ帰ってくる。うれしくて本当に涙が出てくる。

何ていおう。まるで気がくるいそうになったように叫んだこともあったし、ここに主婦って顔で落ち着いてみたりしたし、いろいろ、でも全部夢の中のことみたい。やっぱり私の魂はあなたといっしょにいたのかもしれないね。それでも一生懸命、自分の命を生きるってことが、小さな行動の、思いの、積み重ねだという気がした。

人間ひとり、やがては土にかえる肉体はむなしくても、思いは伝えられる。むなしさは奥にしまっておいて、思うことを大事にしていきたい。自分が死ぬという現実を、人も死ぬという現実を感じてしまった人間として。感じてしまったことは必ずしも悲しくはない。

（十二月二十八日）


真っ直ぐな瞳でぐいぐい私を引っ張っていく由美だったが、病魔は情け容赦なく由美の体をむしばみ、右手から右足へと自由を奪っていった。それを振り切るように、私たちはよく散歩した。その記憶を私に残したかったのだろう。自宅からほど近い白金の銀杏並木を歩いているとき、さりげなくつぶやいた。

「あなた、私が死んだら、ここを歩くとき、由美って呼んでね」

聞こえぬふりをして、かろうじて笑みをたたえる私だったが、切なかった。

結婚から半年が過ぎた一九八六年五月、私たちは一週間のパリ旅行をした。現地にいた幼馴染の友人がセーヌ川の遊覧船、オペラ座などへと案内してくれ、夜のレストランも手配してくれた。誰も邪魔しない二人だけの時間だった。シャルトルの城では真っ赤なペアルックで記念写真を撮った。

その時、すでに歩くのが大変になっていたが、貧乏画家たちが似顔絵を描いているモンマルトルの丘まで歩き、自分の顔を描いてもらった。本人はいずれ歩けなくなるのを知っていたので、街の隅々まで不自由な足を運んだのである。

あしなが育英会は夏休み恒例の行事として、遺児の高校生と大学生が泊りがけの「つどい」を催す。全国約十会場に我々職員は旅回り一座のように転戦する。同じ境遇の遺児同士が交流することで、「心のケア」を受けた彼らが新しい一歩を踏み出す。重要な機会とはいえ、体の自由を奪われた由美を残して長期不在となるのはつらかった。さらに九月になると、全国で展開する「あしなが学生募金」の準備、本番へと息継ぐ間もないほど忙しくなる。

そんななか、由美に卵巣腫瘍が見つかり、手術をして十月中旬に退院後、こんどは微熱が収まらなくなった。

由美の足は日々刻々と自由が利かなくなっていった。がんがじわじわと進み、右手から右足、左足から左腕が動かなくなっていった。由美を実家に戻し、ご両親に見てもらおうと考えた。

「俺が会社に行っている間に転んだら起き上がれないじゃないか。転んでからでは遅い。さみしいけど、その方が安心や。なあに大丈夫だ。毎日会いに行くよ」

由美は悲しげな顔で初めは応じようとしなかったが、最後は自分に言い聞かせるように言った。

「実家で療養します。あなたのいらっしゃる週末はここに帰ってきます」

断腸の思いで高輪での新婚生活を十か月で切り上げ、実家で療養してもらうことにした。すぐに秋の募金活動が始まり、実家に行くことができなかったが、その期間が過ぎると、私は仕事を終えて直ちに由美のもとへ向かった。たとえわずかな時間であっても彼女の喜ぶことをしてやりたかった。

その年の暮れ、私たちはハワイ旅行に出かけた。ダイヤモンドヘッドを望む部屋から、波乗りする若者の姿を二人で飽きずに見つめた。一九八七年を迎えるカウントダウンはホテルのホールで大勢の客たちと声を張り上げた。「ハッピー・ニュー・イヤー」。その瞬間、私は由美にキスをした。

七時間の大手術

結婚から一年半が過ぎた一九八七年五月二十二日、最先端医療を誇る大学病院の神経内科で治療を続けていた由美だったが、主治医から深刻な病状を告げられ、他の病院で診てもらう選択肢を示された。翌日、由美の弟が働く別の大学病院の脳外科の先生に相談したところ、「そんな若い患者をそこまで放っておくなんて。放射線なり丸山ワクチンを打つなりすべきじゃないか」と驚かれた。

困り果てた私は交通遺児育英会ＯＢの西本征央《いくお》君のことを思い出した。和歌山出身のとびきり秀才で、あの灘高に進学したが、酒屋を営んでいた父を交通事故で失った。その時、彼は「世界一の脳外科医になる」と誓い、猛勉強して中くらいだった成績はみるみる上昇し、全校一番となって東大医学部へ。卒業すると自衛隊の船医や無医村での診療医を経験し、臨床医で救える患者の数に限りがあることを考え、「億単位の人命を救いたい」と母校東大でがんの研究に没頭していた。

西本征央君

電話で由美の症状を伝えた。

「頸椎の腫瘍で手足の自由が利かない。微熱、食欲減退、頭痛、水がスムーズに飲めない……」

それを聞いた西本君が声を発した。

「間に合うかな」

その言葉におののいた。緊急を要する事態だと察した私に、

「外科的な検査も必要かと思います。すぐに権威の話を集めてみましょう」

と言って電話を切った。

その日の夕方、西本君が見舞の花束を手に由美の実家に現われ、すぐに由美の問診を始めた。手足の感覚を丹念にチェックすると「手術をしていいですか」と確認を求めた。そうしてほしい、と私は即座に応じたが、由美も「先生がおっしゃるならば、そうします」と答えた。前年九月の

卵巣嚢腫の手術で予後が悪く、手術を恐れていた由美だったが、西本君の手際の良い問診に、信用できる医者だと判断したのだろう。

「では入院の用意をして明日朝九時に東大系の国立病院医療センターに行ってください」と西本君は言った。入院の手続きまで済ませてくれたのだ。身長一八〇センチの大柄の背中が頼もしく見えた。育英会の卒業生がこんなに立派になっているのだ。私は無性に誇らしかった。

翌五月十三日朝七時過ぎ、手配された寝台自動車に由美と乗り込み、九時前に病院に到着した。西本君と彼の叔父でもある同センター整形外科部長の荻野幹夫医師が待っていた。

「私の恩師です」と西本君から私を紹介された荻野医師はまずレントゲン撮影を指示した。頸椎を保護する椎体骨が腫瘍の肥大でひび割れしていた。

「かわいそうに。どうしてここまで我慢していたんだ」

荻野医師が怒ったような顔で言う。さらに十日間、様々な種類の検査が続き、翌朝から手術だという五月二十一日午後十時頃、由美は病室から出て帰ろうとする私に、

「あなた、愛してくれてありがとう」

と小声で言って、ほほ笑んだ。私は彼女なりの「お別れ」の言葉だと気づきながら、哀しみをのみ込み、さりげなく「じゃーね」と笑顔で応えて部屋を出た。

五月二十二日午前九時、手術が始まった。

私は怖かった。待合室でひたすら待ち、祈り続けた。ナースステーションの電話が鳴るたびにギクッとした。荻野医師と西本君から「手術中の絶命もありえます」と覚悟を促されていただけに、いきなり「死」を意識させられた私の不安は極限状態だった。

「どうか生きてベッドに還ってきておくれ」

ひたすら祈っていた午後三時半過ぎ、

「玉井さん、いま終わりました」

と声が掛かった。そのまま由美はＩＣＵ（集中治療室）に入り、手術全体を指揮した荻野医師がにこやかな笑顔で、ただひとこと「出来過ぎだ」と言った。延髄から胸まで上下に伸びて肥大した状態で張りついた腫瘍に注射針を入れ、液を吸い取る手術で、整形外科医とともに執刀に加わった脳外科医も「会心の作」と表現した。由美は生還したのだ。

翌日、ＩＣＵで真っ白な包帯に包まれた由美は笑みを浮かべた。「良かったね」と声を掛けると、「うん」と応じ、二人して感涙にむせんだ。

頭脳と人間性の男

病院から私一人帰宅した途端、学会発表のためワシントンにいる西本君から「手術いかがでした？」と電話が掛かった。「おかげさまで大成功だった。ありがとう」と答えると、彼もホッとしたように「よかったですね」と声を弾ませた。

米国で彼は「一日十七時間勉強、睡眠三時間」の生活で頑張り、一時帰国して東大に戻っていた。どんな人物か知ってもらいたいので、一九八八年の初夏に心塾で彼が講演した言葉を紹介したい。

《実り多い人生を送るために、君たちへ三つの提案をしようと思います。私が十年早くこんな話を聞いていたらよかったと思うので……。第一の提案は「オリジナリティ（独創性）」です。自分独自の目的を設定しようとすることが後悔のない人生の出発点になると思います。では、オリジナルたりうるにはどうするか。第二の提案は「執念」です。研究者として発見は安易ではなく、ハーバード大学の研究者が週百時間やるのなら、私は百二十時間やるぞと思い、四日ぐらい寝ないでいたことも何回かあった。第三の提案は「自立」です。映画「オズの魔法使い」で「自立」の大切さを知ったとき、私は観ていて涙が止まりませんでした。他人を頼るとそれが足かせになるので、自分の潜在能力を最大限に引き出すには自立していなければなりません》

目の前で聞いていた私には、西本君の一先輩として後輩の人生がより充実してほしいとの気持ちがビンビン伝わってきた。堅苦しい内容のように思われるが、実際は飾り気のない関西弁の語り口で、発展途上の後輩との距離を埋めていた。感激した寮生から「先輩、ノーベル賞とって下さい」との声も上がったことを覚えている。

研究の合間を縫って、よく由美の見舞いに来てくれた西本君がある日、「研究者としてアメリカで武者修行をしたい」と話すのを聞き、私と由美は個人的な「あしながさん」となって彼の夢を応援した。一九九二年から再渡米した彼は三十六歳の若さでハーバード大学医学部准教授に就任した。異例の抜擢だろう。しかも終身在職権が与えられたというではないか。すごい男だ。水を得た魚のように論文を精力的に発表した。

九六年に慶應義塾大学医学部薬理学教室の教授として迎えられ、アルツハイマー病の研究に没頭し、二〇〇一年にその発症を防ぐたんぱく質の一種「ヒューマニン」を発見し、治療薬開発に尽くしていたが、二〇〇三年二月、胃がんで余命数か月の宣告を受けた。それでも彼は病室にパソコンを持ち込み、論文を次々執筆した。しかし同年十月十七日、四十七歳で他界した。実に惜しい人物を亡くした。頭脳と人間性を兼ね備えた傑物だった。

死の床の彼の背中や腰をさすっていた長女で上智大学四年の光里さんはその後、外交官の道へ進んだ。二〇一二年六月十三日、日本とウガンダの外交関係樹立から五十周年式典に参列した秋篠宮ご夫妻が「あしながウガンダ」を訪問し、小学校三年生の授業を見学し、踊りを披露した子どもと交流していただいた際、私は妃殿下の背後で少年の通訳をしている女性の姿に気付いた。「あっ、西本君の愛娘の光里ちゃんじゃないか」。外務省在エチオピア大使館書記官として随行していたのだ。「お父さんは家に帰ってこないから医者になるのは絶対いや」と言っていた女の子が国際舞台で立派な仕事をしていることに驚いた。

翌十四日の記念晩餐会でも秋篠宮殿下夫妻とムセベニ大統領夫妻の通訳を担当しており、大統領が私の前を通られる時、光里ちゃんは大統領に「玉井さんは……」と説明してくれたのだ。その姿を見て、私は天国の西本君に「光里さんはもう大丈夫だよ。安らかに」と呼びかけたのだった。

愛してくれてありがとう

話を戻そう。その西本君のおかげで由美の手術が成功してホッとしたのも束の間、放射線治療が始まり、つらいリハビリに移った。私は毎日、仕事を終えると入院している由美の病室に通い、夜の六時から九時まで枕元に寄り添った。私が一番落ち着く場所だった。首から下のすべての神経を失った由美にご飯を食べさせたり、薬を飲ませ、手足をもんだりした。私もお弁当を食べ、由美と一緒にテレビを観ながら彼女の唇の動きから言葉を受け取ろうとした。

九月に入り、由美は脳に水が溜まる水頭症の手術を受け、闘病も厳しさを増す。さらに呼吸機能も失われ、人工呼吸器を装着し、由美は声を完全に失った。彼女からの意思表示は唇の動きだけなので、神経を研ぎ澄まして、粘り強く見ていないと理解できなかった。疲労で集中力を欠くと、唇の動きを読みとれないため彼女を落胆させることもあった。それでも由美は天性の明るさから闘病に積極的な姿勢を見せ、食欲も旺盛だった。テレビでＮＨＫの中国語講座を聞いて学び、小倉百人一首を一日一首覚え始めた。悲観一色にならないよう、努めて明るく振る舞い、格好をつけ泣き言を言わない。本当はめげていたと思うが、「ええかっこしい」の気の強い女性だった。由美の弟がたまたま近くの病院で研修していたので、私がいるうちに来て、ナースコールのスイッチを彼女の唇を動かしたら呼べるようにセットして、私と一緒に帰る日々が続いた。

その頃から私は「仕事だけじゃダメだ」と職場でも口にするようになり、実際に早く仕事を終えることが多くなった。人間のやさしさ、愛とはなにか、人間にとって仕事とはなにか……。それまでの私は何もわかっていなかった。私は由美の病室に通いつめた二年三か月で一生分の勉強をさせてもらったような感じがする。その終わりの半年間は目まぐるしかった。一九八九年一月七日に天皇陛下が崩御され、平成の時代になり、五月四日に交通遺児育英会の二十周年記念パーティーが開かれた。腰の激痛を発して車椅子で出席した私はその後、ＭＲＩで椎間板ヘルニアと判明して手術を受けた。

六月二十四日、美空ひばりが亡くなった。医者が「由美さんもひばりさんのように最後は呼吸ができなくなりますよ」と密かに私に言ったのを覚えている。最後となった七夕に由美は「呼吸器が取れますように」と書いた。最初は「書きたくない」と拒んだので、私は「なんでや」と聞いた。「そうなることはないから」と弱音を吐く由美に「そんなこと言わずに言えよ」と励ましたのだ。

その翌日の七月八日夜、婦長から「危ない状態なので近くに宿を取って、連絡先を教えておいてください」と言われた。

深夜の午前二時四十五分、電話のベルが鳴った。看護婦さんから妻の急変を知らされる。二十分後に病院に駆けつけると、明らかに由美の様子が違った。呼吸が荒く、顔から血の気が引き、真っ白な顔に紫斑が浮いている。握った手が冷たい。血圧がわずかしか反応しない。努めて冷静に、「由美、どうした、苦しいのか。智人君（由美の弟）を呼ぼうか？」と声を掛ける。気丈にも唇が「大丈夫」と応える。ステロイドの長期投与で糖尿病と肝機能障害を併発し、血管はボロボロだった。死期が迫るなか、私は崩れそうな自分をギリギリで持ちこたえさせ、最期の看取りを覚悟した。

病室で二人だけになった時、「愛してるよ、由美」と呼び掛けると、「ありがとう」と目で応じてくれた。確かに意志が伝わったと感じた。

それから間もなく、両親と弟が駆け付け、「由美、大丈夫だよ」「姉ちゃん！」と呼び掛けたが、もう返事はできない。「厳しい」と言う医師に、「苦しまずにすむ注射をしてやってください」と、私は懇願した。

遂に由美の下あごの動きが静止した。嗚咽が突き上げ、涙が噴き出す私の横で両親が絶叫する。

「由美ーッ」「由美ーッ」

父親の振り絞るような声が響くなか、由美は永眠した。一九八九年七月九日午前六時二十分。死因は脊髄腫瘍、呼吸不全。享年二十九。入院二年三か月。苦しさのなか、毅然として生き抜いた。見事だった。美しい顔だった。

戒名は「光照院蓮生妙美大姉」。通夜と告別式には育英会の仲間、奨学生、そのOB、OG、由美の級友らが参列し、早逝した由美を悼んでくださった。通夜の席で日比谷高校の同級生と恩師が霊前で校歌を献じてくださった。かつて由美が編集に携わった育英会の機関紙『君と581・2271』に由美の訃報が載ると、全国の「あしながさん」や奨学生、そのご家族から丁重な弔意と激励が届いた。

私を置いて、由美はどこへ行ってしまったのか。葬儀が済むと、私は抜け殻状態だった。荒野に放り出された五十男は呆然とたたずむしかなかった。長年の看病疲れに、腰の手術の安静も求められ、昼間は横になる日が続き、由美の写真や日記、手紙を手にしては泣き、夜は寂しさからつい深酒になった。親しい新聞記者が「これで、玉井は終わった」と思ったほどだった。

悲嘆にくれる私を励まそうと旧友や奨学生や募金に奮闘した元学生たちから声が掛かり、ともに酒を飲んでくれた。四十九日が過ぎ、九月十二日の心塾始業式で私は意を決し、由美の日記と恋文を発表した。闘病しながら、内に秘めた尊厳を守り、愛を貫いた由美の「人生」を伝えたかったからである。そして今、由美は私を待ちながら、多磨霊園に一人眠っている。

「愛と仕事」と言い出したのは由美と出会った頃からだろうか。軍歌の「月月火水木金金」とばかりに男たちが進軍ラッパを鳴らして突き進み、女性が添え物のようにお茶を出すような男社会の先頭を走っていた私だったが、由美との出会いによって人間の見方が一変したのである。組織も変わるきっかけになったと思う。当時は長く勤める女性はいなかったし、女性は組織の中枢から遠く離れていた。ユックリズムと言っておきながら、職員には「運動体は違うのだ」などと正反対のことを言ってゲキを飛ばした。その私が「早く帰れよ」と言うようになったのだ。そして現在、あしなが育英会の事務局長は女性で、課長も女性の数が男性を上回る。あの頃とは一変した。由美のおかげで昭和の男社会の発想を変える「革命」が起きたのだ。それが運動に幅と深みをつけていってくれたのではないかと思う。彼女がいなかったら、こんなふうに発展はしなかったかもしれない。

パリの街頭画家が描いた由美

由美が天に召されたとき、私の中に怒りが雲のように広がった。なぜ由美はがんになったのか。なぜ死ななくてはならなかったのか。自問を続ける中で新約聖書ヨハネ伝十二章の言葉を知った。

《一粒の麦、地に落ちて死なずば、唯一つにてあらん。もし死なば、多くの果《か》をむすぶべし》

由美の死を無駄にしないことを誓った。由美によって私はより人生を深く感じ、考えるようになった。愛する人を失うことの辛さを通し、私は「失われた愛は、愛をもってしか埋めることができない」と初めて実感した。あしなが運動を通して、私は由美を奪ったがんと闘う決意を固めた。がんで親が亡くなった遺児の救済活動に本格的に乗り出したのである。それは由美の闘病に付き添った経験から発した由美への供養でもあった。彼女が私に遺してくれた言葉をこんどは彼女に贈りたい。

「由美、愛してくれてありがとう」

第九章　政官との暗闘 ——— 1988〜

育英会を乗っ取られる

「なんて卑怯なやり方なんだ！」

一九九四年三月三十日の第五十回理事会。専務理事の私に何の予告もなく、空席だった理事長を選出する議題に突然入り、あれよあれよという間に互選で元総理府総務副長官の宮崎清文理事が新理事長として選出された。

交通遺児育英会発足の六九年から理事長を務めていた石井栄三・元警察庁長官が一月十七日に病死され、四十九日法要を済ませたばかりで、私は理事長を当面は空席にしておくつもりだった。

ところが、出席した理事九人のうち私の存在を疎ましく思う〝反玉井派〟の七人が多数派筆頭理事の宮崎氏をいきなり選任したのである。

それは「政官主導の乗っ取り劇」に他ならなかった。肉親の死から立ち上がり、育英会の創設を実質的に担った私と交通遺児を励ます会全国協議会の岡嶋信治会長の理事二人を、多数派の理事七人は示し合わせて出し抜いたのだ。設立時の情熱や理念をないがしろにするばかりか、「あしながさん」の寄付や学生の街頭募金で集めた資金と、九〇〇〇平方メートルの敷地に立つ「心塾」まで奪い去ろうという天下り役人のシナリオに沿った多数派工作に激しい憤りを覚え、私は即座に専務理事・常勤役員と兼任の事務局長の辞任を申し出た。

この自伝を手に取っていただく未来の読者のためにも、この国の政治家、官僚が企てた虚偽や悪意に満ちた「蛮行」を教訓として知っていただきたい。私が追放されるに至った経緯をここに詳しく述べさせていただこう——。

交通遺児育英会の救済対象となる交通遺児の奨学生は一九八〇年代前半から減少傾向にあった。それは交通事故による死者数が一九七〇年をピークに減り始めたことと、自動車事故賠償責任保険の死亡支払限度額が格段に引き上げられたことが要因だ。私の母の死亡保険金は五〇万円だったが、「交通遺児と母親の全国大会」などを通して運動した結果、数千万円まで飛躍的に上がった。さらに少子化も相まって、交通遺児を対象とした育英制度は安定化し、育英会の運営が過渡期を迎えようとしていた。

このままでは運動自体が萎むと考えた私は育英会の状況を「黒字体質」と表現し、「遺児救済運動を発展させるためには奨学金貸与事業を交通遺児だけに限定せず、災害遺児や病気遺児にも広げる必要がある」と周囲に自分の考えを伝えた。そうしなければ、「黒字倒産」から逃れられないとも訴えた。刺激的な経済用語を使ったのは、育英会の資金が潤沢になれば役所が天下り先として狙うと思ったからである。

そうした懸念とは無縁の、純粋な感謝の気持ちから高校奨学生や大学奨学生たちによる「恩返し運動」が始まっていた。寄付してくれた「あしながさん」たちに恩返しをと、彼らが話し合って、献血や災害時の支援金募金、災害遺児や病気遺児のための育英資金の募金を一九八二年から全国展開していたのである。匿名の「あしながさん」に直接恩返しはできないが、「恩は社会から与えられたもの」と考え、彼らなりに、困窮する遺児は交通遺児だけではないという思いを表していたのだ。八三年十一月に熊本の高校生らが地元で計画し、細川護熙知事が参加した募金活動で弾みがつき、翌八四年九月に「災害遺児の高校進学をすすめる会」、さらに八九年には「病気遺児の高校進学を支援する会」が結成された。遺児たちの思いを受け止め、私もことあるごとに助言を続けた。

火がついた奨学生の正義感

これらの募金活動と併せ、私は政府や与野党に対し、国庫からの財政支援を実現させる災害遺児育英制度の設立を働きかけた。一九八六年二月、中曽根康弘首相は衆院予算委員会で公明党の矢野絢也書記長の質問に、「文部省に検討させ、関係省庁とよく相談させる」と答えた。その年の十二月の「第十四回交通遺児と母親の全国大会」に出席した竹下登・自民党幹事長も「制度の確立に向かって、文部省をはじめとする関係各省庁の協議を促進させる」と約束した。しかし、一年後に竹下氏が首相になって以降も制度の設立費は予算化されなかった。救済する遺児の対象拡大に伴う財源難を危惧した大蔵省（現財務省）から強く抵抗されたためだろう。

暗礁に乗り上げたため、打開を図ろうとした竹下首相の指示で動いたのが橋本龍太郎・自民党幹事長代理だった。財団法人・日本船舶振興会の笹川良一会長と協議したあと、一九八八年九月九日の与野党専門家会議に初めて姿を現すと、いきなり「日本船舶振興会が新しく災害遺児育英制度を創設する。制度の内容は振興会に一任する。この制度は交通遺児育英会とは切り離して実施する」と提案したのである。要は、船舶振興会が二年前に設立した「笹川平和財団」という新しい財団法人が資金を出して独自に取り組むという案だ。交通遺児たちの恩返し運動とはまったく別次元の、私たちの虚を突く話である。

1989年11月創立　1990年4月創刊

二〇二四年九月一五日発行（毎月一回一五日発行）

月刊
機
2024
9
No. 390

戦中・戦後を生きた二人の女性思想家、最後の対話！

「言葉果つるところ」

――石牟礼道子・鶴見和子『言葉果つるところ』新版に寄せて

赤坂憲雄・赤坂真理

鶴見和子（1918-2006、左）と
石牟礼道子（1927-2018）

脳出血による左片麻痺を抱えつつ『コレクション鶴見和子曼荼羅』（全九巻）を完成させた鶴見和子。畢生の大作『春の城』を発表したばかりの石牟礼道子。二〇〇〇年春、夏、二十余時間に及ぶ鬼気迫る対話が実現した。「近代とは何か」「言葉とは何か」「人間とは何か」……人間が生きる極限への問いを、現代に生きるわれわれに問う。赤坂憲雄・赤坂真理各氏の序を付し、新版としてお届けする。　編集部

発行所　株式会社 藤原書店©
〒一六二―〇〇四一　東京都新宿区早稲田鶴巻町五二三
電話　〇三・五二七二・〇三〇一（代）
FAX　〇三・五二七二・〇四五〇
◎本冊子表示の価格は消費税込みの価格です。
編集兼発行人
藤原良雄
頒価 100円

● 九月号目次 ●

一九七六年の水俣病調査団による鶴見和子の水俣入り以来、親交を重ねてきた二人。脳出血に斃れ、もはや論文は書けないと悟った鶴見が、思想を深める対話の相手として最初に名指したのが石牟礼だった。

鶴見　だからはじめに生命があって、歌があって、そしてそこから思想が出てくる。述べることが出てくる、言葉が出てくる。そういうことじゃないかな。

石牟礼　そうですね。それで、

年ごとにまみえる桜色艶の深まりゆくを我が老いとせむ　『花道』

すごい歌と思いましてね。

鶴見　しょってる歌じゃない？（笑）

石牟礼　いや、岡本かの子に「年年にわが悲しみは深くしていよよ華やぐ命なりけり」ってありますね。あれと似たようなというか、氏育ちも資質も違われますけれども、桜の色つやが年々違うんだということね。こういうことをいうのに、いままでの桜はずっと同じ桜だったけれども、今年は色つやが深いなとか、散文的に言ったって、あらそうって、メモのようにしか聞こえませんけれども、歌にするとグーッと幽婉な色つやになりますよね。それを歌った人の心の色つや、老いの色つやも……。

鶴見　それを自分のお手本にしたいという意味なの。

石牟礼　でも、歌った人の、それこそ思想といってもいいし、情感といってもいいし、歌われた歌がその人と一体化して、歌の格といったらいいんでしょうか、詩品の高さと深さになって、いくたびも蘇る、歌そのものも。そんな歌だ、やあすごいねえと思って……。

鶴見　おそれいります（笑）。

石牟礼　いやあ、**とっても壮絶ですね。凄絶。**

鶴見　**生命の終わりに近づくということは、壮絶なことよ。**そして晴れがましいことよ。俊輔が、私が今年（二〇〇〇年）、朝日賞をいただいたときに、いろんな話をして、うん、これが一番のハレだから、最高のハレだからねって言った。そうしたら、「まだあるわよ」と私が言って、「えっ、もっとごほうびもらいたいの」と言ったから、「とんでもないわ、死ぬことよ」って言ったら、「ああ、そうか」って……。**最高のハレは死なのよ。**

石牟礼　ああ、私もそう思います。

鶴見　一番のハレなのよ。そこをめざしてるのよ、いま。だから壮絶なのよ。壮絶であって晴れがましいこと。

石牟礼　**壮絶で凄絶で、私もそう思いますね。死ぬことに向かってわれわれは生きてるって、私もそう思います。**一番最後に死があるのは何と幸せだろうって。

まったく同感でございます。私もそこをめざして、遅ればせながら（笑）。

鶴見　道子さんはまだ、ちょっと早いですな。

石牟礼　いやいや、やっぱり日々その用意をする気持ちでございます。

鶴見　時々刻々なのよ、私は、時を刻んでいるの。

石牟礼　そうかもしれませんね。あやかりたいものでございます。ほんとに。それで、私にもできるかもしれない歌があると思って……。

鶴見　とんでもない、道子さんの方が（笑）。道子さんは文学者じゃありませんか。私は述べる人、あなたは歌う人なんだ。

石牟礼　いや、**なぜ今歌をやめてるかといえば、水俣に取りかかりましてから、歌では表現できませんでしたもの。**これからできるかどうかはわかりませんけれども、しゃにむに歌にしなくてもいい世界で、あれはあれで……。

鶴見　いや、道子さんが『苦海浄土』を書き、そして水俣の闘争を全部あのように書いてくださったことは大変ありがたい。私にとっては、道子さんのお書きになったものが一番の頼りになりましたね、水俣を知るために。それだから、あれは歌っただけでは、これだけ伝わらない。後の世に語り継がれていくために、あれはほんとに大事なお仕事。だからほんとにすばらしいと思いますよ。歌だけではできない。

石牟礼　ほんとに歌だけではできませんでした。歌をしばらくお休みしようと……。

鶴見　後世に語り継ぐために、歌だけでなくて、あのように文章で書いていただいたことは、ほんとにありがたいことです。歴史なんです、あれは。

石牟礼　なんと申し上げたらいいかとても困る。わたくし非常に傾いているといったらいいのかしら、私の見方がですね。

鶴見　いや、**「私」を通して見なければ何事もはじまらない。そこが大事なの。**「私」を通さないで見るだけなら、それはコンピューターでもできる、ロボットでもできる。**「私」の魂を通さなきゃだめです。それを失ったのが、いまの多くの学問。**だからそこから出なきゃだめなんです。魂から、ほんとに内発という、内側から出てこなきゃだめなんです。

石牟礼　てれちゃった（笑）。

鶴見　客観性という言葉が誤って使われていると私は思います。**魂を通り抜けなければ、ほんとのものは出てこない。**

（本文より抜粋）

じゃなかしゃば、あるいは、はらいそ《天国》

作家　**赤坂真理**

チッソ本社前で座り込みをしている時に原城の立てこもりのことが浮かんだ、と石牟礼道子は言う。

〝近代は島原の乱から始まる〟という彼女の視座から見たときに、国のかたちは不意によく見えるようになる。

江戸幕府が島原の乱に見たものは、信仰という、国家を超える可能性を持つものだった。そのとき初めて、「国家意識」が江戸幕府に発動したのではないだろうか。明治の「国民国家」に先駆ける国民国家の意識、そしてそれを守る必要性。

見ようによっては、鎖国があったから、明治に国民国家というものがすぐに作れた。すでに、国のかたちができていたから。インスタントに国民国家にしやすい国は、準備されていた。そこに擬似的な「絶対」存在が仕立てられてできあがり。

しかし水俣病の当事者は言うのだ、「東京タワーにも登ってみた。宮城（※皇居）の前にも行ってみたがなあ、国はなかったばい」。

深い言葉だ。国家と言わず、国。そして本当は「くに」なのだ。その「くに」とは、虫と人間が違うものとして存在し、虫は虫のリズムで巡り季節を知らせ、それとともに人が動き生きるような風土ではないだろうか。

『苦海浄土』には、春になると蜂たちが帰ってきて、それとともに義春が帰ってくる、と、恋人に会いに行くように田《たの》上《うえ》義春に会いに行く石牟礼道子が描かれている。読むだけで風に乗った蜜の匂いがする。そのような生き方ができた「くに」こそが「じゃなかしゃば」、ではないだろうか。

「じゃなかしゃば」は、ここではないどこか、ではない。**「この世の中のもう一つの世」、と石牟礼は鶴見との対話の中で言う**。だとしたらそれは宗教的境地だ。そしてそれは、新しく見つけるよりは**本来の世界**ではないだろうか。

まったく違う道すじを通ってきた二人の女が、ともに言葉果つるところまで行き、そこから蘇り、全く新しい人間となり、違う資質で同じことを見、語って、**くにや宗教について、かつて誰も到達しなかったような深みと高みに達する**。どんな宗教者にもなしえなかった凄いことを、丸い言葉で話して、女学生のように笑いさざめいている。

（あかさか・まり）

ただ感謝の思いを

民俗学者 赤坂憲雄

稀有にして、異例でもある対談、いや対話であったかと思う。言葉をめぐって、問われるべき極限の場所で、それゆえに、まさに「言葉果つるところ」で言葉が交わされている。この対話はそうして、執拗に「言葉果つるところから出発する」ことを願いながら、その根源的な不可能性に向けて身や心をほとんど叩きつけるように挑み、そのたびに跳ねかえされ、避けがたい挫折を幾度となく繰り返している。その姿は無惨な戦いのように見えはするが、それ以上に**ありがたく尊いものに感じられて、魂を揺さぶられずにはいない。**

鶴見さんは途方に暮れていたのかもしれない。だから、ほかならぬ石牟礼さんとの対話が求められたのではなかったか。こんな言葉があった。

呼びかけ。息づきあうというのが一番の生命と生命のふれあいだけれど、それを言葉で伝えようとする。そのときにもう裏切られる。その次にそれをもっと多くの人に伝えようと思って、文字にする。そうすると次の裏切りが起こる(略)。

言葉は裏切りにまみれている。言葉が文字として書かれる、いや、そのはるか手前で話し言葉として発せられた瞬間に、すでに人は裏切られているのだ。**人は言葉なしには人たり得ず、それでいて、人はみずからの発する言葉によって世界から逸らされ、隔てられ、遠ざけられる。**それを、鶴見さんはとりあえず裏切りと呼んだ。この裏切りを痛切に自覚することなしには、言葉をくり出すことはできない。だから、鶴見さんは「言葉のない世界」をもっとも深いところに抱いている水俣へと、石牟礼道子さんによって導かれねばならなかった。感謝の思いを、幾度でも伝えずにはいられなかった。それにたいして、石牟礼さんが「**もだえて加勢する**」という言葉を洩らすのは、なんとも絶妙な応答ではなかったか。

くりかえすが、**ありがたき対話の書であった。**ただ、心からの感謝の思いを、お二人に届けたい。

(あかさか・のりお)

(いずれも「本書を推す」より抜粋)

19世紀パリの人間群像を活写した『人間喜劇』最高の成果！　待望の新版

文豪バルザックとは何者か？

――『風俗のパトロジー』新版に寄せて――

今福龍太・青柳いづみこ

バルザックとともに呼吸する文体

文化人類学者　今福龍太

十九世紀前半のフランスの知は、途方もなく魅力的で逸脱的な「学問」のスタイルを持っていた。ブリア＝サヴァランの食の哲学的エセーとして優美かつ徹底的にマニアックな『美味礼賛』（一八二五）の原題は「味覚の生理学」。そしてエレガンスと歩行所作と興奮剤を扱ったバルザックの本書『風俗のパトロジー』（一八三九）の原題は「社会生活の病理学」。およそ、今日の範疇では「学問」的著作とは考えられないスタイルで書かれたテクストに、「生理学」とか「病理学」とかいったいかめしいタイトルがついていることは、しかし決して読者へのこけおどしでもなければ、権威への阿りでもなく、ましてや正統的学問の生真面目さへの皮肉でもない。この時代、まだいまのわれわれが考えるような「学問」の生硬な几帳面さへの固執など、じつは存在しなかったのである。なんと自由な知と振舞いにあふれた社会だったろう。洗練された知、奥深い生命の吐露は、新聞の三文記事からも、諷刺小説からも、手紙からも生まれた。あらゆる種類の人間が屯するところこそ、知の泉だった。バルザックの九一篇の小説群『人間喜劇』はその泉から至高の水を汲み取った最高の成果である。

本書を読めば、いまのわれわれの狭い「学問」への硬直した思い込みは痛快なまでに吹き飛んでしまうことだろう。バルザックに戻りさえすれば、学問がいかに破天荒な自由を持っていたかを衝撃とともに発見するからである。しかもその直観的な精緻さにも。なおも、こんなものは「病理学」とは何の関係もない、と専門領域にこだわりながら抵抗する者は、そもそも個々の学問領域を指す言葉自体が、無限定な知の躍動を「大学」というような権威的閉鎖世界のなかに囲い込み、飼いならし、独占するための詭計にすぎなかったことへの無知をさらけだすことになる。

バルザックもいうように、彼は「**よろずの学問」「宏大な学問」を指向した。それこそが知の圧倒的な領土なのだった。**しかもそれは「**優雅の学**」と呼ぶべきエレガンスを湛えていなければならなかった。覚醒した理性への働きかけだけに終わらず、それは人間の眠りすら統御する力を持っていた。表層的な気取ったファッションがかもしだす偽の優雅さ＝虚飾からはほど遠い、無意識すら包み込むエレガンスこそが生の源泉なのだった。

バルザック（1799-1850）

「歩行」についての哲学はあまたあれど、「**いかに歩くか**」をここまで微細に分節しつつ、その優美さを画定したものはないだろう。バルザックが注目するのは、**生きて動いている身体の生き生きとした姿**であり、**身体の繊細なニュアンス**である。硬直やぎこちなさからすっかり解放された、まろやかな動きにこそエレガンスがある。そうした身体は、人生で過ちをくり返していても（いやくり返しているからこそ）深く美しいのである。いや美醜を超越する真実を抱えているのである。

＊　＊　＊

バルザックは**叡知と夢と諧謔とをもって、社会生活をめぐる風俗や物事を測り、分析しつづける。**ヴァルター・ベンヤミンは、バルザックの普遍性をその著作における「生空間測量＝幾何学」の振舞いの独創性に求めた（ベンヤミン「バルザック」）。それは、カフカの『城』の「土地測量士」Kの振舞いにも通ずる。そこでは、狭義の学問的・科学的測量ではなく、体験的、自己投企的、さらにいえば自己摩滅的（自分の生を磨り減らすほどのという意味で）な生空間測量が、壮絶な覚悟とともに企図されているからである。バルザックは書いた。「**放蕩を究める白痴坊主と知性人との絶妙なあいだに生まれる真の力**」と。

最後に言っておかねばならない。なによりも**本書の僥倖は、山田登世子という、バルザック的エレガンス精神、この真摯と諷刺の作法の奇蹟的な二十世紀的分身を訳者として得たことにほかならない**、と。精緻な観察と批評の言語、そこにたゆたうスパイスの利いた、けれど優しさすら湛えた諧謔精神は、訳者山田登世子のものでもあった。本訳書の、著者との「共‐呼吸」とでもいうべき一体感に満ちあふれた文体が、それを証拠立てている。

（いまふく・りゅうた）

バルザックとの新たな冒険

ピアニスト・文筆家　**青柳いづみこ**

山田登世子さんが翻訳されたバルザック『風俗のパトロジー』を読んでいると、なんとなく**ポーの『息の喪失』や『使い切った男』の語り口を思い浮かべる**。

たとえば、『歩きかたの理論』のきっかけとなったという馬車のシーン。群衆の中に友人をみかけた男が身を乗り出した瞬間、「神様と人間だけが知っているあの秘密の決定因の一つが働いて、その友達が二、三歩動いたのだ。くだんの男は、手を差し伸べたまま馬車からもんどり落ち、やっとのことで壁に手をついた」。

その様子を見ていたバルザックは、あれこれ想をめぐらせた結果、「生命流体の消失」に行き当たる。『近代興奮剤考』で無水コーヒーをすきっ腹に飲んだとき生体に起きる現象を舌なめずりしながら描写するくだりも、ポーそっくりだなあと思ってしまう。

もちろんこれは順序が逆で、出版年からすれば、**ポーの方がバルザックに似ているのだ**。ポーの詩や怪奇小説の仏訳を通じて象徴派詩人たちの間にポー旋風を巻き起こしたボードレールも、『リジア』や『モレイラ』と『ルイ・ランベール』や『セラフィタ』の類似に言及している。**ボードレール自身、若き日にはバルザックに傾倒し**、『ベアトリックス』に着想を得た小説『**ラ・ファンファルロ**』を発表している。

若き日にバルザックのほぼ全作品を読破したと伝えられるドビュッシーは、これまたポーの影響が色濃いメーテルリンク『ペレアスとメリザンド』でオペラを書いたあと、『ラ・グランド・ブルテッシュ』のオペラ化を模索した時期があった。舞台となる荒れ果てた屋敷には、ポーの『アッシャー家の崩壊』のお城を思わせる「大きな亀裂」が走っている。誇り高いフランス貴族が姦通した妻を罰するためスペイン人の間男を生きたまま壁に塗り込めてしまうストーリーも『黒猫』を連想させるが、『ブルテッシュ』が書かれたのは一八三二年、『アッシャー家』は三九年、『黒猫』は四三年。

ドビュッシーの友人の詩人ピエール・ルイスは、バルザックの『娼婦の栄光と悲惨』のエステル・ゴプセックをモデルに『偽のエステル』というパロディ小説を書いている。ドビュッシーはこの作品をもとに『エステルと狂人の家』という戯曲を試作しており、「狂人の家」の住民には『アッシャー家』の主人公ロデリックの名も見える。

バルザックの時代のパリ（1839年）

ボードレールが翻訳・導入したポーの作品は、マラルメやリラダン、ユイスマンス、ジッド、ヴァレリーら象徴派・デカダン派の詩人・作家に大きな影響を与えた。彼らの仲間うちにいたドビュッシーも例外ではなく、『鐘楼の悪魔』や『アッシャー家の崩壊』の音楽化を企てた。後輩のラヴェルもまた、ポーの『構成の原理』を作曲語法に応用しようと試みている。

十九世紀末にパリの文壇・楽壇双方に伝搬したポー旋風の源流にバルザックがいるというのは、本当に驚嘆すべきことではないか。

＊＊＊

一九八二年の本邦初訳の刊行だが、訳文はリズムが良く、疾走するバルザックの思考と同じぐらいのテンポで一気に駆け抜ける。時折はめこまれるカタカナも新鮮で、二十一世紀のマインドにもまっすぐ飛び込んでくる。

四二年のときを経て三回目の刊行。**ここから、登世子さんとバルザックの新たな冒険が始まるような気がして、わくわくしている。**

（あおやぎ・いづみこ）

（いずれも「本書を推す」より抜粋）

＊本書は一九九二年刊『風俗研究』の改題新版です。

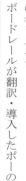

文化大革命を経験して一九八三年来日、編集者として日中文化交流に架橋する

〝絵本の父〟「松居直の最高傑作は、唐亜明」
——城島徹『日中が育てた絵本編集者 唐亜明』——

ジャーナリスト **城島徹**

〝絵本の父〟松居直との出会い

「この人物はいったい何者なのだろう。どこからやってきたのだろう……」

アジア系の顔の大男は譜面台の前に立つと、弦楽のBGMに合わせ、一八〇センチは優にある体軀から豊かな声量のテノールを響かせた。死者の再生への思いを込めた「千の風になって」に始まり、東日本大震災のチャリティーソング「花は咲く」では客の唱和を誘い、三曲目を中国語で歌い始めたとき、私は思わずスマートフォンにその動画を収めた。

大柄ながらシャイな性格のようで首をすくめているが、黒シャツに黒ズボン、紅いベルト、そして何よりもその日本人離れした風貌が神秘性を漂わせる。「大《たい》人《じん》」と言うべきか、春風駘蕩《たいとう》たる風格で朗々と歌いあげる人物に、私の好奇心は激しく掻き立てられた。

東京都渋谷区松濤の「ギャラリーTOM」。二〇一三年九月二十七日、鉛筆画家の木下晋《すすむ》の絵本『はじめての旅』（福音館書店）の出版を記念する原画展でのことだった。

歌が終わり、割れるような拍手で熱気が漂う画廊。そこに居合わせた福音館書店相談役で児童文学界の名伯楽として知られた今は亡き松居直《ただし》に私はこう尋ねた。

「すばらしい声ですね。いったいどんなかたなのですか？」

背筋をピンと伸ばしたスーツ姿の松居は穏やかに笑みながらこう答えた。

「私が中国から連れてきたタンくんです。福音館書店で編集者をしています」

私たちの視線を察したのか、そろりと近寄ってきた「タン」は照れ笑いしながら、私に名刺を差し出した。

「唐亜明《タンヤミン》」。私がふりがなを口にすると、「はい、そうです。中国で通訳の仕事をしたとき、松居さんにスカウトされました」とゆったりとした口調で応じ、表情を緩めた。

なんとも不思議な縁があるものだ。絵

本出版の先駆者である松居の折り目正しいたたずまいからは、海外で現地の人をいきなりスカウトするような冒険家には思えなかった。それだけに私は中国での二人の出会いに強く興味をそそられた。

紅衛兵を経て、日本との出会い

松居直（1926-2022）と唐亜明（1953-）

　この日の原画展で主役の木下晋は、濃淡のある鉛筆を駆使する独自の画法で、「現代アートの鬼才」と評される画家である。元ハンセン病患者など苦悩を背負った人物の内面に迫る作品は絵本の世界のイメージとはにわかに結びつかない。その木下に唐亜明は、編集者として絵本を描かせ、その出版を祝う歌声を披露したのだった。

　唐が最後に歌った中国語の楽曲は、チベット自治区ラサと青海省西寧の全区間千九百五十六キロを結び、二〇〇六年に開通した「青蔵鉄道」をイメージした「天路《ティエンルー》」という曲だ。西域に敷かれた鉄道が天に伸びていくという壮大なロマンが表現され、人民解放軍専属歌手だったチベット族の韓紅《ハンホン》が歌って大ヒットした。唐は遠大なシルクロードの景観を示すかのように、時折両手を広げるふりをつけ、ダイナミックな歌声で聴く者を圧倒した。居合わせた画家や翻訳家、出版関係者の中にはあふれんばかりの情感に触れ、涙ぐむ人の姿もあった。

「福音館の人も、僕が歌うこと、あまり知らないから驚いたみたい」

　日ごろ歌声を披露することもない唐の言葉に気負いはないが、若き日に人民解放軍の音楽隊で鍛えた歌唱力は、素人の余興のレベルをはるかに超えていた。

　しかも、文化大革命（一九六六―七六）初期の少年時代には毛沢東に忠誠を誓う紅衛兵に身を投じ、やがて迫害が身内に及ぶ過酷な運命に翻弄され、文革後には人民解放軍兵士、新聞記者、さらに日本楽曲の紹介にも携わった経歴の持ち主でもあった。

「いつか彼の人生をじっくり聞いてみたい」

　突如現れた異色の中国人編集者に私は強い興味を抱いた。

日本の多彩な人たちとの出会い

それから数年がたち、二〇二一年二月から唐の家を訪ねるインタビュー取材が始まった。唐の自分語りは**日本の出版社で初めて編集者になった外国人の物語**ではあるが、その足跡は激動の中国から海を隔てて日本に舞台を移し、**多彩な人たちとの出会いも絡んで壮大なスケール観**の広がりを示した。

毛沢東《もうたくとう》、周恩来《しゅうおんらい》、劉少奇《りゅうしょうき》、林彪《りんぴょう》、鄧小平《とうしょうへい》……。歴史に名を刻む共産党の重鎮らと浅からぬ縁がある解放戦士の両親のもとで育ち、祖国を大混乱に陥れた文化大革命の渦中に父親が長く投獄され、自身も十六歳にしてソビエト国境に近い極寒の地に下放《かほう》された体験を語る唐の回想から、中国現代史がリアルに浮かび上がるのを感じた。とはいえ、自分を美化するでもなく、時の圧政者に毒づくこともなく、淡々とした語り口には時折ユーモアが含まれ、心地よいインタビューはコロナ禍をはさみ、その後も断続的に続いた。

絵本の名作を数多く世に出した稀代の編集者、松居直との運命的な出会いにより、かつて父や母が戦った国・日本に渡った唐は外国人編集者として活躍の場を与えられ、まるで絵巻物のように各界の著名な人物との交流を重ねてきた。

絵本づくりで親交を深めた赤羽末吉《あかばすえきち》、加古里子《かこさとし》、安野光雅《あんのみつまさ》、佐野洋子ら忘れえぬ人たちとの日々があり、詩歌や文学では谷川俊太郎、岸田衿子《えりこ》、茨木のり子、津島佑子といった個性の塊と向き合った。音楽の世界では遠藤実、いではく、團伊《だんい》玖磨《くま》、武満徹《たけみつとおる》、小澤征爾《せいじ》など演歌からクラシックまで幅広く交わったほか、ゴリラ研究者の山極寿一《やまぎわじゅいち》、チベット仏教の最高指導者ダライ・ラマ十四世、作品の翻訳を依頼された上皇后美智子さま……といった具合に、親交を得た多彩な顔触れの人物評は興趣が尽きなかった。

早稲田大学、東京大学大学院で学ぶ一方、小説の執筆、翻訳、さらに国際放送の通訳など幅広く活躍し、その合間に家族と精力的に世界各地を旅して綴った紀行文や問わず語りの日中比較文化論のユニークさには幾度も感嘆させられた。

習近平と同じ年の生まれ

絵本を編む仕事について唐は「これま

での私の人生が反映されますね」と口にする。だとすれば、壮大なスケール感で画家や作家たちの思いを受け止め、絵本の世界にあたかも大陸からの風のような生命を吹き込んだ彼の感性はどこに由来するものなのか。その源泉を探るため、インタビューは激動の中国で過ごした少年時代の記憶にまでさかのぼった。

くしくも**唐亜明は国家主席の習近平と同じ一九五三年生まれで、文革渦中の六九年、ともに北京から辺境の地に放逐され過酷な訓練に身を投じた体験を持つ。**後に人民解放軍兵士になる青春時代の足跡は酷似しているが、やがてまったく別の方向に人生の進路を定めた二人の轍《わだち》は万里の果てまで距離を広げていく。

日中両国は一九七二年九月の国交正常化からすでに半世紀が過ぎたが、台湾海峡周辺における中国の軍事活動も懸念され、その関係はかつての蜜月時代が嘘のように冷え込んでしまった。来日から四十年余りの歳月を経た唐亜明は異郷の地に足場を築きながら、中国での児童書出版に力を注いでいる。老境の入り口に立つその姿は、光も影も含めた「中国のいま」を受け止め淡々と前に進もうとしているようにも見える。

数奇な運命に彩られたこの人物の軌跡が、中国と日本の将来を切り拓く礎になることを祈って、ここに『日中が育てた絵本編集者　唐亜明』をお届けする。

（本書「はじめに」より抜粋）

松居さんは素晴らしい絵本をたくさん作りましたが、最高傑作は唐亜明という編集者です　加古里子

日中が育てた絵本編集者 唐亜明《タンヤミン》

城島　徹

写真多数

四六判　四四八頁　三三〇〇円

■好評既刊書

いのちを刻む　［鉛筆画の鬼才、木下晋自伝］

木下晋　城島徹 編著

鉛筆画の世界を切り拓いた画家、初の自伝。　二九七〇円

シマフクロウとサケ

宇梶静江　古布絵制作・再話　［アイヌのカムイユカラ（神謡）より］

アイヌ神謡の名作絵本、待望の復刊。一針一針に思いをこめた古布絵（こふえ）とユカラが織りなすアイヌの精神世界。　一九八〇円

不滅の遠藤実　橋本五郎・いではく・長田暁二 編

「高校三年生」「星影のワルツ」「せんせい」「北国の春」……戦後歌謡界を代表する作曲家の素顔。親交のあった**唐亜明が寄稿**。　三〇八〇円

編集とは何か

粕谷一希　寺田博　松居直　鷲尾賢也

各ジャンルで長年の現場経験を積んできた名編集者たちが、今日の〝危機〟を前に語り尽くす、「編集」の原点と「出版」の未来。　二四二〇円

特別寄稿

『アイヌの時空を旅する』（四六上製　二九七〇円）
和辻哲郎文化賞・斎藤茂太賞 ダブル受賞に思う

小坂洋右（ノンフィクション作家）

歴史・文化誌・民族誌・ルポルタージュの融合

拙著『アイヌの時空を旅する――奪われぬ魂』で、今年三月に哲学者、和辻哲郎氏を冠した和辻哲郎文化賞（姫路市主催）を、七月に紀行作家としても名を残した斎藤茂太氏にちなんだ斎藤茂太賞（日本旅行作家協会主催）をいただいた。大変な名誉であると同時に、果たしてこれらの賞が拙著にふさわしいものか、やや意外に感じたというのも正直なところである。というのは、拙著は、哲学を主軸としているわけでもなければ、紀行文でもないのである。だが、裏を返せば、選考委員の方々が、いかに広い視野と既成概念の枠にとらわれない見識を持って審査をされたのか、その証しという受け取りもできる。

では、拙著はどんなジャンルに属するのか。強いてひと言で言えば、主に近世以降の北海道の歴史と先住民族アイヌの文化誌・民族誌、そして自身の足やカヌー、シーカヤック、山スキーで北海道各地を回った現代のルポルタージュを一つに融合したものである。

近世の北海道史は、松前藩、和人の御用商人、幕府がアイヌ民族とどのようにかかわってきたのか、という側面だけでも十分、複雑である。が、そこに千島列島からのロシア帝国の侵食というさらに巨視的な動因が絡み、それを提示するだけでも壮大な北方史が立ち現れてくる。とはいえ、歴史を記録として叙述するだけでは切迫感や緊張感は伝わらない。だからこそ、現代の現場に身を置き、自分の足で移動するという手法を併用することで、歴史を動きあるもの、生きたものとして描き出そうと意図した。

和辻哲郎文化賞受賞

書評の言葉から

この「融合」なるものを具体的にイメージしていただくには、書評をいただいた諸氏の一段高いところからの俯瞰をご紹介するのが一番かもしれない。

「著者はこの旅で、過去が『距離』を縮め、時間がぐっと凝縮されてくるの

を感じとった。その記録を書き継いでいけば、これまで和人の立場から描かれた歴史とは違う物語が紡ぎだされると信じている」（『北海道新聞』）と、私の心境を代弁してくれたのが、「グレートジャーニー」の探検家、関野吉晴氏だ。

「アイヌが経験した歴史を、書物からだけではなく、身体的実感をともなった、切れば自分の血も出る物語として理解する。でも当時のアイヌの視点を内在化したうえで風景を眺めないと、その海山川は意味のある存在としてたちあがらない。著者は綿密な資料研究と長年の取材からそれに成功している」と、角幡唯介氏（作家・探検家）は『週刊新潮』に寄せてくれた。

第9回斎藤茂太賞授賞式。前列右2人目が著者

よそから来た者たちが、大地と先住民族から奪えるだけ奪っていった。その結果が「今の北海道の姿」である。「アイヌにとっての川は、人間や魚だけでなく、神様も行き来する場所だ。川を分断する行為が、その地域の現在と未来に対する影響の大きさを著者は静かに嘆く」と、メディア文化評論家の碓井広義氏は、私の思いを共同通信配信の書評に書いてくれた。

拙著の副題を「奪われぬ魂」とした意図については、ノンフィクション作家の保阪正康氏が『朝日新聞』の書評で「(一七八九年の)クナシリ・メナシの戦いを『最後の決起』と位置づけることで、大事なことを見えなくさせられてきたのではないかと著者は鋭く指摘する。著者の研究と実践を合体させての論旨は、説得力のある文明論でもある」と評してくださった。「文明論」と位置づけてくださったことが、私にとっては何よりうれしかった。

今年の五月に、私はアイヌの長老、若手、女性とともに国会の衆参両院議員会館を回り、院内集会を開いて不備・不足の多いアイヌ施策推進法の見直しを訴えたが、これもまた「言葉によるアイヌの決起」と言えるはずである。

つまり、この二十一世紀に至っても、アイヌ民族への不当な抑圧は続いている。一方で抵抗もまた止んではいない。その文脈では、本書は完結していない。だが、ここにきて思う。「抵抗」という言葉さえ忘れてしまい、長いものに巻かれ切っていることに気づくことさえなく生きているマジョリティーの側にこそ、危うさがあるのではないか、と。その意味でも、ぜひとも本書を手に取っていただきたい。

連載　日本ワイン　揺籃期の挑戦者　5

大規模ワイナリーの成果

――規模の利益活かし消費者第一主義

叶　芳和

日本のワイン産業論では「規模の利益」概念が消えている。ソムリエ等の議論は高級品志向、憧れの対象としてのワインであるためであろうか、小規模ワイナリーが脚光を浴び、大手は無視されている。しかし、現実は規模の利益を活かした低コストのワイン造りが、消費者の支持を得ており、企業も成長している。

長野県塩尻市にある㈱アルプス（矢ヶ崎学社長）は、ワイナリーとしては日本一のエクセレントカンパニーと思われる。㈱アルプスは国産ブドウ一〇〇%の日本ワイン一二〇万本、輸入果汁原料の国内製造ワイン二二〇万本、輸入ワイン一〇万本、合計三五〇万本の規模。日本ワインは北海道ワインに次いで国内二位の規模である。輸入由来の品揃えは消費者ニーズに応えるためである。

同社の特長は、**水田を改造し大規模圃場でブドウを栽培している。**桔梗ヶ原奈良井川の河川敷では二ha区画のブドウ畑が広がっている（三〇ha）。同社の自社畑である。山梨県勝沼とは光景が違う。平坦地の**大型圃場であり、機械化が進み、作業時間は三～四割減った。**

醸造工場も、最新テクノロジーでコストダウンを図っている。**ボトリング能力は一時間当たり七五〇〇本だ。**大変な高生産性である。工場は、食品安全管理を徹底している。スイス製の成分分析機は一分間で二六項目の検査結果を出すので、高精度で客観的な情報に基づいて判断でき、高い品質管理が目指せる。

矢ヶ崎社長は消費者第一主義である。ワインは店頭価格が二〇〇〇円切ると売れ行きが良い。「うちの価格は値ごろ感がある。シャルドネは一七〇〇円だ。業界は三〇〇〇円だ」。

日本では、高いワインを造るのが良いワイナリーという雰囲気がある。ステータスが高いという評価である。矢ヶ崎社長はそういう風潮に対して批判的である。**規模の利益を活かして誰でもが楽しめる価格のワインを出すことが企業の社会的貢献であるからだ。**これが大規模ワイナリーの哲学である。消費者ニーズに応えようとする経営姿勢が鮮明だ。素晴らしい。

＊『日本ワイン産業紀行』第15章参照

連載　パリの街角から　21

パリ五輪余波

パリ在住ジャーナリスト　山口昌子

「パリ五輪」が終って、どこか腑抜け状態のパリだが、五輪はこの国の種々の形を浮き彫りにした。開幕式で最も論議を呼んだ「マリー・アントワネットの生首」とダ・ヴィンチの代表作「最後の晩餐」のパロディー化だが、「最後の晩餐」に関しては主催者側から謝罪が発表された。この国の基本的宗教であるカトリックの団体から強い抗議があったからだ。

一方、「生首」に関しては仏革命を第一共和制（現在は第五共和制）とするフランスの「国のかたち」という根源的な問題であるため謝罪はなしだった。ところが「悪趣味」などの感情的な問題とは別に、「王党派」が少数ながら存在することも明白になった。

フランスでは一般的に食事会などで友人を紹介する時、名前だけで苗字も職業も抜きが多い。職業は会話中に自ずと知れることがあるが、苗字となると数年来の付き合いでも知らないことが多い。

いつもは陽気かつ、男性なのにお手製のデザート持参でやってくるBが開幕式の後の友人宅の食事会で「生首が無礼だ」と怒っていた。「Bは王党派でブルボン王朝の末裔だから」と友人がタネ明かしをした。苗字も初めて貴族の称号である「ド」がいくつも付くことを知った。

式典の芸術監督と「最後の晩餐」で真ん中のキリストと見られた人物役には「殺害予告」が相次いだが（二人は告訴し、検察当局が捜査中）、二人が同性愛者だからではなく、むしろユダヤ系だからとの指摘がある。そして、「王党派」も「反ユダヤ問題」も実はフランスの政治問題と直結している。Bは選挙で極右に投票せずの穏健派だが、王党派の多くは極右支持者だ。決して甚大ではないが、極右躍進の一翼を担っているわけだ。

そして「反ユダヤ主義」は内政問題をはじめ、五輪期間中はもとより、殆ど恒常的なこの国の「厳戒態勢」に繋がり、ガザを中心に激化する中東での戦闘や米大統領選にまで繋がる。

日本人はその点、幸か不幸か、殆ど厳格な政治信条もなければ殆ど無宗教だ。

連載　メキシコからの通信　18

ＡＭＬＯが残した課題

エル・コレヒオ・デ・メヒコ教授　田中道子

ここのところ数か月、ロペス・オブラドル現大統領（ＡＭＬＯ）の早朝の記者会見は、就任時に約束した事業や政策の成果の報告に充てられてきた。フェリッペ・アンヘレス新空港、オルメカ新製油所、テワンテペック地峡高速鉄道建設などの大事業、貧困層・周辺地域を重視した福祉政策、大都市公共交通網・地方幹支線道路網整備、大規模貯水・治水事業や上下水道事業、サイバー通信網などのインフラ整備は、一か月あまり先に行われる政権交代までに、殆ど一〇〇％達成される見込みだ。

さらに、炭鉱爆発事故で生き埋めになったままで何年もほっておかれた坑夫の遺体を発掘、遺族のもとに届け、国有企業閉鎖で十分な手当てもなく一方的に解雇された被雇用者の保障、反政府運動弾圧の多数の犠牲者の復権と遺族保障、土地所有権をめぐる各地の流血の紛争を話し合いで解決し、米国から持ち込まれ登録なしで走行していた五〇万台近くの車に車券発行手続きをさせた。ＡＭＬＯがこの時点でも、国民の八〇％を超える信任を得ているのもうなずける。

一方、未解決の問題もある。任期前から懸案のアヨツィナパ農村師範学校の学生四三人の行方不明事件の真相解明は、ＡＭＬＯ自身が調査に乗り出したにもかかわらず、一向に進展していない。初めから手を付けないと宣言した、複数の先任大統領の犯罪訴追や、米国や世界につながり、国内各地で多数の死者や恐喝をもたらしている麻薬マフィア組織は手つかずだ。学生四三人の行方不明事件は、これらの巨大犯罪とも深く結びついているために解決に至らないともいえる。

先々週末のメキシコ麻薬マフィア首領マリオ・サンバダの米国での収監は、甥で同じチャーター機で米国内空港に着陸し米警察に投降した通称「チャピト」と呼ばれる若手首領に騙され引き渡された経過が公表されたが、腑に落ちない点が残り、選挙に向けて不安定な米国の政局の下での対米関係の難しさが増す。

連載　歴史から中国を観る　57

東洋文庫設立百年

宮脇淳子

二〇二四年は、財団法人東洋文庫が設立されて百年である。私もその研究員であるが、研究員の数は非常に多く、私は内部事情は何一つ知らないので、一九七四年から亡くなる八九年まで文庫長、一九八五年からは理事長も兼ねた榎一雄先生の文章から要約する。

東洋文庫の基礎は、一九一七年に三菱財閥の第三代総帥岩崎久彌が、当時中華民国総統府の顧問を務めていたオーストラリア人ジョージ・アーネスト・モリソンの所蔵する、中国に関する欧文文献二万四千点を購入したことに始まる。

これは、単行本や製本された雑誌の他、パンフレット、地図、銅板画を一冊に数えた数字で、モリソンが二十年を費やして集めたコレクションだった。モリソンの言い値は英貨三万五千ポンドで、言い値通りで購入した。一九七七年当時の三億五千万円に相当すると榎先生は言う。

契約書に調印したのは、横浜正金銀行取締役でシナにいた小田切萬壽之助《ますのすけ》で、当時東京帝国大学文科大学助手だった石田幹之助が現物の引き取りに赴いた。

一八九七年以来、タイムズ特派員として北京に滞在していたモリソンの蔵書は有名で、ハーバード大学、イェール大学、カリフォルニア大学など買い手が殺到したが、小田切氏がモリソンと親交があり、それを購入して日本に置くべきことを時の横浜正金銀行頭取井上準之助氏に説き、井上氏は直ちに岩崎氏を訪ね、岩崎氏が言下に購入を承諾した結果だという。

岩崎氏はこれをモリソン文庫と称して、はじめ丸の内の三菱事務所街に置いた。その後、東大文科大学学長上田萬《かず》年《とし》、教授白鳥庫吉《くらきち》らにはかり、和書・漢籍をはじめとする東洋諸言語文献を広く収集して、一九二四年にいまの東京本駒込に、民間の図書館兼研究所として財団法人東洋文庫を設立したのである。

戦後、連合軍の理事会で、オーストラリア代表が賠償としてモリソン文庫の自国による接収を主張したが、さすがに理事会はこれを認めなかった。東洋文庫はすでにモリソン文庫の三十倍の書籍を有していた。（みやわき・じゅんこ／東洋史学者）

連載 今、日本は 65

最高裁判事を弾劾訴追

ルポライター 鎌田 慧

いくつかの冤罪事件があった。最高裁に行けば必ず判ってくれる、それが多くの冤罪犠牲者たちの思いだったであろう。映画監督の今井正は、山口県麻郷《おごう》村八海《やかい》（現・田布施町）で発生した強盗・夫婦殺人の「八海事件」（一九五一年）をテーマに『真昼の暗黒』（一九五六年）を制作した。そのラストシーンで、冤罪者でありながら死刑判決を受けた阿藤周平のモデル役が「おっかさん。最高裁があるんだ」と叫ぶ。その絶望と期待をこめた悲痛な叫びが、最高裁の正義を示していた。

「すべて裁判官は、その良心に従ひ独立してその職権を行ひ、この憲法及び法律にのみ拘束される」。憲法七六条第三項は、憲法を読んでいない人びとにとっても自明の理だ。裁判官が権力に忖度していたら、民主主義は崩壊する。不運にも誤判の犠牲になったとしても、最後は最高裁が救ってくれる。右手に秤、左手に剣。ギリシャ神話の女神「テミス」は、独立不羈と正義の象徴である。

八月上旬、私はその神聖なる最高裁判事の二人を弾劾し、罷免を求める「訴追請求人」として記者会見に参加した。

東京電力福島原発の巨大事故の責任について、仙台高裁、東京高裁、高松高裁は事故の原因になった津波は予見可能として、国の責任を認定した。東京高裁は認めなかったが、原告が上告していた。ところが、最高裁小法廷の菅野博之裁判長、草野耕一判事、岡村和美判事の三人は、二二年六月、国の賠償責任はない、と否定。もう一人の三浦守判事だけが責任を認めたが、少数意見に止まった。これ以降、岸田内閣は馬車馬のごとく、原発回帰、原発突進へと大転換した。

多数意見の三判事はこれまで、東京電力の法律対策をやってきた法律事務所との関係が深かった。「原子力ムラ」とは政治家、経産省官僚、原子力産業、学界、マスコミばかりか裁判官までも含んでいた、とは驚愕に価する。裁判官や経産官僚の天下り先となっている、五百人以上の事務所は、五つもある。裁判官が法以外に支配されていたなら、この世は闇だ。

〈連載〉科学史上の人びと　18

渡邊 慧（承前）

（わたなべ さとし　一九一〇〜九三）

東京大学名誉教授／科学史
村上陽一郎

この世の二物は、どれも同じだけ似ているし、同じだけ似ていない。渡邊の定理として知られる「醜いアヒルの仔の定理」を、日常的な言語に翻訳すれば、そういうことになる。冗談ではない、その疑問は、後回しにして、どうしてそんなことが成り立つのか、その仕組みをみよう。渡邊は、先ず「対象・属性」のペアを出発点に置く。Aの持つ属性とBのそれとを比較して、共通の属性が多ければ多いほど、二者は似ている（共通でない属性が全く存在しない場合、両者は「同一」になる）ことになり、少なければ似ていないといえよう。そこで、対象と属性とからなる二次平面（対象も属性も算術無限と考えておく）を設定する。対象xが属性yを満足する点に〈1〉を、満足しない点に〈0〉を配当。するとこの二次平面は〈1,0〉のマトリックス集合になる。そこで属性の次元を、考えうる論理的な関係の組み合わせ（最少且つ網羅的）に拡張してみる。こうして属性次元が拡張された二次平面では、束論の算法に従うと、すべての対象が同じだけの〈1,0〉を持つことになり、二者の区別はできなくなる。

しかし、実際にはそんなことは起こらない。そこで、渡邊は次の二つの条件を満足する「重みづけ関数λ」を導入する。

$$0 \leqq \lambda \leqq 1$$
$$\Sigma \lambda = 1$$

そして、対象に固有のλ群を、個々の属性に与える。例えばアヒルの仔に関して、黄色い羽毛という属性には〈0.6〉を与え、白鳥の仔に関しては、同じ属性に〈0〉を与える、という具合（実際多くの属性のλは〈0〉となる）。〈0〉を与えられた属性は、その対象に関しては無視されるから、算法は一挙に単純になり、常識に近くなる。

しかし、ここに難点が生じる。白鳥の仔を識別するためには、白鳥の仔に固有の重みづけ関数を、予め知っていなければならないことになるからだ。論点先取の誤り？それは甘受すべきではないか。その認識論上の理由は、渡邊慧『認識とパタン』（岩波新書）を読まれることをお勧めする。

■連載・「地域医療百年」から医療を考える 40

出版記念の会

方波見医院・北海道　方波見康雄

八月は私の誕生月、正確には一九二六年八月二十五日生まれ、今年二〇二四年八月にようやくにして九十八歳を迎えたことになる。今年一月に藤原書店から出版した拙著の記念行事を、誕生祝いを兼ねて開催してくださった奇特な方々がいた。旧《ふる》くからお付き合いのある友人グループだが、私にとっては生涯忘れ難い思い出となったこともあり、「機」の紙面をお借りして、紹介させていただく。

拙著は「医療とは何か」という大きな主題の左横に副題として「音・科学そして他者性」という言葉を添え、主題右には「医療とは、病を患う人のいのちの声を聴くことである」という文言を三行詩のフレーズのようにして掲げた四四〇ページほどにおよぶ浩瀚な書籍となっている。このあたりの体裁は、内容は別として、藤原書店らしい出版物。

「いや、内容もいい、例えば『いのち』の多様さと複雑性や歴史性、医療の在り方などについて深い思考に誘ってくれる、だから出版記念の講演会をしたほうがいいのだ」と友人たちが実現してくださったプログラムは以下のようなものであった。

八月十日、場所は北海道大学学術交流会館。まず「町医者六十五年――さまざまないのちとの出会い」と題した私の講演があり、ついで出版社代表の藤原良雄社主と私との「対談」、しめくくりとして音楽療法グループ「歌の翼隊」による音楽演奏と私自作の俳句と短歌の朗読、そして同じグループ仲間「ナチュラルズ」の男声四重唱などが披露された。

驚いたのは、定席三〇〇ほどの会場に三五〇超という参加者の多さと、講演後に開かれたサイン会の長蛇の列であった。遠く根室から馳せ参じた女性の方もおられたのだ。字数が尽きたので筆をおくが、企画実現のグループの代表者名をあげさせていただく。全体の運営はNPOホスピスのこころ研究所（前野宏、札幌南徳洲会病院名誉院長）、音楽と朗読は「歌の翼隊」（隊長中山ヒサ子、ピアニスト、札幌大谷大学芸術学部元教授）および同じグループ「ナチュラルズ」四人の男性四重奏者、そして藤原書店（社主藤原良雄）。内容の詳述は次回に紹介させていただく。

連載　あの人 この人　18

逃げる客と追う駅員

作家　黒井千次

　子供の頃から東京の環状線電車である山手線の西側の土地を転々としつつ暮して来たため、どこに行くにも「省線」と呼ばれる国鉄電車に乗ることが多かった。小学校（当時は「国民学校」）へも電車に二駅ほど乗る山手線通学だった。街の大通りから駅の長い階段をのぼりプラットフォームに出るような道筋を辿らねばならなかった。その間、多くの駅員の顔は覚えたが、特に名前を知るまで親しくなった駅員はいなかった。

　しかし、忘れられぬ駅員はいる。駅舎がいつもとは違う状態に置かれている中での出来事だった。たしかなことは皆忘れてしまっているのに、その出来事だけ鮮明に覚えているのは、特別な出来事であったからだろう。

　プラットフォームに建つ駅舎が古くなったためそれを建て直す工事が始った。特別の建物ではなかったので、古い建屋の解体にせよ、新しい駅舎の建設にせよ、特別の時間は要しなかったと思われるのに、なにやら日数のかかる様子だった。

　特に切符の受け渡しをする改札業務を行う場所には神経を使うらしかった。記憶はアイマイなのだが、改札は駅の入口に向うなだらかな斜面の上に近い場所に、コンクリートの土管でも輪切りにしたような物が幾つか立てて並べられ、その中に駅員がはいって、外にいる客の切符にパンチを入れたり、定期券を見せてもらったりするらしかった。

　土管は小柄な駅員の胸に近い高さがあり、それを越えて出入りするのはあまり簡単な仕事とは見えなかった。立てた土管にはどこかに出入りする割れ目が作られていたかもしれなかったが、外からはそれがどこにあるか、簡単にはわからぬようになっていた。

　そこで、事件が起きた。やせた小柄な若い乗客が土管の中の駅員に何かを咎められて逃げ出し、土管の中に立っていた小柄な若い駅員が大声をあげて土管の縁を飛び越え男を追った。その勢いに圧倒されたか、乗客の男はあっさり捕まって駅舎の方へと引き立てられて行った。駅員は無表情に土管に戻った。

連載　いま、考えること　18

祖国の悲運

山折哲雄

パリ五輪の前半が、ようやく終った。開催直前、小規模テロが高速鉄道を襲ったが、あとは何事もなく閉会式を迎えることができた

その大会演出は、さすが芸術の都、革命の聖地の名に恥じず、際立っていた。セーヌ河の入場行進からはじまり、エッフェル塔、凱旋門を背景に、コンコルド広場、ヴェルサイユ宮殿とつらね、終幕を象徴するショーとしてはトム・クルーズに宙を舞わせ、カリブ海（?）の頭ごしにハリウッド村（次回開催地）に観客の目を惹きつける。三年前の東京五輪に比べれば、まさに天と地の落差をみせつけられた、といっていいだろう。

さて、期待の大坂なおみはどうだったのか。会場は全仏オープンと同じローランギャロスのセンターコート。相手は同じ世界ランキング一位経験をもち四大大会優勝三度のアンゲリク・ケルバー（ドイツ）だった。だが三六歳のケルバーは、パリ五輪後に引退を表明していた。

戦いのあいだ、会場の観客からは「オー・シャンゼリゼ」の大合唱があがり、終盤には熱い「ナオミ」コールがおこったという。だが試合は残念ながら大坂なおみの完敗だった。

〈女子テニス・シングルス〉

ケルパー（独）（7-5 6-5）大坂なおみ（フリー）

これは『朝日新聞』の記事から引いたものだが、詳細はわからない。所属がフリーになっているところが気になる。

祭りが果てれば、やはり哀愁がただよう。過去の思い出が足早やに過ぎていく。

東京五輪とこんどのパリ五輪のあいだに、大坂なおみの母国ハイチでいったい何があったのか。彼女のこころをかき乱すつらいものだったのではないか。

大統領の暗殺、首相の辞任による無政府状態、国土の九割がギャングの支配下におかれ、麻薬取引と暴力が統治の軸になっている。三世紀前、フランスの革命思想によって最初の「黒人独立国家」になりながら、結局は西半球の最貧国として孤立と破滅の道を歩きはじめている、――その母国ハイチの運命……。

■連載・花満径　102

桃李の歌（五）

中西　進

はたして『万葉集』巻十九には、桃林のイメージが含みもつ「戦争と平和」の翳りは、漂っているのであろうか。

いや、すでに巻頭以前から政界の暗闘は始まっていた。恒例の春の除目が始まる勝宝二年一月十六日以前、十日に従四位上吉備真備《きびのまきび》の筑前守への左降《さこう》が発表された。家持の桃李の花詠より一と月半ほど前のことであった。

政権中央の邪魔者を遠ざける九州行きは太古からの醜い手段だが、もう一つ手が込んでいる感じのあるのが、真備をつづいて肥前守に移転させたことであった。

じつは、この真備の左遷は既にもう一回あった。天平十二年八月、大宰少弐の藤原広嗣が「奸臣として僧玄昉と吉備真備を君側から除《のぞ》く」として、九州に兵をあげた。いわゆる広嗣の乱だが、広嗣は忽ち捕縛され誅に伏した。そこで勝宝二年の今回の真備の左降も、広嗣の怨霊によるものだとささやかれるに到った。

さてこのように嫉みをかい続けながら、真備はつねに不死身であり、讒言の影響を決定的に受けない。家持にとっては教えられるものが、大きかったであろう。

上に述べた広嗣事件でも、この叛乱を知るや、聖武天皇は隊伍を組んで、伊賀を抜け東国に入る。これと軍旅を共にしたのが、若き家持と精悍な真備であった。

少壮の家持と目を交し合う、英雄の如き真備像が、いまわたしの目に映る。

ところが勝宝二年、真備左遷の報を知りつつ、家持は「春苑桃李」の苑で、桃李を見つめていた。桃李の間には輔弼《ほひつ》の仲がある。桃の危殆《きたい》にあえば先ず倒れる李。いや共に枯れず友情によって栄えるのがよい。

しかし家持は、いまはじめて桃李の下に「平和」を見ることができた。しかも軍馬を放つからではない。暮春の静かな黄昏の中、春苑に身を寄せるかの如く歩みよった少女を描くことにおいて。

桃下は「蹊《みち》を成した」というべきだろう（『史記』十一、李将軍伝）。

そしてこの「黄昏」の力は、次つぎと夜の家持に働きかけて、類いまれな美しい表現を、作り出していった。

八月新刊

「天皇学」は、日本学！

「天皇学」入門ゼミナール

図版多数

所　功

歴代の天皇は皇祖神の子孫と伝えられ、日本史上で政治的にも文化的にも大きな役割を果たしてきた。〝天皇〟を論じることなくして日本の歴史はない。歴代天皇の主要な実績を平易に解説し、また最新の研究を補注し、補論では全天皇の略伝を紹介して、多様な「天皇学」への道を拓く〝入門書の決定版〟。

四六変判　四一六頁　一九八〇円

今、子どもたちを取り巻く問題を集約

13歳からの環境学
未来世代からの叫び

古庄弘枝

電磁放射線／化学物質／遺伝子組み換え／感染症／地球温暖化……環境と人間の歪んだ関係から生まれるこれらの問題から、どうしたら脱することができますか？　身近な問題から「環境」を考えてきた〝おばあちゃん〟と、これからの時代を生きる〝孫〟世代との対話！

A５判　二一六頁　二四二〇円

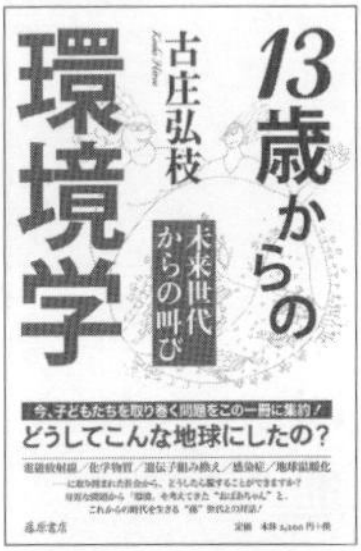

「あしなが運動」の爆発的展開

玉井義臣の全仕事
あしなが運動六十年

全４巻・別巻一

３　あしなが育英会の誕生と発展　1994～2024

交通遺児、災害遺児、病気遺児、自死遺児などすべての遺児に奨学金を！　阪神・淡路大震災と東日本大震災のすばやい現地調査と救済活動の実現の舞台裏に迫る。　［第２回配本］

［月報］田中澄江／宇井純／菊地良一／あしなが奨学生・卒業生／遺児の母親

A５上製布クロス装　五六八頁　カラー口絵４頁　八八〇〇円

■稀有の社会運動家の軌跡

玉井義臣の全仕事
あしなが運動六十年

【推薦】吉永小百合　山極壽一　山下泰裕　ウスビ・サコ

毎年の街頭募金と寄付金により、交通事故・災害・病気・自死などさまざまな理由で親を喪った遺児たちを支える「あしなが運動」。誰もが知るようになったこの運動の誕生から現在に至る六〇年の軌跡を、生涯を遺児救済運動に捧げてきた創始者・玉井義臣の仕事から描く。　内容見本呈

〈既刊〉
2　交通遺児育英会の設立と挫折　1969–1994

〈続刊〉
1　すべては母の事故死に始まる　1963–1969　（30頁参照）
4　「あしなが運動」世界のＡＳＨＩＮＡＧＡへ
［別巻］遺児作文集とあしなが運動六十年史

読者の声

甦るシモーヌ・ヴェイユ　別冊『環』29 1909-1943■

▼ヴェイユが亡くなった一九四三年はヨーロッパが戦争状態だった。彼女が二〇二四年にもしも生きていたならば何をいうだろうか。変わらない人間の愚かさを痛烈に批判することがあっても、戦争でぼろぼろになった人々は忘れないだろう。当時の労働者の境遇に接近したように弱い者と共感するにちがいない。助けてほしいと願っている人がいるのに、手を差し伸べずに見捨てることは自分自身を許せないだろう。強き者にあらがい誇りを感じつつ、起ち上って生きることを選ぶのがヴェイユの姿勢と態度ではなかろうか。

「強靭」「純粋」「勇敢」とともに「寛大」を加えるのはなぜだろうか。人を思いやる気持ちがあって、しかもありのままを受け容れるのが本当の強さの表現であり、さらにお互いが信じあえることにもつらなっていく。

傍観者たることを拒絶したヴェイユの訴えは、現代でも通じるものがある。魂をつかんでくる。真摯に時代と人間に向きあおうとしたヴェイユを読み返すたびに教えられる。たとえ個人としては非力であったとしても、手をこまねく偽善者になりたくはない。

だからこそ、ファシズムに抵抗する闘いに身を投じたヴェイユの生き方は、今でも心の底に響いてくる。三四年の人生は、ヴェイユにとって長かったのか、短かったのか、はわからない。しかし、三四年の彼女の生きざまは、今でも永遠である。

（東京　**黒野文博**）

医療とは何か■

▼北海道新聞「いのちのメッセージ」を大切に読ませて頂いておりました。いつか書籍にならないかと希望しておりましたから感謝の気持ちでいっぱいです。ありがとうございました!!（北海道　ピアノ指導・演奏　**酒井由美子**）

シモーヌ・ヴェイユ「歓び」の思想■

▼『重力と恩寵』を読み始めて、ヴェイユをかみくだけなく困っていたところに、この本と出会いました。須賀敦子の本棚シリーズでヴェイユがペラン神父に出した手紙も、頑なな印象でしたが、ようやく彼女の微笑を感じることができました。鈴木順子さんに感謝です。（匿名）

日本の「原風景」を読む■

▼日本野鳥の会さんの読者プレゼントで、本書物をいただきました。

日本各地の自然や宗教、お祭りなどの関わりが書かれていて、興味深かったです。特に、虚空蔵菩薩と鰻のお話は、以前にも他の書物で読んだ事があり、心に引っ掛かって、「鰻は大事にして食べないように」という何かの見えないメッセージかと思いました。ありがとうございました。

（茨城　製造業　**橋本夏美**　52歳）

「生きものらしさ」をもとめて■

▼なかなかに含蓄のある楽しい本であった。「実はすべての生きものは、自分の目的をもっているのではなかろうか。……『良く生き、永く生きる』というのが、とりあえずの答えであろうか」（一七七頁）。これは哲学の世界だ。頷けるような頷けないような、でも、なるほどそうかと思ってしまう。

この方は一九六八年より〔大阪大学〕基礎工におられた由。当方は同年入学だから、隣の建物に居られたのだ。ひょっとして食堂や構内の道路ですれ違っていたかもしれないなどと変な親近感を抱いてしまった。

また、一一八頁に、懐かしい神谷宣郎先生の名が出てきた。理学部年次に授業を受けた。蝶ネクタイ姿で講義をされたこともあり、〝紳士〟を感じさせる長身細身のダンディな方であった。神谷美恵子さんの旦那さんであることを知ってびっくりしたことがある。懐かしく、五〇年前の記憶がよみがえった。とも角、むつかしいが楽しく読ませてもらった。

（大阪　元教員　**久米広数**　74歳）

地中海Ⅳ■

▼『地中海』は面白いが難しいです。人名・地名・通貨単位その他用語。それをネット検索したり、図書館から借りてきた関連書籍を参考にしながらの読書なので、なかなか次のページへ進めません。

が、内容とされるその時代の人々の行動や生活の記述がとても興味深く、また生き生きとしているので、分からない部分があっても、飛ばして、先へ先へと進みたくなります。

でもそれをすると後で苦労することになります。あせらずに、きちんと読んでいこうと思います。

（愛知　**山縣年光**　70歳）

※みなさまのご感想・お便りをお待ちしています。お気軽に小社「読者の声」係まで、お送り下さい。掲載の方には粗品を進呈いたします。

書評日誌（七・二〇〜八・一六）

(書) 書評　(紹) 紹介　(記) 関連記事　(イ) インタビュー　(TV) テレビ　(ラ) ラジオ

七・二〇　(書)信濃毎日新聞「疾風とそよ風」（「身近な風の表現をとらえ直す」／寺田寅彦）

七・二一　(記)毎日新聞「金時鐘氏関連記事」（「私の記念碑」／「詩人金時鐘さん（中）」／『四・三事件』今もうなされる夏」／石川将来）

七・二七　(紹)図書新聞「収奪された大地　新装新版」（「二〇二四上半期の収穫」／藤原辰史）

七・二八　(記)毎日新聞「金時鐘氏関連記事」（「私の記念碑」／「詩人金時鐘さん（下）」／「祖国、民族、在日——日本語で書く」／石川将来）

七・二九　(紹)毎日新聞　愛知版「『雪風』に乗った少年」（「夏の一冊」／「伝書鳩」／下村恵美）

八・二　(紹)ちいき新聞　佐倉西版「フランス大使の眼でみたパリ万華鏡」（「佐倉市立志津図書館おすすめの本」／「フランスへ！」）

八・三　(書)図書新聞「鶴見和子と水俣」（「鶴見和子の最初の位置、内発的発展論が発生してくる場へ」／「鶴見和子旧蔵資料のアーカイブ化を推進してきた関係者の記録」／丹波博紀）

八・四　(記)読売新聞「竹内浩三全作品集　日本が見えない」（「本よみうり堂」／「梅田明日佳の読書ノート40」／「戦死23歳　諦観と憤りの詩」）

(書)しんぶん赤旗「石牟礼道子全句集　泣きながら原」（「迫りくる何かと闘ってきた軌跡」／中西亮太）

(記)朝日新聞「四國五郎関連記事」（「だれに怒るべきなのか」／沢村亙）

八・一六　(記)読売新聞　秋田版「粕谷一希随想集Ⅲ　編集者として」（「五郎さんのこの一冊」／「能力を見出す名編集者」／橋本五郎）

八月号　(紹)JiCA No.20「震災復興はどう引き継がれたか」（「大正、昭和、平成　大震災復興の歴史的系譜をたどる」／「To READ　おすすめの本」）

鶴見和子さん命日の集い　没十八年

山百合忌

二〇二四年 七月三十一日(水)
於・アルカディア市ヶ谷

　七月三十一日、鶴見和子さんの命日の集い、山百合忌が、コロナ禍を挟んで三年ぶりに通常規模で開催され、約四十名の参加者が鶴見さんを偲んだ。

　冒頭は主催の藤原書店社主、藤原良雄より挨拶。『言葉果つるところ』における石牟礼道子さんと鶴見さんの奇跡的な対話について紹介した（本号巻頭も参照）。

　続けて、九十六歳を迎えられた令妹の**内山章子さん**が開催への謝意を述べられた。

　献杯は、写真家の**大石芳野さん**。各地で戦禍が起こるたびに、大石さんを案じて電話をもらったという思い出を語った。

　最初の講話は、**宇野重規さん**（東京大学社会科学研究所教授）の「いま読み直す『漂泊と定住と』」。鶴見さんが柳田国男を論じた一九七七年刊の同書から、「内発的発展論」の鶴見さんが、「漂泊民」による外からの刺激をも重視していたことに着目した。また、鶴見さんの曼荼羅の思想が、西欧的リベラリズムを超える手がかりになると指摘した。

　続いて、**加藤陽子さん**（東京大学文学部教授）から「鶴見和子の学問をめぐって」と題して講話。昨秋、東京新聞・加古陽治氏が紹介したヴァッサー大学留学時代の手記や、戦前の訪中旅行やパール・バックとの邂逅に触れ、鶴見さんがマルクス主義から近代化論へ、そしてその批判へという視座を獲得した背景に、アメリカ・中国を肌で知る経験を持っていた点に注目した。

　恒例の**笠井賢一氏**作・演出による「語りと舞い」は「カイロ（薤露）のお金――後藤新平のアジア経綸と水俣もやい直し」。**金子あい・坪井美香**（語り・舞）、**佐藤岳晶**（作曲、三味線・キーボード）、**設楽瞬山**（作調、尺八・能管）の各氏の出演で、この時代だからこそ、鶴見さんの平和への訴えが綴られた文章が朗唱された。

　鶴見さんが亡くなって一八年。現代的な関心から、鶴見さんの仕事を継承する方々が登場していることが印象的な会となった。

　末尾に、永年にわたり当会に出演された**野村幻雪**（四郎改）**師**、司会を務められた**黒田杏子さん**（俳人）のご逝去に、弔意と感謝を記しておきたい。（編集部）

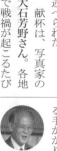

十月新刊予定

＊タイトルは仮題

古代～現代の「休息」概念の変遷を俯瞰

休息の歴史

アラン・コルバン
小倉孝誠・佐野有沙訳

現代社会で、労働と対になった疲労回復、あるいは「レジャー」によって埋めるべき空白と捉えられる「休息」。しかし歴史を振り返ると、「休息」には、「永遠の安息」、「隠居」、「失脚」など、「日常と異なる生」への扉を開くきわめて豊かな含意があった。「感性の歴史」の第一人者が、十九世紀の大きな転換を見据えつつ、古代から現代にいたる「休息」の歴史を俯瞰する。

A・コルバン既刊書

■公衆衛生学の誕生と悪臭退治の起源を浮彫る名著。
においの歴史〈新版〉
〈嗅覚と社会的想像力〉
山田登世子・鹿島茂訳 （11刷） 五三九〇円

■古い戸籍の中から選ばれた男の人生を甦らせた、歴史叙述の革命。
記録を残さなかった男の歴史
〈ある木靴職人の世界 1798–1876〉
渡辺響子訳 （3刷） 三九六〇円

■〈売春の社会史〉の傑作。
娼婦〈新版〉 上下（全二分冊）
杉村和子監訳 各三五二〇円

■"樹木"がもたらす激しく多様な感情を縦横に描く。
木陰の歴史
〈感情の源泉としての樹木〉
小黒昌文訳 四九五〇円

現代に送る絶好の"ミシュレ入門"！

〈決定版〉ミシュレ入門

大野一道

西欧歴史学において初めて虐げられてきた"女性"を炙り出した『魔女』、多神教世界に眼差しを向けた『人類の聖書』、「中世」と「革命」のはざまで自由を求めて格闘する『フランス革命史』、人ならざる動植物、自然を扱う『虫』『鳥』『海』『山』……それまでの歴史学になかったものに眼差しを注いできたミシュレ（1798-1874）の数多くの邦訳を送り出してきた著者による、ミシュレ入門。

交通戦争の実態を告発した玉井義臣の原点

玉井義臣の全仕事

あしなが運動六十年
全4巻・別巻1

第3回配本

1 すべては母の事故死に始まる （1963-1969）

最愛の母を輪禍に奪われ、不備きわまる交通事故被害者の救急医療体制を告発した『朝日ジャーナル』所収の処女論文「**交通犠牲者は救われていない**」（都留重人氏論評含む）、交通評論家としてマスコミの注目を浴びた『**交通犠牲者**』、出演・構成・演出を手がけた「**桂小金治アフタヌーンショー**」の記録など、交通遺児育英会誕生までの著作・資料を集成。

9月の新刊

タイトルは仮題、定価は予価。

日中が育てた絵本編集者 唐亜明 ＊
城島徹　四六判　四四八頁　三三〇〇円

言葉果つるところ〈新版〉＊
石牟礼道子・鶴見和子
〈新版序〉赤坂真理　赤坂憲雄
四六上製　三〇四頁　二四二〇円

風俗のパトロジー〈新版〉＊
バルザック　山田登世子訳・解説
〈新版序〉青柳いづみこ　今福龍太　町田康
A5上製　二四八頁　二四二〇円

社会思想史研究48号
〈特集〉**女性による社会思想史**
社会思想史学会編
A5判　二〇〇頁　二七五〇円

10月以降新刊予定

休息の歴史 ＊
A・コルバン　小倉孝誠・佐野有沙訳

玉井義臣の全仕事 内容見本呈
あしなが運動六十年〈全4巻・別巻一〉
1 すべては母の事故死に始まる ＊
1963–1969

〈決定版〉**ミシュレ入門** ＊
大野一道

満洲ペスト撲滅に尽くした医師 加藤正司
加藤仁紀編

在日朝鮮人・外国人と生きる私を求めて
木川恭遺稿集出版委員会 編

台湾の歴史大全
春山明哲・松田康博・松金公正・川上桃子 編

コロナ愚策で明らかになった日本の医療政策
木村盛世

別冊『環』30
合本主義の父、渋沢栄一
片桐庸夫編　渋沢雅英＋由井常彦／井上潤／島田昌和／村上勝彦／長沼友兄 他

日本語とは何か
白川静・石牟礼道子
笠井賢一 編

ゾラ・セレクション（全9巻・別巻一）別巻 完結
〈決定版〉**ゾラ事典**
E・ゾラ　小倉孝誠編著

失われた近代を求めて（全2分冊）
I 原初・ギリシャ・ローマから ヨーロッパの自己形成まで
II 西欧近世から中国の近代化まで
河東哲夫

元田永孚自伝
『還暦の記』『古稀の記』現代語訳
元田永孚　野口宗親編・訳注・解説

金時鐘コレクション（全12巻） 内容見本呈
9 故郷への訪問と詩の未来
「五十年の時、月より遠く」ほか 文集III
〈解説〉多和田葉子　［第11回配本］

好評既刊書

「天皇学」入門ゼミナール ＊ 図版多数
所功
四六変判　四一六頁　一九八〇円

13歳からの環境学 ＊
未来世代からの叫び
古庄弘枝
A5判　二一六頁　二四二〇円 図版・写真多数

玉井義臣の全仕事 内容見本呈
あしなが運動六十年（全4巻・別巻一）
3 あしなが育英会の誕生と発展 ＊
1994–2024
A5上製布クロス装　五六八頁　八八〇〇円

戦争詩
四國五郎　四國光 編
A5上製　二三二頁　二四二〇円

＊の商品は今号に紹介記事を掲載しております。併せてご覧戴ければ幸いです。

書店様へ

▼先月刊の所功『**「天皇学」入門ゼミナール**』出足好調。日本史上で政治的・文化的にも大きな役割を果たしてきた歴代天皇の事績を平易に解説、最新の研究を補注し、多様な「天皇学」への道を拓く入門書の決定版！ 既刊『**天皇の歴史と法制を見直す**』と併せてご展開を。▼四國五郎『**戦争詩**』が刊行より大反響。今後パブリシティ予定続々。評伝『**反戦平和の詩画人 四國五郎**』とともに詩歌・文芸・芸術で是非ご展開を。▼平和祈念展示資料館（東京都新宿区）で、特別企画展「15歳 少年兵の記憶」開催。『**「雪風」に乗った少年 十五歳で出征した「海軍特別年少兵」**』著者西崎信夫さんの資料展示。8／21（水）『毎日』東京夕刊では展示とともに書籍紹介。▼8／15（木）『朝日』「天声人語」「死者の声を聞く」では、『**全著作〈森繁久彌コレクション〉**』（全5巻）第1巻『**道―自伝**』より引用、大きく紹介。この機に是非ご展開を。▼8／4（日）『赤旗』で『**石牟礼道子全句集 泣きながら原〈新装版〉**』書評（中西亮太さん評）。問合せ多数。在庫のご確認を。（営業部）

宇梶静江主演映画「大地よ」上映情報
11月1、2日「ゆかるひ」（沖縄・那覇）
〈トーク〉宇梶静江・山里節子・海勢頭豊
11月4日　函館市中央図書館

西崎信夫・小川万海子『「雪風」に乗った少年』
特別企画展「15歳　少年兵の記憶」
【日時】〜10月14日（月）
【場所】平和祈念展示資料館（新宿住友ビル33階）

対話『人薬』（想田和弘）『ひとなる』（大田堯）
山本昌知氏（精神科医）
2024年度 三木記念賞 受賞

四國五郎生誕百年、没後十周年記念
浪花の歌う巨人 パギやん（趙博）
ヒロシマの母子像　四國五郎と弟・直登
9／18（水）〜10／27（日）　第二期
〈対談〉知ってほしい「四國五郎」
ポリタスTV　9／2配信　四國光・宮崎園子

出版随想

▼九月に入ったというのに、まだ猛暑が続いている。この齢になると、日中のみならず、朝晩もムッとする暑さの毎日に閉口する。涼風が朝晩吹くのはいつの頃になるのか、と。

小社も設立三五年になる。ロングセラーを目指して出版を続けてきたが、どうやらこの十数年、再版できずに品切れ状態にしてきた名著がいつの間にか数を増してきた。この数ヶ月ぐらい前から、E・ガレアーノの『収奪された大地――ラテンアメリカ五百年』や、H・カレール＝ダンコース『崩壊したソ連帝国――諸民族の反乱』など、新たに現在活躍中の日本の知識人に、推薦文を戴き、新版として刊行してきた。現今の本を読まない、売れない状況の中で、これらの本が意外に健闘している。品切れにするということは、再版できる一定数の購読者を想定することができなくなったからである。

現在の再販制というシステムの中で、注文品も返品を受け取らざるを得ないという出版社にとって過酷な状況の中、色々な思案を巡らせながら出版事業を推進してゆく以外にない。単なる重版では、倉庫に在庫を寝かせておくだけだから、新版、新装版、増補版という形にすれば、少しでも新しい読者との出会いがあるかもしれぬ、と。

▼先日も、今を時めくS氏が、NHKラジオの朝番組で、ロシア―ウクライナ問題を解く鍵は、藤原書店から出版されているガレアーノの『収奪された大地』だと、この本の読み方を紹介してくれた。即刻反響はあったのは言うまでもないが、残念ながら在庫がなかった。すぐに作りたいとは思うものの、今すぐ発注しても出来あがるのに最低三週間はかかる、出来た時にはその熱は冷めていて大量に在庫が残ることは目に見えている。とうとう作るのは断念。マスメディアで紹介してくれることは有り難いが、何の前触れもなく突然の紹介、しかし社に在庫がない。そういうことが繰り返されることが多い。折角の売れる時を逃してしまう体験は、二度や三度ではない。

▼今、メディアで絶賛されても本当にその影響で本が長く売れ続けることはなくなった。せいぜい半月。短ければ一週間。これだけ、情報が毎日毎日大量に溢れるように氾濫する現在、メディアからの発信を待つのではなく、当方からのメッセージを、社の編集方針と共に、その本の出版の意味を積極的に読者に伝えていかなくてはいかんのだろうと切に思うこの頃である。（亮）

「災害遺児の支援事業を船舶振興会に取られたら、多くの人たちの善意で成り立つ運動を分断させてしまうではないか……」。私は心の中でつぶやいた。災害遺児の救済に自分たちで取り組み、続いて病気遺児の解決へ進むつもりだった私たちには受け入れられるはずがなかった。当然ながら、感受性の強い奨学生の正義感に火がついた。憤慨した彼らから「ギャンブルの上がりで奨学金をまかなうのは奨学生がかわいそう」「庶民の善意を無視したやり方ではないか」との怒りの声が上がり、八九年春の奨学生募集時には「ボクらは笹川さんよりあしながおじさんに応援してほしい」というビラがまかれた。

奨学金制度で進学した明治大学農学部四年の小河光治《おがわこうじ》君が八九年一月二十日の『朝日新聞』朝刊の「論壇」で「災害遺児育英に新財団は不要――交通遺児育英会の適用拡大こそ筋」と題した論文を発表した。小河君は第一回の献血運動に愛知県立犬山南高校二年のときに参加し、翌年に全国の恩返し献血運動の呼び掛け人を経験していた。この論文では「災害遺児の高校進学をすすめる会」の活動を紹介し、その取り組みの意向を無視して政府・自民党が船舶振興会による新財団創設を提案したことについて「天下りポストはできるが、奨学金より経費に金が食われムダが多い」「交通遺児育英会の実施している宿泊研修などの精神的サポートが必要だ」などと、理路整然と痛烈な批判を行ったのである。

二十二歳の若者の訴えに文部官僚は感情的な言葉で反論したが、交通遺児の恩返しの心に思いをはせない「官」の驕りそのものである。これでは「心」なき「モノカネ」社会の反映にほかならない。「民」の愛を「官」に奪われるわけにはいかない。「災害遺児の高校進学をすすめる会」が日本船舶振興会との話し合いを求めると、振興会は手配したロールスロイスで小河君らを振興会の国際平和会館に送り、豪華な応接室に招き入れた。その会談で振興会側は、すすめる会や与野党の合意がなければ強行しないことを伝え、新財団の運営が具体化する際は小河君らを理事に迎えたい、と提案した。さすがに懐柔策まがいの理事招聘の話はその場で小河君が断ったが、交通遺児たちが災害遺児のために身を粉にする「恩返し運動」への思いがなぜ分からないのかと、その報告を聞いた私は怒りに震えた。

そうした経緯を『朝日ジャーナル』(一九八九年三月二十四日号)が「歪められる　交通遺児の『恩返し』――災害遺児救済で笹川良一氏をかつぎ出す政府の無為無策無神経」との見出しで特報した。この時の編集長は、前任の筑紫哲也さんから引き継ぐ際に「戦う雑誌」を掲げた我が盟友、伊藤正孝さんだった。彼は同じ号のコラムにこう書いている。

《……「あしながおじさん」と交通遺児学生の間に動揺が起きた。ギャンブルのお金と運動の純粋性の問題に彼らはこだわっている。もうひとつの問題はノーベル平和賞である。氏は「世界中を旅行したさいも、神社仏閣をはじめ墓地に対しても敬礼をする」と述べているが、祈りのなかで「私にノーベル賞を授けてください」とつぶやいていると、各国で噂になっている。「あしながおじさん」が受賞の道具に使われてはたまらないと考えるのも当然だろう》

結局、事態は進展せず、船舶振興会も閉口したのか財団設立の構想は立ち消えになり、「恥をかかされた」と怒り心頭の橋本龍太郎・大蔵大臣が十月十九日の衆院予算案で「既存団体のエゴイズムが事態の解決を遅らせている」と非難した。国会の場で「エゴイズム」とは聞き捨てならない言葉である。しかし、そうした歪んだ復讐心に燃えた「政官」のどす黒い情念が私を追いこんでいくのである。具体的な「玉井つぶし」が行われた証拠が表に出るのはさらに十年近く後のことだが、噂はすでに私の耳にも入っていた。政界通のジャーナリストが「振興会の笹川良一会

歪められる交通遺児の「恩返し」

災害遺児救済で笹川良一氏をかつぎ出す政府の無為無策無神経

フリージャーナリスト　市川裕一

「あしながおじさん」を募集する交通遺児育英会のキャンペーン

朝日ジャーナル

1989.3.24　82

『朝日ジャーナル』（1989年3月24日号）

長がノーベル平和賞受賞を渇望していて、それを橋本氏が忖度したのだろう。ギャンブルの元締めという負のイメージを慈善事業の衣でロンダリングして好印象を持たせようと画策した」と解説するのを耳にした。

追放のシナリオ

九〇年代に入り、理事会の雰囲気が急変した。私への復讐から練られたシナリオが育英会の運営を蝕み始めたのである。育英会の課長に総務省の意向で総理府総務副長官だった宮崎氏が天下りしてきてから雰囲気が変わり、「玉井が悪い」という一点に絞った攻撃が始まった。九一年七月から頻繁に臨時理事会が開かれる。その議事録を読めばわかるが、玉井悪人論が出るような質問が用意され、そのシナリオ通りに理事会を進行させ、多数派になびいた理事たちが事前にどこかで打ち合わせをしていたかのように、まことしやかにでっちあげた私の「悪行」を順番に読みあげる。

理事会を構成する二十五人の理事のうち財界人の多くは理事会には出席せず、委任状を出して理事会を成立させる形になり、実際に出席する十人前後の理事が事務局提案の議題を次々了承していった。元官僚が主導する玉井批判に各地の交通遺児を励ます会の代表者も取り込まれていく。「全国学生交通遺児育英募金から災害遺児、病気遺児の支援に回されているのは育英会の寄付行為に違反する行為で、それを容認、推奨する玉井は背任の容疑が濃厚だ」と主張する反玉井派になびく流れが強まる。挙げ句の果てに、「学生募金事務局が集めた金の半分を育英会に、残り半分を『災害遺児の高校進学をすすめる会』に分配したのは背任の罪に当たる」として私を東京地検に告発し、救済活動の実態や意義を分からないまま特捜部が捜査に乗り出す事態となった。

募金自体は育英会から独立した募金事務局による活動なので、濡れ衣もいいところである。この経緯は育英会の理事会でも了承されており、その模様を収めた録音テープを後日提出したことで疑惑は完全に払拭されたが、六〇年代から私の盟友である特捜部OBの堀田力さんが後輩たちに内実を解説してくれたようで、あっさり不起訴となった。そもそも恩返し運動を担う学生の思いを多数派の理事がなぜ理解できなかったのか。なんという過酷な仕打ちなのか。人間の善意を信じて「性善説」に立つ私は無防備だったのかもしれないが、正義はどこに行ってしまったのか。

そこまでして総務庁が天下り役人を使って私を攻撃したのは理由があった。奨学金貸与の対象を交通遺児だけでなく災害遺児や病気遺児に広げることで他省庁が監督、関係官庁として参入して省益が分散化する。つまり、交通遺児は総務庁、警察庁が所管するが、災害遺児は国土庁、病気遺児は厚生省がそれぞれ所管する。交通遺児育英会を所管する総務庁としては主導権を奪われるわけにいかず、対象拡大を唱える私の存在がじゃまとなる。つまり、復讐を企てた「政」との利害が一致したのである。政財界で存在感を誇った永野重雄会長に続き、正義感ある石井理事長が亡くなられたあと、政官の攻勢は激しさを増し、手段を択ばぬものとなったのだ。

理事会に出席していない育英会のプロパー職員たちも不穏な空気は感じていたようだが、私から職員に経過説明をしなかったため辞任の理由が分からなかったという。役人は私が勝手に事業を決めているかのように議事録を書いて、職員に読ませるよう仕向けた。「玉井はとんでもなく悪い奴だ」という内容で、「学生が決めたと言っても、お前がやっているのだろ」というような話に捻じ曲げられたのである。

励ます会から理事になった人や奨学生の保護者らかつての仲間までが向こう側に寝返って、私の悪口を言い出したため職員は戸惑ったようだ。すでに天下りの役人だけが私を攻撃する理事会ではなくなってしまったのである。経理面でも、遺児の母親から「交通遺児のお母様方がなんでお金を他の遺児に持って行くのか、と困っています」「私たちの声が反映されない今のやり方はおかしい、とみんなが言ってます」などと言われた。私に近い人たちも目の前に役職をぶら下げて取り引きされ、役人側に取り込まれていった。すべて私の潔白が明らかになった後で「(多数派の理事から)言えと言われてそうした」と謝りに来た理事もいたが、こんな状況で私がよく耐えて頑張っているなと職員は思ってくれたようだ。私とともに育英会を支えてきた職員らも天下りの課長から個別に呼ばれて、「我々の側に入らないか」と切り崩し工作を受けていたと教えてくれた。「育英会の職員になるまでの私とのつながりを説明してキッパリ拒みました」と話す職員もいた。

しかし、企業から事務局に入った人はことごとく切り崩された。もともと主義主張がなければそういうものだろう。寝返った理事たちの言動には猛烈に腹が立ったが、個人を恨むより、巧妙で狡猾な手口を使った政と官の姿勢こそ責められるべきである。人は時に大きな権力に巻き込まれる弱い存在かもしれない。権力はしっかり監視しなければ、好き勝手なことをやりかねない。都合の悪い公文書を改ざん、廃棄して責任逃れをする昨今の官邸の姿勢を見せられるに至り、人々の真心をないがしろにする政治家と官僚の罪深き行いを弾劾しなくてはいけないと感じるのだ。

あしながさんから善意の風

交通遺児育英会を追われて失業者となった私だが、幸いだったのは一年前の九三年四月一日に、交通遺児学生らが自発的な恩返し運動でつくった「災害遺児の高校進学をすすめる会」と「病気遺児の高校進学を支援する会」が合併して「あしなが育英会」が設立されていたことだ。考えてみれば当然の流れだ。すべての遺児が平等に進学できるようにするべきではないのか。本来なら、交通遺児育英会と、病気、災害遺児の「あしなが育英会」が合併するのが一番理にかなっていて早道のはずである。

同年秋には、減少が進む交通遺児（当時推計三万人）に対し資金潤沢な交通遺児育英会と、人数では十倍を超える災害・病気遺児を抱えながら資金難のあしなが育英会の「両育英会合併論」を、あしなが学生募金事務局が提案し、与野党、あしながさん、経団連、励ます会が賛意を示したが、「交通遺児の縄張り」を維持しようとした官僚の「玉井攻撃」で半年後、本章の冒頭に書いたように、創設に関わった私が交通遺児育英会から追放されたのである。

交通遺児の恩返し運動という「民」の愛を、「官」が圧力をかけて妨害したのだ。そこで、「あしなが育英会」という〝新たな船〟を先に進水させ、交通遺児、災害遺児、病気遺児たちが共生し成長する時代へと駒を進めたのである。まさに「恩返し運動」十年の成果であり、金字塔とも言えるものだ。

病気遺児の奨学金制度もスタートしていたため、私は一か月の失業期間を経て、一九九四年六月、直ちにそちらに乗り移り、活動を始めた。ゼロからの再出発だが、政官の狭隘な縄張り意識から解放された私は若者たちの純粋な心から生まれた「恩返し運動」に賭けた。がん、過労死などで一家の柱を失う家庭は急増しており、貧困から進学が困難な病気遺児はその時点で交通遺児の数倍の三〇万人と推定されていた。交通遺児の調査を担ってきた副田義也・筑波大学教授（当時）は「死に至るまでの医療費がかさみ、生命保険だけしかない病気遺児家庭はほかの死別世帯に比べ、制度的補償がなく、最も経済的に苦しい」と警告した。彼らに奨学金を貸与して、進学を助けることは遺児救済運動の将来を考えれば自明のことだった。あしながさんもマスコミも後押ししてくれ、「民」の歴史的勝利と言える。あとは思いっきり帆を張り、「あしながさん」の善意の風を受けて進むしかなかった。

交通遺児育英会を石もて追われた私だが、不思議なことに私の「復讐心」はどこかに消えていた。五年前に逝った由美がもしかしたら、私の「復讐心」を彼岸に持ち去ってくれたのかもしれない。それ以来、私は人の「やさしさ」を信じ、人の「やさしさ」をつないでいくこと、「やさしさの連鎖」こそ「あしなが運動」の根幹と考えるようになった。由美は私に「やさしさ」を残してくれたのだ。

政官の描いたシナリオは私を交通遺児育英会から追放したあとも、私につきまとった。その一環だったのだろう。一九九四年十月に週刊誌『サンデー毎日』が「告発スクープ・街頭募金はどこに流れたのか」と題して、私と前年に衆院議員になった山本孝史、藤村修の両君を批判する記事が三週続けて掲載されたのである。中身は理事会のシナリオとほぼ同じだが、私を抹殺して報復を図ろうという意図が背後に感じられた。さすがに他のマスコミは後追いをしなかったが、大新聞の週刊誌だけにキツかった。

職員は寝耳に水という感じで驚いたようだ。その頃、私を慕ってくれる職員は募金活動で使う携帯用電話に「お前らええかげんにせえよ」などとヤクザまがいの脅しの電話を掛けられたという、職員同士で「危ないから駅のホームでは端を歩くな」と声を掛け合ったという。私には真夜中に電話がかかり、女の声で「玉井さーん、助けてー」という芝居まがいの叫び声が受話器に響いた。精神的に追い詰められ、かなりまいった。第一弾が出た翌日にはホテルに避難した。身の危険を感じて一か月以上はホテル住まいを続けた。それも一か所ではなく複数のホテルを転々とした。

政官が企んだ「玉井追放劇」のシナリオは向こうの当事者には筋書き通りに事態が進んだように感じたことだろう。育英会は官僚の天下り先として盤石の組織となり、職を失った私はやがて社会から消え去るという「結末」が近い、と思っていたかもしれない。ところが、そうはならなかった。彼らのシナリオは、新たに始まる壮大な愛のドラマの単なる序章に過ぎなかった。あしながさんたちの無償の愛が、政官の欺瞞に満ちたシナリオを許さなかったのである。

精神的にかなり追い込まれたが、職員もよく頑張った。振り返れば、あの悔しさがあったから「あしなが育英会」に全力を投入できたと思う。仲間はもともと草の根的な運動に鍛えられた連中だったし、現役学生たちも多くが私たちを応援してくれた。他のマスコミも心情的には応援してくれていた。大切な有形無形の財産をごっそり奪われた私たちの悔しさをぶつけたのが後述する阪神・淡路大震災への対応だった。

政官の墓穴

『サンデー毎日』の記事をめぐり、私と藤村修、山本孝史の両衆院議員は発行元の毎日新聞社などを名誉棄損などで訴え、最終的には二〇〇二年二月に私たちの名誉が保障される形で和解が成立した。

その過程の一九九八年五月十一日の審理で被告として出廷した交通遺児育英会の理事が総務庁の内部文書のコピーを証拠資料として提出した。総務庁がノンキャリアの事務官を定年後に交通遺児育英会に再就職させ、会計課に配属させて財政事情、組織事情の問題点を報告させるために持参させたことを示したとされる資料だ。一九九一年当時から総務庁が育英会の運営や私の行為に批判的だったので、週刊誌の報道も一部は事実を含み、名誉棄損には当たらない、と主張する物証として持ち出したのである。

「育英会理事改選の経緯」と題された四枚で、多数派の理事が一九九〇年十二月、総務庁に働きかけて翌九一年三月の理事改選に打診して画策していることがうかがえる内容だ。育英会の運営上の問題点として、財政支出についてチェックシステムがなく、定められた業務以外の業務をしているため金銭スキャンダル発生の可能性がある、と監査法人が指摘（事実無根）しているとするものだ。理事長更迭、常任理事会の定期的開催が必要で、総務庁からも理事を送り込み、文部省、運輸省、厚生省から送られている次官経験者の理事は若返りを図り、文部省、運輸省から、育英会事務局に課長クラスを入れたい——というもので、私が出ていくのは自然な流れだと言わんばかりの証拠資料である。

ところが、先方にとって墓穴を掘る部分がその文書にメモ書きされていた。「平成三年五月六日、公文室長より交対室長に電話があった。公文室長が橋本大臣に呼ばれ、手紙（怪文書）を見ながら、『これでは手ぬるい。玉井を更えるべきである』との話が出たとのこと」とあり、さらに橋本大臣の意向を受けて、交通安全対策室長、内政審議室長、文部省高等教育局長の三者間のやりとりが走り書きされていた。こうした画策に関する政府側の指揮系統が橋本龍太郎・大蔵大臣に発することを示す驚愕の内容である。つまり、橋本大臣が交通遺児育英会の専務理事人事に不当に介入したことを示す、先方にとっては致命的な文書だったのである。

この文書は『週刊金曜日』(一九九八年七月二十四日号)の「総務庁に乗っ取られた交通遺児育英会の再生の道を探る」と題した記事に写真が掲載された。それは、民間団体の理事選挙に所管官庁が常任理事を送り込むことを当然と考え、所管官庁ではない大蔵省の橋本大臣が私の専務理事解任を指示したことが誰にでも読み取れるものだった。日本船舶振興会に災害遺児育英制度を担わせたい政治的意向を阻止した私に対する橋本大臣の敵意が「手ぬるい」という感情的な言葉として残されていたのだ。初めてその総務庁の内部文書である秘文書を見た時、私は驚きのあまり声も出なかった。政府高官、官庁幹部、さらに追随する多数派理事によるチームワークの一端が崩れたことで、シナリオの実態は「醜い報復劇」であることが浮き彫りになったのである。

『サンデー毎日』のキャンペーンも私や藤村、山本の両君への個人攻撃をかなりやったが、幸か不幸か、それほど我々は有名人ではなく、読者の頭の中には交通遺児育英会の内紛という印象のみが残され、「あしなが育英会」にはそれほど響かず、私たちの運動は新たな再生の方向に発展していった。私としてはそんな報道にかまって中傷合戦や泥仕合に熱を入れるより、目の前の運動に力を入れて支持を得る方が圧倒的に勝利を導くことになると考えた。病気遺児らの進学を妨害しようという、学生たちが街頭で流した「汗」を見たことのない「官」主導の計画的キャンペーンを世間が許すはずがないと信じていたし、自分たちの道に職員もしっかり向かっていた。

職員の間には、遺児すべて、つまり災害遺児、病気遺児だけでなく、交通遺児も「あしなが育英会」で面倒みるべきではないか、という意見もあったが、交通遺児は交通遺児育英会が担う形にして棲み分ける方が良いと考えて、折り合いをつけた。それ以降は交通遺児の救済希望があった場合、先方の交通遺児育英会を紹介するようにしている。

日野市の心塾など土地や建物だが、三百億円を超える資産を置いていく形になった。当初は「もったいない」という意見もあったが、私は一切それにこだわらず、新たに金を集める方が早いと思った。『サンデー毎日』の報道で完全に吹っ切れた。そんなところに未練を残していたらアカンということだ。週刊誌に書かれるようなことが事実なら、活動の展開などありえない。ところが、私はガンガン進んでいった。その行動を見た寄付者は「あしなが育英会が正しい」と感じ取ったのである。

ただし、辛かったのは、私の出処進退が、交通遺児育英会に残された私の同志職員にも地獄のような試練を与えたことである。獣医の道を捨て、私に口説かれて育英会入りした吉川明君は仕事を干されて事務所に一日中座らされ、トイレに行くことまでチェックされた挙句、二〇〇八年に懲戒解雇された。それに対する裁判はもちろん勝つのだが、あの「乗っ取り劇」は私の仲間の運命も過酷な境遇へと追いやったのである。その罪深さを、私は忘れるわけにいかない。

いささか熱を帯びた筆致になったが、この乗っ取り劇に苦しむ私を心配してくれたのは、同学年の盟友である社会学者の副田義也さんだった。一九九四年早春、交通遺児育英会を追われ、わずかな同志とともに、あしなが育英会で遺児救済運動に進もうとしていたとき、当時筑波大副学長だった副田さんから「玉井さんの半生にわたる伝記を書きたい。政官の圧力に屈しない『ある社会運動家の不死鳥のような甦り』を後世に残したい」と言葉をかけられた。この言葉は私の闘争心にさらなる火をつけた。そして私は新たなる舞台で全身全霊を込めて遺児支援に打ち込む日々が始まったのだ。

副田さんは私に約束した通り、私や遺児、保護者たちの肉声と調査実績から、精緻な社会学的分析を加え、四百字原稿用紙九百枚に及ぶ大著『あしなが運動と玉井義臣』(岩波書店)を書き上げたのだ。あの「不死鳥のような社会運動家の甦り」という言葉は、終生、あしなが運動に身を投じた若き日々の熱き血のたぎりを私の心に響かせ続けてくれている。

副田さんは活動の草創期から寄付活動の背景にある社会を冷静に分析し、私と二人三脚の協力関係は半世紀にわたった。そんな彼のインタビュー記事が『志高く　WORK HARDでがんばらなあかん　玉井義臣――あしなが運動のすべてを語る』(同時代社)に収められているので転載したい。

《玉井さんが交通遺児だけでなく、災害遺児などに救済の手を広げようとしたところ、同育英会の内部から〝玉井攻撃〟が始まったことが辞任の引き金になったわけですが、私は玉井さんの考え方を全面的に支持していました。

交通遺児育英会が交通遺児の救済だけをやっていたんでは、運動の縮小傾向は避けられないと考えていたからです。当時は交通事故による死者数が減少する一方、少子化の傾向などが顕著になり始めた時期でした。そういうことを複合的に考えると、交通遺児の数は少なくなると予想されました。それと社会運動の論理として「どうして交通遺児だけを優遇するんだ」という声が初めからあったことも事実でした。所管官庁だった総理府などは、自らの思惑や国からの補助金問題などを考えて「災害遺児にまで対象を広げるのはまかりならん」と批判したわけですが、総理府としては交通遺児だけに限っておけば、いい天下り先がひとつ維持できるわけですからね。総理府といっても交通事故対策が主な仕事でしかなく、力を持っていたのは警察庁でした。これがポイントです。

あしなが運動の盟友、副田筑波大学名誉教授（左）との万感の握手（2018 年）

「交通遺児だけを優遇していいのか」という疑問に関して玉井さんは当初から「交通遺児は突破口だ。いずれ他の遺児の救済にも手を広げる」と絶えず言っていました。ただし、玉井さんには母親を交通事故で亡くしたという個人的な体験があったことから「交通遺児は突破口だ」と言いながら、他方で「交通遺児は特別な存在だ」という気持ちが若干ながらありましたね。

結果論に言えば「突破口は開くことができた。しかし、交通事故の減少や少子化が起き始め、このままでは運動が縮んでしまう」と玉井さんは考えたのではないでしょうか。縮むことに恐れを感じて、戦線を別のものに転じ、活動の幅を広げていったということでしょう。

玉井さんは先を見る目、時代状況に対する鋭い分析力を持っている人です。玉井さんの活動ぶりを見ていると、やや不謹慎な例えになるかもしれませんが、軍隊における司令官みたいですね。軍事の面では、将校というものは陸軍大学、今では防衛大学校で養成できます。しかし、将の将たる将軍については「天性の才能を持つ人物を見つけて、その人物が育つのを待つしかない」とよく言われます。玉井さんを見ていると、そのことを感じます。

玉井さんの周りには優秀で若い運動家たちがいますが、彼らは陸軍大学や防衛大学校を卒業した秀才の青年将校といったところです。大戦争に際して彼らを指揮できる司令官は玉井さんしかいないと思います》

副田さんは私が交通遺児育英会の専務理事を辞めた後、交通遺児育英会に残した巨額の資産や心塾の建物や土地への私の未練を見透かして「交通遺児育英会のことはもう放っときましょうよ」と助言してくれた。不毛な闘争にエネルギーを注ぐことで疲弊するより、前を向こうという気持ちになれた大きなきっかけでもあった。あしなが育英会の名誉顧問を務めていただいた副田さんは二〇二一年十月八日、多臓器不全で亡くなったが、あらためて生前の慈悲深い言葉に触れると、胸にこみあげてくるものがある。

政と官の絶対的権力による強烈な攻撃をかろうじてドローにまで持ち込んだ「乗っ取り十年戦争」での粘りと、結果的な大勝利も、貧者の教育を守り抜かねばという反骨心あってのことだった。私が長きにわたり反骨を貫き、遺児の進学支援を続けてこられたのも、私を支え、励まし、時に叱咤してくれた先達、同志、遺児仲間のおかげだ。これほど多くの方に支えられた私は本当に幸せものだ。

恩返し三羽烏

交通遺児が災害遺児のために動き、次は災害遺児が交通遺児と協力して「恩返し病気遺児育英運動」を始め、やがてすべての遺児を対象にした奨学金制度ができあがる。その中心となって動いた交通遺児で大学奨学生十二期の小河光治、吉村成夫、村上憲一の三君を私は「恩返し三羽烏《がらす》」と呼んだ。「三羽烏」は明治、大正、昭和の時代には政官界から芸能、スポーツ界などでよく使った呼称で、今となっては古めかしいが、私の時代では三橋美智也、春日八郎、村田英雄の「演歌三羽烏」が懐かしい。横道にそれたが、こぶしのきいた三人について触れてみたい。

三人は一九八四年春、心塾に入ってくると、心塾の講座で講師に質問を重ね、募金や行事にも積極的に参加した。そんな彼らを待っていたかのように災害遺児育英運動が本格化した。吉村君をリーダーに、全国の同期生が動いた。災害遺児の名簿がないため、過去何年間かの新聞から被災者を探した。それが困難だと知ると、中曽根康弘首相に直訴して文部省による「災害遺児全面調査」を実現させ、遺児数六万五〇〇〇人、父の死亡九四％、生活保護家庭二〇％という惨状を明らかにした。また、仲間と粘り強く遺児家庭を訪ね、八七年には災害遺児作文集『災害がにくい』を刊行して世論に訴えたのだ。

吉村君は交通遺児の恩返し献血運動が始まった一九八二年、奈良の東大寺学園高校二年だった。すぐさま運動の奈良県代表を買って出た。早稲田大学に進学して心塾に入り、「災害遺児の高校進学をすすめる会」が結成された一九八四年、その世話人代表を務め、災害遺児家庭訪問を推進する一方、政府への精力的な陳情活動を展開し、自民党から「制度確立に向けて、関係各省庁の協議を促進させる」という回答を得た。「私の母は過労から視力を失った。災害遺児のお母さんとわが母の姿が二重写しになる。悲しい現実に直面するたびに、駆り立てられるような気持ちになる」と語っていた姿が印象に残っている。

小河君と村上君が一年間のブラジル研修留学から帰国すると、入れ替わりに吉村君がブラジルに渡った。小河君は友人が白血病で死亡したことにショックを受け、愛知県犬山南高校二年のときに「高校生献血をすすめる会」を全国の仲間に呼びかけた経験があった。後に結成された「災害遺児の高校進学をすすめる会」の運動を、渡伯した吉村君から引き継ぎ、さらに強力に国会陳情活動を展開した。一九八七年に竹下首相から「私に任せてほしい」との回答を得たが、大蔵省と文部省の抵抗で難航したため、「もうこれ以上、遺児たちを待たせられない」と翌年四月「すすめる会」の会長となって「災害遺児育英制度」を見切り発車させた。小河君はこのとき明治大学四年生である。責任感が強く、卒業後も「制度の行方を見届けるまでは責任を放棄できない」と交通遺児育英会に就職した。

恩返し三羽烏。
左から吉村成夫、村上憲一、小河光治

こうした中で日本船舶振興会の新財団設立の画策が判明し、小河君は学生の身で「災害遺児育英に新財団は不要」と訴えたのだった。

村上君は小河君を支え、八八年度の学生募金事務局長を務めた。広島県因島高校時代は剣道一筋。早稲田大学に進み心塾生となり、吉村、小河の両君と出会い、初めて「恩返し運動」を知った。スタートは遅れたものの、実直、着実な性格で彼らを補佐しながらみるみる頭角を現した。八八年四月の第三十六回、同年十月の三十七回の学生募金事務局長として、スタートしたばかりの災害遺児奨学金制度を強力にサポートした。

吉村君は一九九〇年四月、朝日新聞記者となった。難関を突破できたのは「弱者のためにペンで闘いたい」という強い意志があったからだ。村上君も日本経済新聞記者となり、持ち前の正義感から健筆をふるっていると聞いた。小河君はあしなが育英会で長く勤めたあと、二〇一五年に子どもの貧困の解消に取り組むための公益財団法人「あすのば」を設立した。ひとり親世帯の貧困について訴え、政策提言を行うなど、あしなが育英会も関わった「子どもの貧困対策法」が施行されて二年後のことだ。調査提言、研修、寄付などを通して子どもの貧困対策に代表理事として頑張っている。若き日の政官との奮闘が彼の背骨を形作ったのだと思う。

III

第十章　阪神・淡路大震災——1995〜

遺児五百七十三人を確認

一九九五年一月十七日午前五時四十六分。明石海峡を震源とするマグニチュード7・3の阪神・淡路大震災が発生した。橋脚ごと横倒しの阪神高速道路。ビルや民家、マンションが倒壊し、黒煙が幾筋も上がる神戸市街地。地盤沈下でクレーンが倒れた港湾エリア……。テレビに映し出される映像を、関西生まれの私は信じられぬ思いで見つめながら、真っ先に思った。

「被災地の遺児奨学生、支えてくださっている『あしながさん』は無事だろうか。この惨状だ。どれだけ多くの震災遺児が出てしまうだろうか……」

発生から四日後の二十一日、あしなが育英会から樋口和広、田中敏の両君を現地に派遣した。

この日の理事会で、学生募金OB会会長の今井靖君が真っ先に「震災遺児に奨学金を出しましょう」と提案した。幸い、民間団体だから官庁にお伺いを立てずに動ける。目の前で困っている震災遺児を一刻も早く救うのが先決だ。「柔軟に対応しよう」と他の理事も応じた。特例措置で直ちに高校、専門学校、大学の在学生に奨学金を出す制度を新設し、春から高校、大学に進学予定の生徒が奨学生制度の対象となるよう出願期間を延長した。

被災地に暮らす高校と大学の奨学生の安否を調べると全員無事だったが、あしながさん六百七十八人のうち一人が新聞報道の死亡リストにあったため、職員が現地で辛い確認作業に当たった。その後、私も現地入りしたが、ド肝を抜かれた。鉄道も道路も寸断され、倒壊家屋が連なる惨状に声も出ず、瓦礫の上に供えられた花束に合掌することしかできなかった。潰れた家のすき間にランドセルが見えるのが痛々しく、あちこちに線香の煙が立ち上っていた。

そうしたなか、これまで神戸や西宮で災害遺児、病気遺児救済の学生募金のリーダーを務めていた武庫川女子大学（兵庫県西宮市）の四年、原島由紀さんが「阪神大震災遺児激励募金」を仲間に提唱した。彼女は小学一年生のときに父親を海難事故で亡くし、災害遺児奨学金で高校、大学に進学していた子だ。西宮市内のアパート住まいだったが、震災の日は妹さんの成人式のため兵庫県加古川市の実家に里帰りしていて難を逃れたという。育英会としても直ちに学齢未満の子どもから大学生まで、大震災による遺児すべてに激励金を贈ることを決め、募金を手伝ってもらうために全国の高校生、大学生にボランティアでの参加を呼び掛けた。

「私がいつも募金に立っていた西宮北口駅の周辺も商店街は軒並み全滅でした。ついこの前までここに立っていたのにと思った時、募金に協力してくれた人達のことが浮かんできました。一緒に街頭に立ってくれたボランティアやご苦労さまと励ましてくださった方々、日々刻々と増えていく犠牲者の中に、あの人たちがいたら……、もし、遺されてしまった子どもがいたら……、そんな思いから私たちは震災遺児激励募金を思いつきました」

その時、原島さんは卒業論文の締め切り間近だったが、自分を導いてくれた方々の子どもたちが途方に暮れているかもしれないと思うと、卒論などどうでもよかったのだろう。

二月十八日、二十九日と吹雪の北海道から沖縄まで全国展開した募金活動には大きな反応があった。初日に正午のＮＨＫニュースで全国放送され、二日間でなんと一億一千六百万円が集まったのだ。十九日の『中日新聞』朝刊コラム「中日春秋」が「経験、実力でボランティア中のボランティアである『あしなが育英会』。父親を失った生徒らの奨学金活動を、同じ境遇にある若者たちで生み育ててきた。大震災に彼らがじっとしているはずがない」と書いてくれたのも励みになった。

育英会はこれに先立つ二月十五日、神戸市に「ボランティア本部」を設置し、震災遺児を探すローラー作戦に乗り出した。事務局長の山北洋二君をキャップに育英会の男性職員を交替制で送り込んだ。山北君は全九州のボランティア学生のリーダーとして第一回の学生募金から参加し、私が頼りにする「七人のサムライ」の一人である。派遣した職員たちは全国から馳せ参じた遺児奨学生、さらに一般の学生やボランティアを加え、連日四十人でグループを組み、瓦礫の町に分け入った。

さっそく被災地の全学校を訪ね、遺児のリストを作るための協力を求めたが、プライバシー保護を理由にほとんどは断られた。そこで新聞に載った死亡者リストから二十歳以上五十歳以下の男女を名簿にし、「この人たちには遺児がいるはずだ」と一軒一軒訪ねた。倒壊家屋も多く、避難先にいるケースもある。厳寒の中で行う作業は容易ではなかったが、一部の自治体職員が住民票の閲覧に応じてくれたこともあり、最終的に五百七十三人の震災遺児を確認した。延べ八百八十一人のボランティアの参加が得られ、あしなが育英会の仲間は一丸となって燃えた。二月二十七日には育英会の神戸事務所を開設し、遺児OBで当時二十九歳だった樋口和広君と二十五歳だった八木俊介君が常駐した。ここを拠点に、あしながさんの善意で進学した奨学生の遺児たちが中心となって、二百四人の震災遺児を訪問した。彼らは夜になると床に雑魚寝して朝を迎えたという。

阪神・淡路大震災の発生直後から新聞記事と住宅地図を頼りに、震災遺児捜しに奔走する遺児大学生たち（1995年1月）

神戸には被災者のために力になりたいというボランティアが全国から集まり、日本で一番やさしい町になっていた。「お上」の意向や政治とも無縁の善意で彼らは動いたのだ。私は誇らしかった。阪神・淡路大震災は日本人の意識を変え、一九九五年は「ボランティア元年」となった。テレビでは連日、あしなが育英会が呼び掛ける募金のテロップを流した。その前年、災害や病気による遺児への支援を拒む交通遺児育英会から乗り移り、ゼロからの出発となった私たち「あしなが育英会」の活動は多くの国民に認知され、官から民への「ボランティア元年」の象徴となった。官が民の汗と心まで奪うことはできないのだ。

「黒い虹」

ところが、思わぬ展開が待っていた。震災から二か月後に震災遺児から聞き取りした作文を交通遺児の宮崎信一君らがまとめてくれた作文集『とってもくやしい』を読んだ私は愕然とした。震災で親を失った子どもたちは交通遺児、あるいは病気遺児の悲しみとは全然違う心の傷を抱えていたのだ。

一緒にいた両親や兄弟、家族が倒壊した家屋の下敷きになって亡くなり、自分だけが遺された光景が残酷にも甦るのだろう。肉親が生死を分け、自分だけ生き残った子も少なくない。

「死にたい。生きていてもしょうがない」

「暗いところに一人で行くのが怖い」……。

急に泣き出し、表情を失い、悲しみが沈痛な言葉となって現れ、その傷は日を追うごとに深まっていく。遺児救済に携わって三十年の私は遺児の心を知っているつもりだったが、実は何も知らなかったのではないかと不明を恥じた。震災遺児の多くは凄惨な現場を見てしまったのだ。「お別れ」への心の準備もないまま、「辛い親の死に目」に遭遇し、深い心の傷を負わされていた。しかも働き手の父を失い、家も家財道具もなくなってしまえば、いきなり貧困が待ち受ける。震災遺児は突然、すべての遺児の中で最も苦境に立たされてしまうということを私は痛感した。

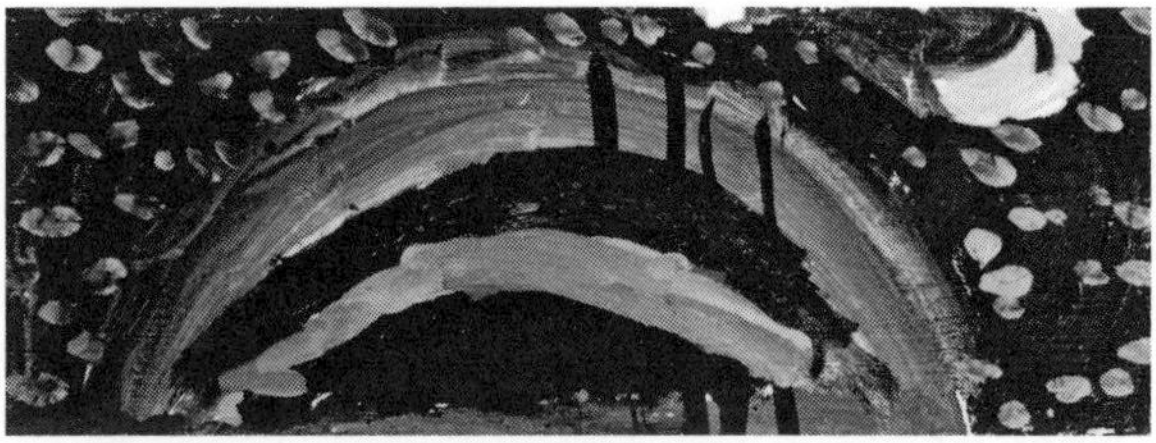

阪神・淡路大震災遺児で父親と妹を亡くしたかっちゃん（10歳）が描いた「黒い虹」（1995年8月8日）

震災から半年が過ぎた。あしなが育英会が八月に兵庫県香住町に遺児たちを招いて催した「海のつどい」では乱暴な行動に走る子どもたちの姿があった。神戸事務所所長代理の樋口和広君はその異変に深い心の傷を感じたが、その中でも震災発生時に小学四年だったかっちゃんが描いた絵に激しい衝撃を受けていた。白い板を真っ黒に塗り、月と星をちりばめた夜空に、緑、赤、青、黄の四色で虹の橋を架けたが、後でわざわざ赤の部分を黒で塗りつぶした「黒い虹」の絵だったのだ。かっちゃんはその絵に短い文章を添えた。

「かすみのつどい」で絵をかきました。
「きれいなにじ」をかきました。
青と黄色のにじをかきました。
月をかいて、空を黒くぬりました。
ぼくをたすけてくれた、お父さんのことは、
夜におもいだします。
よくこわいゆめをみます。
いつもおねえさんが、大きいこえでおこして
たすけてくれます。
学校でともだちに、よくどつかれ、
いじめられます。
でもブランコやスベリだいが大すきです。
べんきょうはきらいだけどしゅくだいは
ちゃんとしています。
お父さん、てんごくでげんきでいてください。

かっちゃんは一家八人が家屋の下敷きになり、九時間生き埋めになって助けられた。一緒だった父親と姉は亡くなった。底冷えの神戸。パジャマ一枚で恐怖に震えて過ごした。がれきの下で父親と一緒に埋まっているとき、母親の声が聞こえていたが、その時のことを「ウー、ウー、こ、こ、怖くて……、ヒュー、ヒュー、こ、こ、声が出んかった」と絞り出したという。その時から赤ちゃん言葉になり、吃音もひどくなり、作文には「夜、よくこわいゆめをみる」と書いた。震災遺児の心の傷は想像を絶するほど深く、現場のスタッフはもちろんのこと、長きにわたり交通遺児、災害遺児、病気遺児と付き合ってきた私もどう対応すればよいのか分からなかった。

あたたかかった家族は一瞬にして崩壊し、子どもは灯りが消えると眠れず、揺れ動くエレベーターに乗れない。赤ちゃん言葉に戻って、表情をこわばらせる。専門家によると、子どもは人格が未熟なため、親の死からくる苦しみを処理できず、人格形成に大きな影響を及ぼし、その後の人生を方向付けてしまう怖さがあるそうだ。幼い子ほど一刻も早い心のケアが求められるという。心の傷が癒されなければ、進学にも大きな影響を与えてしまうだろう。

「かっちゃんのような子がいつでも来られるデイケア・センターを作りたい」

樋口君は幼い震災遺児の心の傷を放ってはおけなかった。考えてみれば、彼は高校時代に遺児の「つどい」に参加し、涙ながらに自分の体験を語ったことで一歩前に踏み出せた経験があり、大学を出て二年半の会社勤めを経て育英会に飛び込んできた青年だ。あしなが育英会は、奨学金支援で高校、大学への進学を促すことが本来の目的だが、震災遺児の心の傷を知った以上、放置することはできなかった。「よっしゃ、樋口君のいう通りにしよう」。私は彼が提案した駆け込み寺のような施設作りを実現させる必要があると思った。

それが震災遺児の心のケアを行う「レインボーハウス（虹の家）」の建設だった。「一刻も早く実現したい」。そう思った私は十月に震災遺児家庭調査をプレス発表した際、その構想まで踏み込んだ。「心の傷はまだ癒えない」との訴えを広く知ってもらうため、犠牲となった二百四世帯から聞き取りした証言を急ピッチで集め、『黒い虹——阪神大震災遺児たちの一年』（あしなが育英会編、廣済堂出版）として年内に緊急出版した。あっという間に五万部が完売となった。それだけショッキングな内容だったのだ。その後、アフリカの遺児支援にも携わった樋口君は公益財団法人「ふるさと島根定住財団」のスタッフに転身したという。あしなが運動での現場経験を生かし、地域活性化に向けてプロフェッショナルな動きを見せているに違いない。

レインボーハウス

九六年春の「第五十二回あしなが学生募金」は全額をレインボーハウスの建設資金に充てることにして全国展開した。さらに支援を求め、五月には街頭を十キロ歩く「あしながPウォーク10」が全国百十か所で行われた。その中心となった「阪神大震災遺児と共に生きる会」代表で京都大教育学部三年の駿地《するじ》真由美さんは震災直後から遺児探しのローラー作戦に加わり、「死にたい」と泣く中学生を抱きしめて一緒に泣いたそうだ。小学三年のときに父親を病気で亡くした体験から「行かなければ」と自然に体が動いたといい、被災地に通って二日目、神戸大学病院に入院中の震災遺児の女の子から「自分の背中の上で、お母さんが冷たくなっていくのがわかった」と聞いて、涙が止まらなかったという。

彼女の「夜明けは見えないが、夜にだって星がある。手探りでもいいから光を求めて暗やみの中を一緒に歩きたい。遺児に必要なのは自分をさらけだせる場所、受け止めてくれる人です」という重たい言葉が記事になった。その後、三月末には彼女が中心となって、震災遺児五十七人と保護者三十九人を有馬温泉に招待し、恐怖の体験や苦悩の日々の思いを温泉につかりながら話を聞いたという。臨床心理学者の河合隼雄《はやお》先生に師事していた駿地さんはその後、気鋭の心理学者として活躍するのだが、彼女も被災地の実体験に突き動かされるように学びの進路を決めたに違いない。

駿地さんの記事を書いたのは、私の古い友人で、自身も神戸市内の自宅で被災した毎日新聞編集委員の津田康《やすし》さんだった。彼は日本の車優先社会に警鐘を鳴らした『くるまろじい——自動車と人間の狂葬曲』（六月社書房、一九七二年）で新評賞を受賞した敏腕記者で、拙著の書評や機関紙への寄稿、遺児学生の読書感想文の添削などで半世紀以上も応援してくれる同世代の戦友だ。

実は津田さん自身も小学校五年生のときに銀行員の父を病気で亡くした病気遺児である。プロ野球選手になって、お母さんを楽にさせるのが夢で、中学三年の夏の大阪府中学野球大会でエースとして七完封を含む八連投をやってのけ、見事優勝を果たした。サウスポーから繰り出す伝家の宝刀フォークボールはアメリカの野球雑誌で知って体得し、相手打者をきりきり舞いさせたそうで、手首を鍛えるために銭湯の湯船の中で模擬投球をしたと聞いた。名門高校から京都大学法学部に進学し、関西六大学野球で活躍し、阪神でエースとなる関西大学の村山実さんとも投げ合ったという。病弱で働けない母親に代わって家計を支えるために家庭教師のアルバイトもこなしながら四年間で六勝を挙げたが、プロの道は遠かった。

卒業すると神戸の企業に就職し、都市対抗野球で後楽園球場のマウンドに立ったが、野球人生はそこで終止符が打たれた。その後、毎日新聞記者へと転身し、自動車の危険性を鋭く指摘するなど、大阪で健筆をふるってきた。そんな人物だからこそ、被災者の思いを達意の文章で表現し得たのだ。津田さん、ありがとう。

震災で肉親を失った子どもの傷ついた心をどうやって癒すか。神戸ではこの難題と懸命に向き合っていた育英会職員の姿があった。何かのヒントがほしい。そこでPウォークと同時期にアメリカのオレゴン州ポートランドの「ダギー・センター」という遺児のケアを専門に行う施設に職員と全国の遺児学生ら計十三人を派遣した。テレビ番組で知った施設で、深い悲しみを癒すグリーフケアのノウハウを学び、施設を視察しようと計画したのだ。手探りで始めた取り組みだが、成果はあった。ストレスを発散させるためサンドバッグのある部屋や遺児同士が語り合う部屋があること、私たちと同じように自分史語りが試みられていることを知った。日本の惨状を映像で知っていたセンターの所長たちも我々の事情を理解し、全面的に協力してくれたのだった。

神戸レインボーハウスの建設資金集めのために、九六年から九七年には多くの映画人、ミュージシャンたちが支援してくれた。森繁久彌、勝新太郎、菅原文太、渡哲也、竹下景子といった大物俳優陣が協力したチャリティーイベント「パワー・トゥー・ザ・コウベ」が開かれ、九七年二月には趣旨に賛同した多くの著名人が企画した「マザーグースコンサート」が東京国際フォーラムで開かれた。黒柳徹子、永六輔、和田誠、坂上二郎、イルカ、忌野清志郎《いまわのきよしろう》、宇崎竜童、小室等、早見優、天地総子《ふさこ》、大竹しのぶ、中井貴一……。奇跡的とも言われた豪華な顔ぶれの歌手、俳優、タレント、文化人が阪神・淡路大震災の遺児や被災者のために動き、あしなが育英会に入場売上金を全額寄付し、レインボーハウス建設に大きな弾みをつけてくれたのだ。

震災二年前の一九九三年に開幕したサッカーJリーグの選手たちも虹の家建設の協力なサポータとなった。全十六チーム三百七十五選手が遺児たちと一〇キロの道のりを歩くチャリティーイベント「あしながPウォーク」に参加してくれたのだ。全国十五か所の会場には、選手協会の柱谷哲二会長、井原正巳副会長が東京、カズ（三浦知良）選手が川崎、ゴン（中山雅史）選手が静岡県磐田市と、所属チームのご当地で遺児とともに街を歩いた。

そもそもサッカーと私たちの縁は、交通遺児育英会の初代会長で日伯青少年交流協会の会長も務めていただいた永野重雄さんが発案した交流事業にさかのぼる。一九七八年から八六年にかけて、ブラジルのプロサッカー選手の卵が参加する延べ十チームを日本に招いたのだった。

Jリーグとブラジルといえば、サッカー留学したのが筑波大蹴球部の松田浩君だった。テレビ局の友人を介して蹴球部の監督に会い、「ブラジルのプロサッカーチームの予備軍（ジュニオール）に誰か一年留学させませんか」と誘ったのだ。将来の指導者含みで松田君が選ばれ、名門インテルのジュニオールでもまれて帰国した松田君は面構えが変わっていた。サンフレッチェ広島の選手として活躍後、ヴィッセル神戸の監督など指導者として活躍している。

「あしながＰウォーク」に参加する柱谷哲二さん（中央）らＪリーグの選手たち

震災から四年後の一九九九年一月九日、念願だった鉄筋五階建ての「レインボーハウス」が神戸市東灘区にオープンした。アメリカで視察した経験を生かし、思い切り暴れてストレスを発散できるようにサンドバッグを吊るし、壁や床を赤いマットで覆った「火山の部屋」や、一人こもって泣ける「おもいの部屋」も作った。そのほか

阪神・淡路大震災遺児のケアを担う神戸レインボーハウス

震災や病気などで親を失った大学生の学生寮や宿泊施設を整備した。その時点の寄付金は建設費のための必要額まであと一歩の一四億一四五三万円（振込件数二万九四四五件）にのぼり、あしなが育英会への認知度は揺るぎないものだと感動した。

そうした取り組みが評価されたのだろう。レインボーハウスは翌二〇〇〇年に第五十四回神戸新聞平和賞を受賞した。その後、神戸をモデルに、東京とウガンダにもレインボーハウスを建てることになるのだが、神戸の遺児の提案から、海外遺児の支援、さらに海外の遺児の留学へと活動が広がったのは、痛みを知る当事者の思いが原点にあるからにほかならない。これは哲学として、あしながに根付いていることを確認した。

天皇皇后両陛下ご視察

レインボーハウス開設から二年後の二〇〇一年四月二十四日、天皇皇后両陛下がご視察されるという大きな出来事があった。

二階の「火山の部屋」に入られた皇后さまはサンドバッグの上に登った震災遺児に「回していい？　もっと回していい？」と声をかけてくださりながら、サンドバッグを回された。子どもらの輪に入って優しい声を掛けてくださった美智子さまは、私とともに先導役を務めた館長代理の八木俊介君に、

「今日は胸がいっぱいになって、言葉がうまく出なくてごめんなさい。これからも子どもたちをよろしくお願いします」

と声をかけられた。八木君は、

「はい、震災遺児と一緒に、一生懸命生きてまいります」

と答えたのだった。

その後、ホールに震災遺児や保護者ら約百人が集まって両陛下を合唱で出迎えると、天皇陛下は、保護者に、

「（ここまで子どもたちを）よく育てられましたね。これからもがんばってください」

と柔和な笑顔で励ましのお言葉をかけてくださった。震災で母親を亡くした同ハウスの遺児で初めて母親になり、二歳の息子を抱えた二十七歳の辰堀広美さんは天皇陛下にこう語った。

「母の愛は子どもに対しては無限大で、子どもは何ものにも代えられないことを実感しています。母の愛の偉大さが分かりました」

陛下は、

「いろんな経験をしてこられたんですね」

といたわりの声を掛けた。

両陛下の御視察は予定された一時間八分が、十分の休憩もとりやめて、十一分延長して一時間十九分に及んだのである。

驚いたことがある。この日を境に、それまで私に対し断続的に続いていた批判や攻撃がピタッと止まったのである。知り合いのジャーナリストは「完全に名誉回復されたわけですよ」と言ってくれたが、なるほど天皇家の力はすごいと思った。私に悪事がなかったことが両陛下の御視察ではっきりしたのだろう。私を根拠なく誹謗中傷してきた人たちもさすがに動けなくなったようだ。

ちなみに天皇皇后両陛下が退位を翌年に控えた二〇一八年八月十三日、私は両陛下のお招きを受けて、御所で「お茶」の時間を賜った。あしなが運動で一一万人の遺児が進学の夢をかなえたことなどをご説明し、その夢を支えたあしながさんの存在を、「日本人は、やさしいです」と申し上げると、両陛下はうれしそうにうなずかれ、半世紀に及ぶ遺児支援活動にねぎらいの言葉を掛けていただいた。

会話の詳細をつまびらかにすることはできないが、両陛下は私のように民間の立場で活動する者の話にも丁寧に耳を傾け、鋭い感性で受け止めた情報を、天皇家として後の代にも伝えてくだ

天皇皇后両陛下より励ましのお言葉をいただく震災遺児たち

両陛下に侍した玉井義臣

さっているようにも思えた。

私が初めて両陛下にお目にかかったのは、当時は皇太子殿下・皇太子妃殿下でおられた一九七八年、ブラジル・サンパウロ市に作られた「ブラジル日本移民史料館」の開館式典だった。交通遺児育英会の専務理事として、まだ四十代だった私が遺児たちの国際交流事業に奮闘していた頃だった。初めて御所にお招きいただいての夢のような語らいは約一時間に及び、これまでの人生を振り返り、しみじみと感慨に浸ったのだった。

吉田綾香さん

両陛下が御視察された際、「将来は保育士をめざします」と答えた十八歳の吉田綾香さんの姿に感慨を覚えたことに触れておきたい。私にとって阪神・淡路大震災の遺児の中で最も印象に残る存在だったからだ。小学六年生だった彼女は地震の前日に買ってもらった二段ベッドで小学二年生の妹と就寝する際、母が二階まで上がって声をかけてくれた。姉妹は二段ベッドで助かったが、母は一階で就寝中に父とともに亡くなった。綾香さんは父方の祖父母、妹は母方の祖父母に引き取られた。私が会ったのは地震から一年半がたっていたキャンプで、能面のように無表情な彼女に驚き、心に深い傷を負っていることを知った。

さらに一年後の海水浴のつどいで遺児の仲間に初めて心を開いた綾香さんはこうつぶやいたと

いう。

「地震の前の夜ね、お母さんが二階に上がってきて電気を消して『おやすみ』と言ってくれはってん」

その一言が口に出るまで、どれだけ重いものを抱えてきたのか。私には痛いほどわかった。その後も案じていたが、やがて「小さい子の世話をしようかな」と話すようになり、その誓いのとおり短大の保育科に進学して夢を果たしたのだ。レインボーハウスという心を癒す居場所があっても、それだけの時間をかけたケアが必要なことを教えられた子だった。

綾香さんの体験は二〇二四年一月十九日付のあしなが育英会のホームページに掲載された「阪神・淡路大震災から二十九年遺族インタビュー」の「九十五歳を迎え『生きてきてよかった』震災で息子夫婦を亡くし孫を育て二十九年」でさらに詳しく知った。

綾香さんを育てた祖母の吉田好子さんが神戸レインボーハウス職員の取材にこう振り返っている。

「(綾香さんは)震災後、暗い壁に向かってじっと座っていました。言葉も話さなくなっていました。いろいろ思うと、かわいそうでね。言葉一つひとつに気を遣いました」

仏壇の前でお供えをする度に泣いていた好子さんを見た綾香さんはある日、「おばあちゃん、そんなに泣かないで。わたしのほうが辛い。パパとママがどうじに死んだんだから」と言ってきたという。その言葉を聞いた好子さんはその日以来、泣くことをやめたそうだ。

吉田（現・川口）綾香さん

綾香さんが高校生になった夏、あしなが育英会が開催していた「高校奨学生のつどい」に好子さんは嫌がる綾香さんを思い切って参加させた。

心配していたが、「帰ってきたら人間が変わったようになっていたんです。明るくなって、普通の子どもになっていたんです。本当に本当に、うれしかった。あの時の気持ちは今も忘れない。本当に感謝しています」と振り返る。

綾香さんは結婚し、母になり、好子さんはひ孫から「おばあちゃんも泊まって」とせがまれ、綾香さんの家に泊まりに行ったそうで、その時、綾香さんは「おばあちゃんがおってくれたから幸せやったわ」と言われたという。綾香さんをまっすぐな性格のお嬢さんに育てあげた好子さんも「あっぱれ」である。

小島汀さん

レインボーハウスで印象に残る人なつこい少女がいた。今はすっかり素敵なレディになった小《お》島汀《じまみぎわ》さんだ。

一九九五年一月十七日の阪神・淡路大震災で彼女が被災したのは三歳のときのことだ。幼かったので鮮明な記憶はないそうだが、芦屋市内のアパートで真っ暗闇のなか、お母さんが「お父さん！」と必死に叫ぶ声が響いたという。夜が明け、お母さんの顔を見たら、血まみれだったことだけは覚えていて、お父さんがいなくなったことや街が壊滅的な状態になったことは理解できなかったそうだ。

『NEWあしながファミリー』が二〇一〇年一月号（第一一一号）で「阪神・淡路大震災遺児十五年の歩み」という特集を組んだ紙面に寄せた手記にはこう書いている。

《友だち同士が家族や父親のことで会話している時には、とても居づらくて一人涙をこらえていることもありました。また「死ぬ」という言葉に敏感になったり、暗い所や狭い所が怖い、一人でトイレに入れないなど、小さかった私に多くのストレスが残っていたと思います》

そんな彼女は小学校六年のとき、学校が催した追悼式で、お父さんへの手紙を読むことになった。ところが手がまったく動かない。お父さんのいない生活が当たり前になっていて、考えることを避け続けていたことに気づいたという。なんと気の毒なことだろう。でも追悼式当日、汀さんは初めてお父さんへの気持ちと今の自分をしっかり言葉にすることができたという。彼女と「あしなが育英会」との出会いは、避難先の教会で、ボランティア参加した大学奨学生から、遺児を支援していると聞いて興味を持ったのが始まりだった。つどいに参加して、同じ境遇の友だちとも出会ったことで人生が開かれたそうだ。自分に起きたこと、家庭のこと、親のことを包み隠さず打ち明けるようになれたというのだ。

震災から四年後、自宅から歩いて五分のところに神戸レインボーハウスができると、まるで自分の家のように毎日通うようになり、中学生、高校生になってからも時々訪れては素の自分を思いっきり出せる居心地の良い場所になったという。さらに、世界から親を亡くした遺児たちが集まった「国際的な遺児の連帯をすすめる交流会」でイラクやアフガニスタンの紛争遺児、ウガンダのエイズ遺児、台湾やトルコの震災遺児たちと出会い、その後もニューヨークのテロ遺児やインドネシアの津波遺児とも交流する機会を持った。そんな汀さんはこう記している。

《戦争やテロによって義足で歩く子やストレスで目が見えなくなった子などたくさんの仲間と歌ったり踊ったりしゃべったり、みんなで海に飛び込んだり本当にたくさん楽しい時間を共有しました。自分史語りの時間では、世界の惨状を知ったことと、安心して話せる仲間がいることに気がつきました。言葉を詰まらせながら「僕のお父さんは目の前で兵士に撃たれて死んだ」「毎日、歩いて水を売って生きている」と話してくれました。私は本当に驚き、涙が止まりませんでした。親を亡くしてつらい思いをしているのは自分だけではない、同じ思いを持った仲間が精いっぱい生きていると知りました。同じ境遇の仲間との出会いは、私を大きく成長させてくれるきっかけになったと思います》

成長していく姿が目に浮かび、私は深い感動を覚えたものだ。

さらに阪神タイガースの存在も大きな励みになった。というのも汀さんのお父さんは大のタイガースファンだったからだ。二〇〇二年、星野仙一監督の発案で、シーズン中に選手全員がヘルメットに「あしなが育英会」のステッカーを貼って戦い、主力選手らが募金活動にも参加してくれた。そして星野監督は震災遺児を甲子園に招待して、「私も生まれる前に父を亡くしました。とにかく負けるな、勇気を持って前にすすもう」と励ましてくれた。がれきの中から見つかったお父さんの遺品の縦じまの阪神キャップをかぶって星野監督に会いにいった汀さんはそれ以来、その帽子とメガホンを抱えて応援するようになった。

父の形見「タイガース帽」をかぶる小島汀さん（中央）と星野仙一監督

汀さんはその当時のタイガース選手会長で、「代打の神様」としてファンを熱狂させた桧山進次郎さんと大の仲良しだという。レインボーハウスでの交流で、汀さんが自分の背番号をつけたユニホームで会うたびに成長していく姿を桧山さんは親のような気持ちで見守り、汀さんは「ひーやん、ひーやん」と桧山さんを追いかけ、大人になっていった。彼女は大学時代には阪神甲子園球場で売り子のアルバイトもしたほど熱烈な阪神ファンで、お父さんとタイガースを通してつながっているんやなあ、と私は思った。

汀さんはあしながとの縁で、インド洋大津波（二〇〇四年）、中国の四川大地震（二〇〇八年）の被災地を訪れ、現地の遺児たちとも交流し、被災経験を生かそうと兵庫県立舞子高校環境防災科に進学し、防災教育を学んだ。三年生のときに書いた手記は次のような力強い言葉で結ばれている。

《震災が起こり、私の人生は一気に変わりました。父を含めたたくさんの命を奪い、たくさんの人を傷つけた地震を、これからも私は絶対に忘れることはありません。しかし、あの地震は犠牲にしたものと引き換えに、命の大切さや人の暖かさ、助け合うことの大切さなど多くのことを私たちに教えてくれました。海外の遺児や日本の遺児、そして今まで出会った多くの人は、すべて父がくれた宝物だと思っています。私は、阪神・淡路大震災をこれからも伝えていこうと思います。震災を知らない子どもたちに、私たちが住むこの町に震災が起こったこと、そして何よりも命の大切さを知ってほしいからです。それが私の一番伝えたいことです》

さらに汀さんの物語は続き、二〇一九年の晩秋、友人の紹介で知り合った会社員との結婚式が開かれた。「新婦友人席」には、あしなが育英会の職員やレインボーハウスで苦楽をともにした友人らが並び、バージンロードは「素の自分」でぶつかって受け止めてくれた育英会職員の八木俊介君と並んで歩いた。大勢のあしながの仲間たちが集まって祝福する姿を見た新郎は「本当の家族のようだ」と驚き、汀さんは式の終わりに読んだお父さんへの手紙で「この人たちとの出会いは、お父さんのくれたプレゼントです」と言って参列者を感動させたという。

「すごいことやなあ」。あしなが運動が一人の傷ついた少女をこんなにも成長させたことを私は誇りに感じた。緊張した面持ちで汀さんの父親役を務めた八木君は小学五年生だった「こどもの日」にお父さんを交通事故で亡くした元奨学生だ。学生時代から募金活動に熱心で、卒業後すぐに留学研修でブラジルに渡り、日本語のボランティアをして帰ってきたところをつかまえた。あしなが育英会が発足したばかりで、就職から二年後に発生した阪神・淡路大震災の被災地に派遣したところ、避難所を駆けずり回り、遺児たちに「奨学金があるから進学をあきらめないで」と懸命に訴えてくれたのを覚えている。

尹玲花さん

火の海になった神戸市長田区で母を失う体験をした当時十五歳の尹玲花《いんれいか》さんのことも知ってほしい。彼女は在日韓国人として差別を受ける両親の姿を見て育ち、弱い立場の人への思いがひときわ強く、焦土と化した街で「生命を救う仕事をしたい」と医者の道を志した。「お母さん、私、絶対頑張るからな！」と泣きながら誓った思いを胸に、一年の浪人を経て愛媛大学医学部に進学した努力家だ。

あの日野原重明先生のいる聖路加国際病院で乳腺外科医となって十年間の研鑽を積み、震災から二十二年後の二〇一七年、東京・築地に自身のクリニックをオープンさせ、二〇二三年末には故郷の神戸でも念願の開業を果たした。

お母さんの命日でもある二〇二四年一月十七日付の『神戸新聞』に「震災で母の死に直面、医師志す『命に向き合う仕事を』 地元神戸に開業、母と同じ年齢に 阪神・淡路大震災」という記事が掲載された。

《阪神・淡路大震災で母を亡くした神戸市長田区出身の尹玲花《いんれいか》さん（四四）＝東京都港区＝が、医師となって地元で開業する夢をかなえた。中学三年生で突然、最愛の母の死に直面し「命に向き合う仕事を」と医師を志した。病院勤務を経て独立し、昨年十二月、神戸・元町に三か所目となる乳腺専門クリニック「マンマリアコウベ」を開いた。「母が亡くなった年齢になり、初心を忘れず医療に携わる」と誓う。（井川朋宏）

母の英子さん＝当時（四四）＝は神戸市長田区水笠通で喫茶店を営んでいた。「明るくてよく笑い、周りに人が集まる。太陽のような存在だった」と尹さん。休日はよく二人で三宮に買い物に行き、食事をした。礼儀に厳しく、学習塾やバレエ、水泳といった習い事をよく応援してくれた。

一九九五年一月十七日。英子さんはいつもと同じ午前五時過ぎに家を出て、開店準備を始めた。尹さんは長田区菅原通の自宅で祖母と父、兄二人とともに寝ていた。激しい揺れで布団の上に大きなタンスが倒れてきた。けがはなかったが、外れた玄関扉の向こうに倒壊した家屋が見えた。周囲の家は崩れ、路地はがれきで埋め尽くされた。「助けて」という声も聞こえた。

外に出て三十分ぐらいたったころ、ガスの臭いが立ちこめ、火の粉が空から降ってきた。祖母と手をつなぎ、急いで近くの御蔵小学校へ。自宅周辺は間もなく火の海と化した。

「お母さんはだめだった」。数日後、車に乗せられ、父から告げられた。店がつぶれ、圧死だったという。向かった先はつぶれた店の跡だった。がれきの中から運び出され、シートで覆われた遺体から足先がのぞいていた。分厚い靴下を履き、カイロを張っている。「お母さんだ」。絶望し、泣き崩れた。

長田高校に進学し医師の道を志した。「自分の経験に意味付けをしたかった。母を亡くし、惨めな自分が嫌だった」。猛勉強して一年の浪人を経て愛媛大学医学部に合格。当時珍しかった「乳腺外科」を志望し、卒業後は聖路加国際病院（東京）で十年余り勤めた。

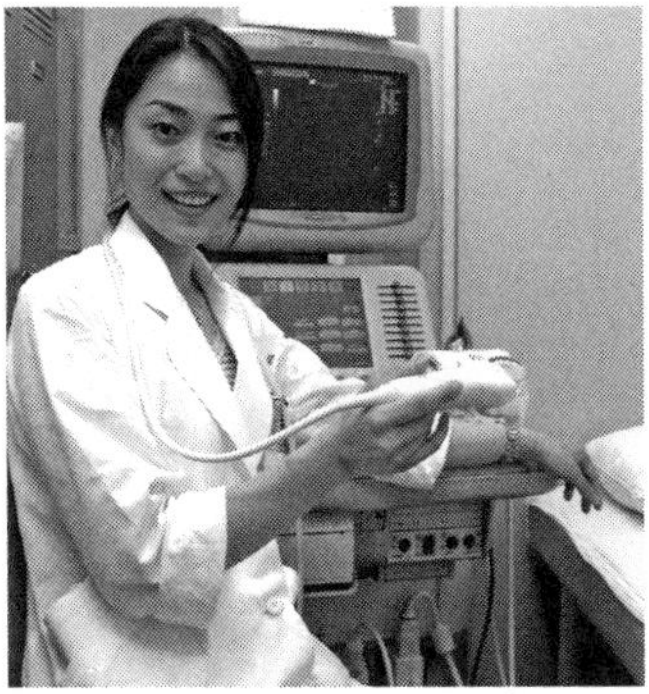

神戸・長田で母を亡くした尹《いん》玲花さん。使命感をもって勉学に励み医師となった

結婚し、一男一女を出産。二〇一七年に東京・築地にクリニックを開業した。名称は乳房と聖母マリアをかけた造語「マンマリア」に。二二年には東京・立川にも開院し、ほかの女性医師との縁もあって神戸に三か所目を開いた。院内は柔らかい雰囲気の空間で、患者との対話を心がける。

「突然家族を失い、その衝撃が人生にどう影響するのかも経験した。そんな私だから、病のショックを受けた後も長く寄り添える存在でありたい」。震災が医師としての原点だという。

今月一日、神戸市西区にある英子さんの墓前に神戸での開業を報告した。十七日はいつも通り築地のクリニックで仕事に励む。母も特別な過ごし方をしないことを望んでいると思うから》

神戸での開業を報告しに来た玲花さんは私にこう語った。「あしながの『つどい』で私は心の友に巡り合い、海外遺児との出会いで視野が広がりました。その経験がこれからの私の人生を導いてくれると信じています」と。志高い医師として患者と向き合う彼女の姿を見て、頼もしいなあ、立派になったなあ、と心の底からうれしく思った。いつまでもその笑顔で弱い立場の人を支えてあげてほしいものである。

第十一章　災害、テロ、自死の遺児たち――1999〜

国境を越える「あしなが」

「遺児が遺児を救う」という私たちの行動原理は既に述べたように、阪神・淡路大震災が起きた時に発揮された。文字通り寝食を忘れて震災遺児の援助に立ち上がったのは、事故や病気などで親を失いながら寄付によって進学の夢を果たせた奨学生たちだった。それが「恩返し運動」を生み、次にはその震災遺児たちが支える側となり、世界各地を襲った地震や津波などの自然災害や紛争、エイズなどで親を失った遺児と連帯し、国境を越えた支援に広がっていったのだ。

一九九九年は印象的な年として記憶している。一月二十五日に南米コロンビアを大地震が襲った。すかさず二月六、七日に北海道から沖縄県まで全国三十一都市での街頭募金を行ったが、それを呼び掛けたのも阪神・淡路大震災で親を失った遺児たちだった。「今度は自分たちが被災した子どもたちを支えよう」と、ボランティアも加わっての「コロンビア地震遺児激励募金」で、これはあしなが運動史上初の国際支援となった。遺児が遺児を支援する「恩返し運動」が遂に国境を越えたのだ。神戸で苦境に立った遺児たちが「私たちも世界中から寄せられた義援金や救援物資に助けられた。こんどは私たちがお返しする番だ」と自発的に動いたのである。しかも発生から二週間足らずの素早さだ。「やるじゃないか」。私は胸が熱くなった。

この年はさらに八月にトルコ、九月に台湾と、地震が立て続けに起こり、その惨状を知った阪神・淡路大震災の遺児たちが組織した「癒しの使節」を十月からトルコと台湾へ派遣した。彼らは国内の街頭募金で集めた千七百万円をトルコの首都アンカラでスレイマン・デミレル大統領（当時）に手渡した。その時の縁で後にイズミットのコジャエリ大学で学ぶゴクテミ・エリフさんをトルコからの初めての留学生として日本に迎え、早稲田大学で学ぶことになった。

また、台湾大地震の遺児を見舞った使節団は帰国後の十一月九日に報告会を開き、全国の街頭募金で集めた七千万円の目録を渡してきた西田正弘副団長と三人の遺児が出席し、現地の子どもたちとの交流を語った。このような海外の災害遺児への恩返し運動は、後に起こるインド洋大津波（二〇〇四年十二月）、ジャワ島中部地震（二〇〇六年五月）、中国の四川大地震（二〇〇八年五月）などの自然災害で親を亡くした遺児たちの心のケア活動へとつながった。あしなが運動は地球上を襲う災厄にも敏感に対応する時代になったわけである。

テロの時代

二十一世紀の初めの年に起きた米国同時多発テロ「9・11」は私たちがテロと隣り合わせに生きる時代だと実感させられる出来事だった。グローバル化で広がる経済格差や憎悪を背景に勃発するテロも多くの孤児を世界の路頭に迷わせている。悲しく、辛く、胸が締めつけられる。

「連帯と共生で世界の遺児に希望と夢を届けたい」。あしなが育英会は海外へと活動範囲が広がり、翌二〇〇二年夏、この米国の同時多発テロと、その報復で行われたアフガニスタンへの空爆で親を亡くした子どもたち計三十六人を日本に招き、東京と兵庫で開催した交流キャンプに参加してもらった。そこに日本の遺児、トルコ、コロンビア、台湾の震災遺児やウガンダのエイズ孤児も参加し、国境を越えて「自分史」を語り合い、兵庫県で海水浴を楽しんだ。

東京・代々木の国立オリンピック記念青少年総合センターで、あしなが育英会が催した「国際子ども会議」では、「9・11」で父親を亡くした少年とアフガン空爆で父親が死んだ少年が「僕たちは友だちになれるよ」と互いを慰めた。ともに壇上にいた遺児たちはみんなで涙ながらに握手したのである。それを見て私は思った。

「国の利害は関係ない。平和を求める子どもの声は世界共通だ」

あしなが運動の長い歴史の中でも私が強く感情を揺さぶられる瞬間だった。「あしなが運動は遺児の進学を実現させるだけではない。世界平和を掲げた国際的な活動へ深化させてみせる」——。二十一世紀の課題が私の心の中ではっきりとした形を表したのである。

二〇〇三年三月、中東の古都バクダッドが米英に空爆され、イラク戦争が勃発した。その夏の国際子ども会議には、その戦闘で親を失った遺児を招き、米国、アフガニスタンの遺児を含め約百人が参加し、米軍の空爆で父親を失ったイラクの少年が「戦争は大人の問題だ」と泣きながら語った。「もうお父さんを殺さないで」という強いメッセージが世界二十か国で報道されたのだ。

さらに二〇〇六年の夏には十六か国の遺児約百人を日本に招き、日本の高校生や大学生の遺児らとキャンプで交流する機会を作った。国境を越えて「自分史」を語り合うプログラムで忘れられないシーンに遭遇した。

アフガニスタンの少年グラム君が、

「お父さんはアメリカに殺された」

と怒りの声を絞り出すと、アメリカの少年サイモン君が、

「この場にいることが恥ずかしい。ごめんなさい」

とうなだれたのだ。それを見たグラム君が、

「君のせいじゃない。大人が悪いんだ。君が謝ることはないよ」

と慰め、その場にいた遺児たちはみな涙を流した。

海外の遺児も参加したサマーキャンプ（2005 年 8 月）

やがて彼らは「私たちは兄弟だよ」と握手し、抱き合い、大きな拍手が起こったのである。最終日の晩のキャンプファイアーでは燃え上がる炎を中心に肩を組んで各国の遺児たちが歌う姿があった。親の死という悲しみを分かち合い、それが友情へと昇華される瞬間に立ち会った私は「あしなが運動による世界平和」を胸に誓ったのである。

二〇〇五年から二〇〇七年にかけて三年間で世界約二十か国（地区を含む）の遺児三百人と、あしなが育英会の高校生・大学生ら三千数百人が、全国を回り交流するサマーキャンプは大変な盛り上がりをもって終わった。キャンプの総まとめとして、二〇〇七年八月七日、神戸の震災遺児である伊藤侑子さんと病気遺児でキャンプの学生代表の安達瞳さんが「9・11同時多発テロ」の遺児と四人で、ニューヨークの国連本部に赤阪清隆・広報担当事務次長を訪れた。

二人は巨大な模造紙いっぱいに書かれた世界の遺児の夢や願いをお見せし、鎮魂の千羽鶴とともに、サマーキャンプの「世界子ども会議」で出し合った遺児からの願いを事務次長に手渡した。奨学金制度や心のケア、遺児が日常的に置かれている不平等や遺児が増え続ける原因を皆さんで考えてほしいことなどを、英文と日本語で綴ったものだ。

この陳情に、赤阪事務次長は、「国連もあなた方の声をしっかり受け止めます。みなさんの活動は国際的で、国連を奮い立たせてくれます」と答えてくれた。

また遺児たちは、ヤンキースの松井秀喜選手にも面会した。松井選手は「夢に向かってこれからも頑張って下さい。応援します」というメッセージを大きな色紙に書いて励ましてくれた。

サマーキャンプの取り組みを通し、私は大人ができない対話による理解が、子ども同士ならできると思った。だから職員を現地に派遣して、子どもたちを招くことを意識した。あしながにはそれができるという誇りを強く感じたし、そういう機会を作ったのはものすごく意味があった。

その後、世界はロシアによるウクライナ侵攻、イスラエルとパレスチナの闘いなど、緊張感の高まる状況に陥っているが、子どもたちに私は希望を見いだしたい。

自死遺児へのケア

一方、私たちの足元ニッポンでは新自由主義の経済政策により貧富の格差がどんどん広がり、勤め先の倒産やリストラなど不安定な雇用から社会に深刻な現象が起きていた。所得の二極化が教育の二極化を加速し、貧困の世襲化が着実に進んでいた。一九九八年の一年間に両親のいずれかを自殺によって亡くした十八歳未満の子どもは約一万二〇〇〇人にのぼり、前年より三割増え、交通遺児の四倍に達していた。私たちは、自殺で親を亡くした子どもや遺族の気持ちに配慮して「自殺」ではなく「自死」という表現にしたが、あしなが学生募金が新たに直面したのは、この「自死遺児」という問題だった。親の自殺に深く傷つき、その苦しみを周囲に分かってもらえず一人苦しむ遺児の存在があったのだ。

そんな苦悩を抱えた九人が匿名で自らの体験を綴った文集『自殺って言えない』（あしなが育英会発行）が二〇〇〇年年四月に作られた。親が自死したため奨学金に頼って進学した学生たちが率直に苦悩を綴ったものだ。長引く不況で、全国の自殺者が九八年から三万人を超え、そのうち働き盛りの四十代、五十代の男性の自殺者は年間一万人を数え、全自殺者の約三分の一を占めていた。

そうした自死遺児は排ガス自殺や首つりなどで命を絶った親の姿を目撃するケースも多く、なかなか他人の前で触れるのは難しいが、同じ境遇の遺児たちなら、ということで心を開き、その思いを吐露して初めて親の死を受け入れる学生もいた。そうなると、もう社会が支えるしかないではないか。「決して一人じゃないよ」というメッセージを送らなければならないと私は思った。自死遺児こそ安心して胸にたまっていたことを吐き出すことが必要で、訓練されたボランティアのファシリテーターや同じ境遇で悩んできた仲間と出会う機会も作ってあげたい。親がどのような死に方をしても、遺された子が後ろ指をさされるようなことはあってはならない。幸いなことに、世の多くの人々は遺児の悲しみに共感し、涙し、進学を可能とさせる寄付活動にご理解いただけていると感じる。

そしてこれだけは分かっていただきたい。遺児への心のケアは当然だが、「自殺（自死）」の増加を防ぐために行政や社会が何をすべきかを考えてほしいということを。そこに、自分の弱さから自ら死を選ぶものだという固定観念が入り込むようであれば、ただちに改めていただきたい。インターネットやＡＩへの対応で仕事も難しい時代を迎えているが、職場環境の変化には繊細な人ほど苦労する。セーフティーネットを作る責任は政治にあると思う。

首相に訴え

自死遺児たちの文集が世に出たことで二〇〇一年の年の瀬、あしながの奨学金で大学や専門学校に通う自死遺児十人が首相官邸を訪れ、小泉純一郎首相に「父親が自殺した悲しみは私たちで最後にしてほしい」と、働き盛り世代の自殺防止対策を進めるよう訴えた。首相から「今後も大変なことがあると思うけど、負けないで頑張ってほしい」と励まされた彼らはそのあと、「あしなが育英会」で記者会見して「辛い思いをするのは私たちで最後にしてほしい」と繰り返し声を絞り出した。これまで、「就職に影響する」「自分も家庭も偏見の目にさらされる」と恐れていたが、七人は意を決し、名前を公表して実情を訴えたのだ。

「社会全体が個人を自殺に追い込む側面があると思います」

カメラの前に立ち、そう語った武蔵大四年の小林秀行君は中学二年のときに父親が自殺し、二年前まで相手の目を見て話せなかった。ようやく父の死と向き合えたのだと思うと、私の胸も詰まった。

自死遺児の文集『自殺って言えない』は実名公表後の心境なども書き加えた手記集『自殺って言えなかった。』（サンマーク出版）として二〇〇五年九月、新たに出版された。その表紙には、自らの写真を使うことを決断した当事者である四人が正面を向いて並ぶ。反響を呼び、二年で一二万部が読者に渡った。その一人である小林君は序文でこう書いている。

《自殺の現状について、もっと知ってほしいのです。自殺の問題を「弱かったから」「うつ病だったから」の理由だけで片づけるのではなく、その人がなぜ弱い立場に立たされなくてはならなかったのか、なぜうつ病になったのか、あるいは、なぜ社会は弱い立場に立たされた人々を救うことができないのか、と考えることが重要だと感じています。同時に、もっとまわりの人たちみんなで、「人はどんな思いでみずから命を絶ってしまうのか」「なぜ人は自殺をするのか」「自殺を防ぐためにはどうすればよいのか」など、自殺の問題について話し合ってほしいと思っています。そうすることで自殺の問題に対する理解も深まり、偏見や差別の解消にもつながるのではないでしょうか》

葛藤の末に小林君とともに実名を出した山口和浩君はその後も自殺対策に取り組み、長崎県の児童心理治療施設「大村椿の森学園」に就職し、十年以上も施設長として、虐待を受けた子どもたちや保護者と向き合っている。さらに、「自死遺族のつどい」に取り組むNPO法人「全国自死遺族総合支援センター」をみずから設立し、厚生労働省の「自殺総合対策に関する有識者会議」の委員も務めている。あしなが運動で背中を押された経験が強固な背骨を作ったのだろう。彼が唱える「ひとりじゃないよ」という言葉はどれだけ多くの同じ境遇の子どもたちを救っていることだろう。

「改革の『痛み』のせいで、誰かの命が失われていくのはあってはなりません」と訴えた松谷慶子さんは十二歳のときに父親が自ら命を絶った辛い体験をしているが、人一倍、あしなが運動に熱心な学生だった。朝日新聞の入社試験にパスし、社会派記者として貧困や格差の問題に目を光らせ、二〇一一年三月の東日本大震災で、生まれ故郷の気仙沼が多くの犠牲者を出したことから、命の重みを感じたのだろう。ＮＰＯ法人「自殺対策支援センター　ライフリンク」の活動に転じ、さらに気仙沼市職員として復興支援に尽力しているそうだ。

世界の先進事例となる

大きな反響を浴びた自死遺児の文集『自殺って言えない』には後日談がある。

《十四年前、自殺で親を亡くした子供たちが「心の叫びを聞いてほしい」と訴えた小さな文集が、日本の自殺防止対策の出発点だったと世界に発信されている。世界保健機関（ＷＨＯ）は今秋、「世界自殺リポート」を初めて公表し、この中で日本の自殺対策を世界の先進事例として取り上げた。そのきっかけとして紹介されたのが文集の存在。ここで胸の内を明かした自死遺児の一人は「個人の責任と片付けられていた自殺が、社会の問題だと思ってもらえるようになった」と振り返る》

文集が作られてから十四年余り後の『毎日新聞』（二〇一四年十一月七日付朝刊）に「自殺遺児――社会変えた　思いつづった文集、国の対策促す　ＷＨＯ、世界に紹介」という見出しの記事でこう紹介されたのである。それによると、「二〇二〇年までに各国の自殺率を一割下げる」という目標を掲げるＷＨＯは「世界自殺リポート」で四か国の対策を紹介し、最も大きく扱った日本の取り組みに触れ、かつて社会にタブー視された自殺の問題が実名を公表した遺児たちの体験告白で変化が起きたと報告していたのだ。当時の小泉首相に防止対策の必要性を訴えたことをきっかけに、国が二〇〇六年に自殺対策基本法を制定したことがＷＨＯに高く評価されたのである。そう、あの山本孝史君が国会で自らのがんを公表し、体を張って早期成立を求めた法律だ。私は天国の山本君にこう伝えた。「君の命が多くの人々の命を救っているぞ！」

命を救う連鎖はまだまだ続く。

文集『自殺って言えない』を真正面から受け止め、ＮＨＫのクローズアップ現代「お父さん死なないで――親の自殺　遺された子供たち」を制作したディレクターの清水康之さんはＮＨＫを退職してＮＰＯ法人「自殺対策支援センター　ライフリンク」を設立し、あしながの仲間たちと自殺防止対策の必要性を説き、遺族支援の活動を精力的に行っている。

その間、あしなが育英会に高校進学で奨学金を出願する母親の年平均勤労所得は二〇〇六年が一三七万円で八年前より三二％も減った。親や子が頑張って何とかできるのはもう無理だ。社会の底辺に沈めてはいけない。今世紀はじめのあの頃は自死遺児への対応で我々は必死だった。

政治が動くその日まで

経済的な理由で教育や夢を諦めることのない世の中にしたい。貧困問題は途上国だけに限らず、日本も深刻だ。しかも貧困はその次の世代に持ち越される。貧困の連鎖を断ち切るには教育の機会が貧富の違いに関わらず平等に与えられることだ。あしなが運動では政治に対し、実効性ある法律や制度を新たに作るためのアクションを重ねてきた。その象徴的なものが、「子どもの貧困対策法」の制定を求める活動だった。

交通遺児育英会が誕生して二年後の第一回「遺児と母親の全国大会」(一九七一年九月二十五日)から各党代表を招き、遺児家庭の生活と教育に関する二十六項目の要望書を提出している。それが始まりだった。

今世紀に入り、自殺者が年間三万人を超え、子どもの貧困もクローズアップされるようになってきた。子ども食堂やフードバンクの名前がニュースに出てくるようになったのもその頃だったと思う。そんななかで、第二十回「遺児と母親の全国大会」(二〇〇八年十月五日)では奨学金制度の充実や授業料免除などを各党に要望した。次世代への「貧困の連鎖」を断ち切るために絶対必要な対策だからだ。さらに翌年の第二十一回「遺児と母親の全国大会」(二〇〇九年十二月六日)では「子どもの貧困対策法」の制定を明確な形で国に要望した。

日本の子どもの貧困対策に関心が高まり、あしなが育英会を含め関連NPOが活発に動き出し、その連絡組織として情報の発信、交換を目的とした「なくそう! 子どもの貧困」全国ネットワークが二〇一〇年四月二十五日に設立された。

二〇一三年五月十八日、「あしなが育英会」、大学奨学生の緑川冬樹君が実行委員長を務める「遺児と母親の全国大会」、そして「なくそう! 子どもの貧困」全国ネットワークの三者共催で、実効性のある「子どもの貧困対策法」制定を訴える市民集会を東京・代々木公園で開いた。北海道から沖縄まで全国各地から親を亡くした高校生や大学生はじめ、遺児家庭のお母さん、お父さん、支援者も合わせると約五百人が参加し、私も主催者側の者として参加したので大変印象深く記憶している。

集会では、当事者からの訴えとして、あしなが奨学生で岐阜から来た高校三年の藤井あずささんが登壇した。藤井さんは祖母、父、母、兄、妹との六人家族で、幼い頃に父親が不治の病にかかってしまい、母親が一人で一家を養い、倹約を心がけた生活をしている。早く就職して家計を助けたいと思っていたところ、夏の「つどい」に参加して、同じ境遇の高校生や大学生と話すなか、教育大学で学ぶ夢を抱いたという。

まだ進学か就職かで揺れていたようで、「私には苦労をかけた両親には親孝行をしたいという夢があります。両親を本当に楽にさせてあげるためには大学を出て、いい職に就いて貧しい生活から抜け出すことが第一歩なのではないでしょうか。私のような家族やそれ以上に貧しい家族がまだ日本にはいるはずです。一人でも多くの子どもが自分の夢を追いかけることのできる環境をどうか作ってください。これが私の願いです」と訴えるのを聞いた私は親思いの言葉に胸を突かれた。

北海道から参加した、二人の遺児の母親の山本千賀子さんの話も聞いていて辛かった。彼女はこう語った。

子供の貧困対策を街頭で訴えた（2013年5月18日）

「主人は子どもの成長を見届けることができない悲しみの中でお見舞いの人に『子どもたちのことを頼む』と訴えて亡くなりました。収入が途絶え、正規雇用は書類さえ受け付けてもらえず、市営団地は応募してもはずれ、私の仕事のこと、夫がいないこと、幼い二人の男の子がいるとの理由からアパートを断られたときには、世の中の無情に涙が止まりませんでした。母親ひとりにできることの限界を感じています。幸い、二人の子どもたちは、あしなが育英会と出会い、大好きなバスケットボールを続けられていることにとても感謝しております。夢を諦めることなく、頑張っていってほしいと願っています。いろいろな環境に育った子どもが平等でありますように、よろしくお願いいたします」

続いて、大学四年の緑川君は二〇〇九年に発表された子どもの貧困率が一五・七%と、ＯＥＣＤ

諸国に比べ異様に高いと判明したことをきっかけに、「遺児と母親の全国大会」が子どもの貧困対策法の制定を訴えてきたことを説明した。あしなが育英会の奨学金を借りている母子家庭の母親の年収が、一九九八年に二百万円を超えていたのに二〇一三年には一一三万円にまで落ち込んだ数字を示し、「経済的な格差が広がっていく」と危機感を訴えた。

その上で、「まず貧困率の削減目標を法案か大綱に記されることが第一条件」と話し、「私たち当事者を会議などのメンバーにいれていただくよう、子どもの貧困対策法にしっかりと明記を」「あしなが運動を通して遺児の支援に携わってきた私たち学生は、多くの子どもに進学のチャンスを広げてほしいと考えています」と強調した。高校授業料の減免制度、遺族年金と児童扶養手当の支給の満十八歳から高校卒業までの延長などを訴え続けてきた活動も併せ、しっかり伝わったはずである。

山本孝史君の遺影が訴えた

さらに来賓として、参議院議員だった今は亡き山本孝史君の妻である山本ゆきさんが亡き夫の遺影を持って登壇した。そして「山本孝史がいのちをかけて成立させた『がん対策基本法』と『自殺対策基本法』のように『子どもの貧困対策法』もこの国会でなんとしても成立を」と呼びかけたのだ。ゆきさんは必死だった。

「ちょうど今から七年前の五月、二〇〇六年五月二十二日のことでした。自民、公明の与党案と野党案が、法案の中身において対立しておりました。それでも山本孝史の訴えを聞いてくださって、みなさんは心を一つにしてくださいました。そしていま、子どもの貧困対策です。子どもたちがどんな環境にあっても、未来に向けて、元気に生きていけるように、それを目指していくのが、この子どもの貧困対策法であります。どうか議員のみなさま、党派を超え、衆参の垣根を越え、あのときの七年前の国会を思い出し、どうか今国会で成立ができるよう、ご尽力をお願い申し上げます。どうか子ども達の未来を切り捨てないでください。どうか今国会で成立させてくださいますよう、山本孝史ともどもよろしくお願いいたします」

遺児や保護者、山本ゆきさんらの切実な話を聞いたあと、主催者として挨拶に立った私は各党代表が参列するなか、半世紀の活動を振り返りながら、こう訴えた。

「私は、遺児支援のあしなが運動を始めて今年で五十年になりました。母親が交通事故で亡くなったとき、評論活動で法律を変えました。刑法の二一一条、事故を起こした人に懲役刑がなかったんですよ。そのとき、人を殺しても禁固刑だったんです。それは東京都に十六台しか車がないときに作った法律だったんです。それに懲役刑を加えることに、法務省と一緒に変えました。もうひとつ、そのとき交通事故死者は一人三〇万円のいのちの値段だったんです。十年がかりで、こういう大会をしながら評論活動もして、自賠責保険を三千万円にまでしました。百倍にしました。

山本孝史くんは、ゆきさんと一緒に大きな法律を二つ作りましたね。ゆきさんのおっしゃったように実効力が出ています。三万人ずつ毎年自殺者が出ていたのが、三万人を割った。法律というのはすごいですね。藤村修・前官房長官は、彼が大学二年生のときにこの運動に引っぱりこんで、その後政治家になりました。大きな仕事をしてくれました」

このあと、参加者はデモ行進に移り、最後の表参道ヒルズ前から代々木公園に向かうなか、シュプレヒコールで街ゆく人たちに「子どもの貧困対策法」の制定をアピールした。その翌月、待望の法律は成立したのである。

それから十一年後の二〇二四年五月七日。「子どもの貧困対策法」の国会会期中の改正を求める緊急院内集会が開かれた。あしなが育英会の職員だった小河光治君が設立したＮＰＯ「あすのば」など五団体が主催し、超党派の「子どもの貧困対策推進議員連盟」が共催、十三団体と六人の研究者が賛同し、衆議院第一議員会館で開催された。各党代表の国会議員、こども家庭庁担当者、報道関係者らが出席するなか、あすのば代表理事の小河君が主催団体を代表してあいさつしたようだ。

大学無償化の訴え結実

半世紀にわたり訴え続けてきた「高等教育の無償化」が二〇二〇年度から実施された。対象は大学、短大、高等専門学校（四、五年次）、専門学校で、入学金や授業料の減免、そして生活費などを補填する給付型奨学金の拡充という二本柱だ。低所得世帯が対象で、減免の上限額があり、完全な無償化ではないため諸手を挙げて喜ぶわけにはいかない。だが、それでも長きにわたり、あしながさん、多くのお力添えくださった方々にはひとまず御礼を申し上げたいと思った。

振り返れば、「桂小金治アフタヌーンショー」で総理府の田中龍夫総務長官に交通事故遺児の全国調査を迫ったのは一九六八年だった。それによって、四割近くが要保護、準要保護家庭という悲惨な実態が分かったのだ。「遺児と母親の全国大会」の第一回で遺児家庭の生活と教育に関する二十六項目の要求書を提出したのは一九七一年。第五回で母子家庭の医療無料化、自賠責保険の倍額の要望が一九七七年。第十一回で災害遺児の実態調査を初めて要望したのは一九八三年だった。余命短き山本孝史君が成立に尽力した議員立法の「自殺対策基本法」と「がん対策基本法」が可決したのは二〇〇六年だ。さらに高校授業料無償化（公立無償化、私立一部無償化）の実現は二〇一〇年、「子どもの貧困対策の推進に関する法律」の可決、成立は二〇一三年である。あしなが運動は確かに政治を動かしてきたと言える。

その上で、あらためて強調したいのは、あしなが運動は金銭的な支援、政治対応だけでは不十分だということである。心のケアを運動の中心にすえ、つどいを開き、レインボーハウスの開設、ボランティア参加の機会提供、そして街頭募金といった、広い視野で考えた遺児支援が大切だ。それは運動のＤＮＡとして未来にも継承しなくてはならないと思う。

第十二章　アフリカ遺児支援の「100年構想」――2000〜

恩送り運動

交通事故、震災、病気、自死など様々な原因で親を亡くした遺児たちは進学の夢をかなえてくれた「あしながさん」への恩義を日々感じている。奨学金制度を支えてくれる善意の寄付への感謝である。その気持ちが同じ境遇の遺児を支援する恩返し運動へとつながる。この「恩返し」だが、あしなが育英会や学生募金事務局では「恩送り」という言葉をよく使う。つまり、受けた恩を、相手に直接返すのではなく、他の誰かの役に立つことによって、自分が受けた恩を他の遺児に世代を超えて送っていくのだ。それによって、社会が優しい気持ちで包まれる。春と秋に街頭募金で箱を持って立つ若者たちも、自分たちが受けた恩を他の困っている遺児たちに「送る」ために声を張り上げているのだ。

百五十以上の国々から寄付をいただいた阪神・淡路大震災の遺児たちもそうだった。台湾、トルコ、コロンビアなど海外の大規模震災に即座に反応し、彼ら彼女らは「恩返し」の募金のため街頭に立ち、集まったお金を「直接届けたい」と強く希望したのだ。その思いに応え、あしなが育英会として彼らを現地に派遣すると現地の遺児との交流が生まれ、それをきっかけに海外の学生を日本に招く計画につながった。

その初めての催しが二〇〇〇年八月に神戸の「レインボーハウス（虹の家）」で行った第一回「国際的な遺児の連帯をすすめる交流会」（通称「国遺連」）だ。台湾、トルコ、コロンビアの三か国の震災遺児、コソボ紛争で親を失った遺児の小学生から高校生まで約三十人と二週間にわたるキャンプを通して交流した。このためサマーキャンプという通称となり、八年間続け、遺児の尊厳と基本的人権、平等に教育を受ける権利を念頭に置いた「世界二億人の遺児の救済」をうたった声明文の採択へとつながったのである。

初めての交流会からキャンプファイヤーや海水浴などで打ち解けた彼らは親との死別体験を語り合うことで悲しみを共有した。戦争やテロ、未曾有の災厄などで親を失った彼らが国籍、民族、言語、宗教、文化的背景など様々な「違い」を越えて心を重ね合わせたのである。これは事実上、あしなが育英会による海外遺児支援の第一歩となった。

「これはいい。毎年続けよう」

国境も宗教も肌の色も関係なく ASHINAGA の虹の旗のもとに集う遺児たち（2000 年）

私の言葉に、サマーキャンプを支えたスタッフたちも笑顔で応じてくれた。

こうした交流で日本の遺児たちが得たものは国境を越えた悲しみの共有だけではなかった。後の反省会でこんな言葉が聞かれた。

「トルコやコロンビアから来た遺児たちは『学校に行きたくてもお金がないから無理だ』『ノートを買うお金もない』と話していたので驚いた。学校に行けることは幸せなことなんだ」

世界の貧困状況や過酷な教育環境のあることに気付いたのである。

新しい千年紀を迎える西暦二〇〇〇年（ミレニアム・イヤー）を節目に、世界が抱える課題を議論しようという機運が国内外で高まっていた。ちょうど国連のミレニアム・サミットが九月にニューヨークの本部で開かれ、そこで採択された「国連ミレニアム宣言」がアフリカの支援やエイズ防止を重要課題として挙げていた。あしなが奨学生の遺児たちは「エイズで親を亡くしたアフリカの子どもたちはどんな状況に置かれているのだろう」と考えた。

実は私自身の頭にも「無限の可能性を秘めながらも、大きな支援が求められているアフリカ」が重要な存在となっていた。

「四十年の活動で培った私たちのノウハウが生かせるのではないか」

そんな野望もあった。国連のエイズ撲滅計画を調べてみると、「世界のエイズ遺児の九割がアフリカ大陸にいる」「その中でもウガンダがエイズ遺児の多い国のひとつである」ことを知った。

「そうだ、ウガンダだ！」

赤道が貫くアフリカ中心部の小国にピンと来るものを感じた。これはひらめきというか、私の直感としか言いようがない。イギリスの植民地だったウガンダは一九六二年に独立した。一九九〇年代にエイズウイルス（ＨＩＶ）感染予防に成功したが、再び感染が拡大しかけていた。

「まず国状調査だ」

交流会から三か月後の二〇〇〇年十一月、育英会職員の岡崎祐吉君と樋口和広君をウガンダに派遣した。岡崎君は中東やニューヨークなどで修行した国際派で、樋口君は神戸で「黒い虹」を描いたかっちゃんと向き合った情の男だ。

一か月に及ぶ視察を終えて帰国した彼らは熱を込めて報告した。

「ものすごい数のエイズ遺児が出ています。特に労働を支える若年層が直撃され、国の存続すら危ぶまれる事態です。エイズはアフリカ大陸にとっても死活問題だと思います」「ウガンダへ赴任させてください。エイズ遺児をこのまま放っておけません」

それを聞いて私は即座に宣言した。

「二〇〇一年のサマーキャンプにはウガンダのエイズ遺児を招こう」

世界の「底辺」を見すえる

もっとも、国内の遺児支援にこつこつ取り組んできた育英会の仲間からは「なんで突然、アフリカのエイズ遺児支援に飛躍するのか」と困惑の声も上がった。無理もない。それでも私は「首をかけてもやる」と啖呵を切った。退路を断つようなセリフでいささか大げさに思われたかもしれないが、世界全体で約二億人とされる遺児をすべて救済したい、という気概を示したかったのだ。

そもそも、西側の人たちは植民地支配、奴隷貿易や搾取など、悪い行いでアフリカの人たちに不幸な思いを押し付けてきた歴史がある。それは人道的見地からも見逃してはいけないことだ。なんとかせにゃならんのが私たちの立場だと思っていた。あしながの運動の行く末も世界の貧困に焦点を当て、しっかり見すえなければならない。同じ人間として、生まれてきた国が違うというだけで、あまりにも不公平ではないか。偉そうに聞こえるかもしれないが、世界に影響のある発言をすることが運動家には大事なのだ。それに、この活動は世界全体の貧困削減につながるという認識が私にはあった。幸い、ウガンダはアフリカ諸国の中でもＨＩＶの感染率が唯一下がっていて、英語圏で治安も良さそうだ。私は理事会で訴えた。

「次の恩返しはエイズ遺児だ」

確信に近い直感が私にはあった。岡崎君らがウガンダ政府の厚生労働省に「首都カンパラの近い所に活動拠点を作りたい」と候補地の打診をしたところ、ワキソ県のナンサナという村を紹介してくれた。カンパラから車で三十分ほどの人口一万足らずの村だ。

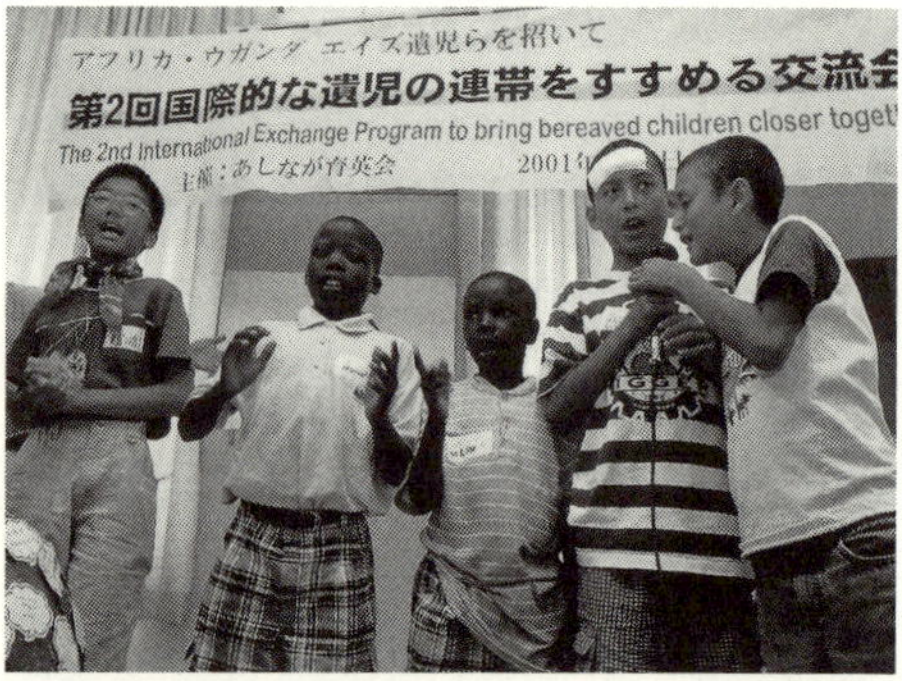

第２回「国際的な遺児の連帯をすすめる交流会」で、覚えたばかりの日本語で「ともだちになるために」を合唱（2001年）

翌二〇〇一年八月の第二回「国際的な遺児の連帯をすすめる交流会」にはウガンダのエイズ遺児六人を招待した。彼らは、あしなが育英会が主催した「エイズ遺児国際シンポジウム」にも参加し、東京の国立オリンピック記念青少年総合センターの会場で当時十四歳のルベガ・ロナルド君が親との別れを語った。

《僕が二歳の時、お母さんが亡くなり、その一年後にお父さんも亡くなりました。エイズでした。でも、つい最近までエイズで死んだことは知りませんでした。お姉さん二人もエイズで亡くしました。今は、泥と木の枝で作った家で、弟二人と姉妹四人の七人で暮らしています。その家は傾いています。お姉さんは日干しレンガを作って働いていますが、収入はほとんどありません。だから学校には今は行っていません。エイズは僕の人生を変えました。僕の前には問題がたくさんありすぎて、この場では全部、言えません……》

涙で言葉を詰まらせたロナルド君の沈黙がＮＨＫのテレビ放送を通じて流れた。

エイズ遺児の癒しの家、「ウガンダ・レインボーハウス」が完成。ムセベニ大統領（中央）を迎えて竣工式が行われた（2003年12月1日）

育英会の中でも「エイズ遺児の問題を何とかしなければいけない」との意識が高まり、現地での活動拠点として、十一月にウガンダ政府公認の国際ＮＧＯ「あしながウガンダ」を岡崎君が代表となって立ち上げた。さらに一年後の二〇〇二年十月、現地に「あしながウガンダ事務所」を開設し、翌二〇〇三年十二月にナンサナ村に「ウガンダ・レインボーハウス」を建設した。その竣工式にはムセベニ大統領も出席し、名誉総裁に就任してもらった。このＮＧＯはモノの提供による支援ではなく、神戸のケア活動など、あしなが運動で培ってきた心のケアや教育支援を考えた。まずハウスで遺児たちの心のケアをお願いするため、首都カンパラの名門マケレレ大学の心理学部との間で学生をボランティアとして派遣してもらう「エイズ遺児支援活動に関する協力契約」を結んだ。

ウガンダに寺子屋

世界のいろんな国々の人と付き合う。そのために努力を惜しまない。私はそう思って生きてきた。「あしながウガンダ・レインボーハウス」では、エイズ遺児への心のケアと日本語教育を始めた。だが、それだけでは足りなかった。中学、高校、さらに大学進学へと、子どもたちの発達段階に合わせ、教育支援の場が必要だった。そこで江戸時代の日本にあった「寺子屋」をヒントに、〇二年に「読み・書き・計算」を教えるウガンダ版「寺子屋」を作り、その子たちの基礎教育を始めた。授業をウガンダの公式教育カリキュラムに沿った内容にし、一年から五年までのカリキュラムを学べば公立小学校の五年に編入できるようにした。年間授業料やさらに進学するための奨学金制度も整備した。その先の教育課程に進むことで大学や職業訓練校に進学する道が開かれるわけだ。留学については、その前年にウガンダはじめアジア、アフリカ、中東諸国の遺児を対象とした「あしなが育英会海外遺児留学生プログラム」を作り、取り組みを始めていた。

さらに二〇一四年十月から「アフリカ遺児高等教育支援１００年構想」という、サブサハラ・

アフリカ四十九か国の優秀な遺児を将来自国のリーダーになってもらおうと世界中の大学に留学させる育成プログラムをスタートさせた。二〇二四年三月末現在、アフリカ各国から世界の大学で学ぶ遺児三百二十五人を支援し、うち百三人が日本に留学して学んだ。「100年構想」開始以前に支援していた海外遺児学生を含めると、二〇二四年までに支援してきた海外遺児は三百七十一人にのぼる。

司令塔になった奨学生

NGO「あしながウガンダ」の初代代表になった岡崎祐吉君のことに触れておきたい。

彼は二歳のときにお父さんを踏切事故で亡くした。それ以来、お母さんと弟と北九州市の四畳半一間の母子寮暮らしが始まった。それを隠すため、小学校から遠回りして帰ったという。「北九州市」と印字された市提供のランドセルも恥ずかしかったという。毎日午前三時半から「一本一円」のバイト代で牛乳配達をしていたお母さんに、「貧乏なのはお前のせいや」と毒づき、中学、高校に進学しても授業に出ないで不良グループに入り浸った時期もあったようだが、野球だけは歯を食いしばって高校まで続けたという。

育英会の奨学金で進学した高校の三年の夏、「お父さんは、子どもには大学に行ってほしいと思っていた」とお母さんから聞かされた。その後、東京に月額一万円で入れる朝夕二食付きの遺児のための学生寮「心塾」があると知った。そこで初めてスイッチが入ったのだろう。「生まれて初めて勉強をして、まぐれで大学に滑り込み、バッグ一つで上京しました」と、心塾で待ち構えていた私にそう打ち明けた。彼の怒涛の人生が始まったのはそれからだ。世間でいう一流大学の学生に接したことで、「彼らに負けない、自分にしかない武器がほしい」と、大学三年のときに一年間休学してイスラエルで農業ボランティアを体験し、湾岸戦争の混乱に巻き込まれながらも、エジプト、ギリシャを経て一年後に帰ってきた。

大学を卒業した一九九三年、あしなが育英会設立と同時に職員となった彼は風呂のないアパート暮らしを五年間続け、六百万円を貯めると、こんどはアメリカへ渡った。最初は英語学校の授業も理解できない状態だったらしいが、ニューヨーク大学大学院に入り、「図書館が住まいでした」と話したように、一日十五時間の勉強を三年間続けた末に教育心理学の修士号を取得してみせた。そんな彼の存在があって、あしなが育英会のアフリカ遺児支援事業が始まったというわけだ。

岡崎君は日本やアフリカの遺児に「北九州でグレていた自分が世界に目を向けることになったのは、十八歳で東京に出てきて入った『あしなが大学』なんだ」と自身の体験を語るのだが、親を失う辛さを知り尽くしているからこそ、彼の話には説得力がある。

コロナ禍のさなか、あしなが育英会に新設した専務理事というポストに彼は選任された。その仕事は「会長の意を受け、本会の事業全般を掌理し、会長及び副会長を補佐する」と理事会規則にある。彼には本部に陣取って「あしながの理想」を世界中に広げてもらう司令塔の役割を期待したが、机に座っている彼を見ていると、現場で働きたくてうずうずしているのがわかった。「アフリカ遺児のために日本および世界から賛同者を集めたい。専務理事を辞してでもウガンダに行かせてほしい」と強く懇願され、もう一度、ウガンダに行ってもらうことにした。彼はどこまでも現場人間なのだ。

アフリカからの留学生

二〇〇六年二月に東京都日野市に「あしなが心塾レインボーハウス」が完成した。私や交通事故遺児を励ます会を作った岡嶋信治さんら交通遺児育英会の草創期に建設した「心塾」が、設立時の情熱や理念を踏みにじった「政官の乗っ取り劇」によって、「あしながさん」の寄付や学生の街頭募金で集めた資金とともに奪われたため、一九九七年から二〇〇五年までは新宿の老朽建物を地名にあやかって「新塾」として利用していたが、梅林で知られる日本庭園「百草園」にほど近い一万平方メートルの敷地に、あしなが育英会の学生寮「あしなが心塾」と小中学生の遺児の心を癒す施設を併設した地上四階建てのレインボーハウスを新たに建設した。晴れた日には富士山を望める丘陵地にある。ここがアフリカからの留学生にとっても重要な生活拠点となった。

遺児が集い、礼を重んじ、知を求め、切磋琢磨し合う。「心ある人間」となって未曾有の逆境を打開してほしい。寮費は昔と同じ二食付きで月一万円。仕送りの望めない地方の学生でも首都

東京都日野市百草に、大学奨学生のための寮と全国の小中学生遺児の心のケアを担う「あしなが心塾レインボーハウス」が竣工（2006年2月14日）

圏の大学に進学できる環境を整えた。「読み・書き・スピーチ」で表現力を鍛え、「暖かい心」「広い視野」「行動力」「国際性」を兼ね備えた人材を育成する教育方針は一九七八年の創設時と変わらない。

二〇〇六年、早稲田大学国際教養学部に入学することになったウガンダの病気遺児、ナブケニャ・リタさんがさっそく入塾した。七歳のとき、パン職人の父をエイズで亡くし、母のナニョンガさんが昼間は幼稚園の先生、夜間は駐車場の係として働き、弟二人とともに育てられた。その頃から授業料を払うのが精いっぱいで、給食費が払えず、食事は夕方の一回、しかも青いバナナをふかしたものを少し口に入れるだけで空腹をしのいでいたというが、現地でエイズ遺児の支援に乗り出した政府公認のNGO「あしながウガンダ」との出会いが運命を変えた。

ナンサナにある高校を優秀な成績で卒業し、国内の大学受験資格テストにパスしていたものの学費不足で地元の国立大学進学を断念した彼女に、ウガンダの現地代表だった佐藤弘康君が「こんなに優秀な学生が大学で勉強すれば、ウガンダの将来にきっとプラスになるだろう」と考え、英語で勉強できる早稲田大学国際教養学部の受験を強く勧めた。喜んだリタさんは猛勉強のかいあって合格通知を獲得。徳洲会とあしながの奨学金が留学の夢をかなえさせたのである。

リタさんを励ました佐藤君も元奨学生で、大学を出て育英会に就職するとすぐにウガンダへ派遣され、そのまま六年間も現地にとどまった。病気遺児の心のケアに取り組む一方、小学校に通えない多くの子どもたちに「寺子屋」で読み書きを熱心に教えてくれた。彼の人生にとっても、リタさんの快挙は忘れられない出来事になったであろう。

ウガンダ病気遺児のナブケニャ・リタさんが早稲田大学に合格し、アフリカ遺児の日本留学生第1号に（2006年2月）

あしなが育英会が学費を負担する海外遺児留学生の第一号となったリタさんは心塾の朝食で出たパンを大学でのランチにし、帰寮すると晩御飯を存分に食べた。「母にもお腹いっぱい食べさせてあげたい」としんみりとしながら、「教育が私の未来。アフリカ人にとって、勉強をする、教育を受けることが自分、そしてアフリカの将来につながります。日本で学べるチャンスを大切に、世界の遺児を代表して一生懸命勉強します」と誓った。その言葉通り、彼女はまじめに勉強し、大学院に進み、その間に北京大学で一年間、米国のヴァッサー大学で一年間の留学も果たし、社会に羽ばたいた。

初来日から十七年後の二〇二三年二月、あしなが奨学生の先輩となったリタさんは三年半ぶりに復活した大学奨学生の「つどい」に招かれ、太平洋を望む千葉県白子町に現われた。育英会の学生事業部リーダー育成課長となっていた佐藤君が見守るなか、学生時代のことやインターネット関連サービスを手掛ける日本企業、ソフトウェア販売の営業を行う外資系企業での体験を踏まえ、自身の人生観を流ちょうな日本語で語った。

学生から「日本で苦労したことは？」と問われたリタさんは「心塾では私だけが外国人で大変だったけど、日本の文化、日本人との交流の仕方を学ぶことができ、その経験が就職後に生きたと思います。早稲田大学では世界各国から留学生が来ていたので多様な人々と交流できました」と振り返った。特に力説したのは国際感覚を磨く意義で、「ぜひ海外に出て、日本以外の幅広い考えに触れてください。日本のパスポートは強いのだから、活用しないともったいない。海外に行けば、自分の国のすばらしい部分も分かるし、自分に自信もつきます」と激励したという。

アフリカの先輩が日本の遺児にエールを送る時代が来たのだ。なんと感慨深いことか。あらためて、「あしなが心塾」が世界の遺児たちの連帯の場となってほしいと感じた。地球温暖化で北極と南極の氷山が融け、さらに温暖化が進むことが危惧される時代だ。今までの勉強や経営の在り方は果たして役に立つのか――。こうした大きな疑問を掲げ、視野を広げ、第三世界で苦労してきた友とつながり、未来の地球を考えてほしいものだ。

「100年構想」を打ち上げる

二〇一〇年七月二十七日、拙著『だから、あしなが運動は素敵だ』（批評社）の出版を祝う会が開かれた。半世紀も前に交通事故の加害者への罰則強化でタッグを組んだ元検事の堀田力・さわやか福祉財団理事長が発起人代表を務めてくださり、「アフタヌーンショー」で共闘した落語家の桂小金治さん、脚本家の小山内美江子さん、女優の竹下景子さん、紺野美沙子さん、宗教哲学者の山折哲雄さん、筑波大学名誉教授の副田義也さん、十五か国の大使ら外交官、遺児学生を含め三百三十人に出席していただいた。その式典で、私は「アフリカ遺児高等教育支援100年構想」をぶち上げた。

「ここで、『世紀の大ボラ』をふきます。これからは百年、私は全世界の貧乏な遺児を救いたい。けれど、世界では多すぎるので、この数世紀、一番苦労をしてなお苦労から脱せないアフリカの子らに焦点を絞りました。私たちは再来年から百年間、アフリカの有能な遺児を世界の大学で育て、『心塾』の精神をたたき込んで、またアフリカに返すという運動をしたいと思っています」

豊富なレアメタル目当てに多くの大国が投資しているアフリカ。人口増加率も高く、経済的な格差はさらに広がり、また搾取の対象にもなりかねない。国を背負う将来のリーダーを育てなければ、この悪循環から抜け出せないだろう。そう考えたのだ。

あらためて構想の内容を広報資料から紹介したい。

《「アフリカ遺児高等教育支援100年構想」（以下「100年構想」）とは、毎年サブサハラ（サハラ砂漠以南）のアフリカ四十九か国から優秀な遺児を選抜し、世界の大学に留学させることを通して、アフリカの次世代リーダーを育成しようというプロジェクト。親を亡くしたために、非常に優秀にも関わらず経済的な理由で進学できない遺児たちを対象に、英語圏とポルトガル語圏はウガンダ、フランス語圏はセネガルにある「あしなが心塾」などで勉強合宿を行っている。合宿を終えた彼らは世界の大学に進学して学業に励みつつ、あしながのリーダー育成プログラムを受けて「志」を育む。卒業後には祖国に戻り、大学で習得した知識や経験を活かして、アフリカの発展に寄与するために働くこと。それが彼らに求められる「志」である》

つまり、世界中の「あしながさん」から資金を募り、アフリカの遺児たちを先進国に留学させるプロジェクトだ。進学が決まった学生には大学生活に必要な奨学金と生活費を提供する。次世代リーダーを育成し、アフリカの貧困削減を目指す壮大な計画で、その手始めにウガンダに施設を作り、アフリカ中から選ばれた学生たちが先進国に留学するための準備をさせる「心塾」と、小学生から大学生までを対象に「読み書き計算」を教える「寺子屋」と、心のケアプログラムを行う「レインボーハウス」を設けた。「心塾」では「100年構想」第一期生十人が翌二〇一四年十月から十二月まで、ウガンダで合宿して勉強した。二〇一五年五月十六日、あしながインターン生たちが世界三十都市で「アフリカ遺児高等教育支援100年構想」募金を実施した。あしなが街頭募金が国境を越えたのだ。

「100年構想」プロジェクトの候補生たちは出身国によって仏語圏ならセネガル、英語圏ならウガンダに開設した心塾で勉強し、受験する。無事に合格通知を受け取った学生は「ウガンダ心塾」に集結する。これを渡航前合宿と呼び、進学する国のビザ申請のサポート、アフリカの若者が戸惑いそうな異文化への心構えや食生活への対応を事前にアドバイスする。

その上で「あしなが育英会」ならではの「志教育」を行う。具体的には、あしながウガンダのスタッフが「自己啓発」とともに「あしながクラス」の授業を行い、「あしなが運動」について教えるのだ。日本が高度経済成長の時期に交通事故による犠牲者が弱い立場に置かれたため、交通遺児が進学できるよう支援し、さらに災害や病気、テロなどで親を失った子どもたちへの支援活動へと広がった意義や成果を説明する。こうした授業を通し、自分たちの国や地域社会の問題を認識し、解決への方策を考えるように指導する。それによって、学習の目的がより明確になり、国への責任感が生まれる。これぞ「あしなが育英会」が誇る「志教育」の理念を生かすものである。

ウガンダの名門大学で講演

その間、私もウガンダにたびたび足を運び、二〇一二年五月、国内最大の国立大学であるマケ

玉井会長の講義に聴き入るマケレレ大学の学生たち（2012年5月）

レレ大学から招待され、『志』高く、WORK HARDせよ——あしながアフリカ遺児教育支援１００年構想」と題し、大ホールの六百人の聴衆を前に一時間講演した。モンド・カゴニエラ学長、ウガンダ政府内務相、皆川一夫・駐ウガンダ大使らも顔を見せ、立ち見客含め会場は五百人で埋まった。

　そこで私は半世紀に及ぶあしなが運動によって九百億円の寄付をいただき、九万人の遺児が進学を果たしたこと、アフリカでの「１００年構想」を熱っぽく語りかけた。

　「アフリカは高い経済成長率を達成し、半世紀以内に人口、ＧＤＰ（国内総生産）も飛躍的に増えていく。その過程で経済格差や公害問題などに対応するため教育が必要となる。そこから『アフリカ遺児高等教育支援１００年構想』が生まれたのであります。サブサハラ四十九か国から毎年ひとり、優秀な遺児学生を選抜し、世界トップクラスの大学に留学してもらい、母国に帰って清廉なリーダーとして国を引っ張ってもらいたい。そのために実力を身につけ、高い志を持ち、しっかり勉強してほしいのです」

　熱弁をふるったせいか、講演後に学生代表とのディスカッションでは私の志に共感し、私を「ヒーローだと思った」「若い世代にモチベーションと新しいひらめきを与えてくれた」「私たち

秋篠宮皇嗣同妃両殿下ご夫妻がウガンダ・レインボーハウスをご訪問。妃殿下の後ろは外務省派遣の通訳官で故西本征央君の長女の光里さん（2012 年）

はこんな玉井会長がいる世界に生まれて幸せです」など非常にポジティブな感想をいただいた。しっかりと私の思いを受け止めてくれたようだ。マケレレ大学生諸君に「WORK HARDせよ」と言うからには、私も「WORK HARD」でやらねばという気持ちになった。

ウガンダと日本の国交樹立五十周年ということもあり、翌六月には記念式典に出席のため秋篠宮殿下と紀子妃殿下がウガンダを訪れ、ありがたいことにウガンダ・レインボーハウスを視察された。ご夫妻は「寺子屋」でエイズ遺児の小学三、四年生の授業の様子と、子どもたちの伝統舞踊をご覧になり、「勉強は楽しいですか」「踊りは好きですか」とお尋ねになられた。楽しげな会話がとても印象的で、私たちスタッフにも「子どもたちのことをよろしくお願いします」と声を掛けていただいた。秋篠宮ご夫妻はその半年前の二〇一一年十月一日に神戸レインボーハウスも視察されていて、あしなが育英会の活動に大変深い理解を示してくださり、職員にも大きな励みとなった。

奇跡のコラボ

「100年構想」を発表し、あしなが運動の世界展開をスタートさせた二〇一二年はジーン・ウェブスター（一八七六―一九一六）の小説『あしながおじさん』の発刊百年に当たる年だった。その前年暮れ、私はウェブスターの母校ヴァッサー大学のキャサリン・ヒル学長にお会いしてこう提案した。

「ジーン・ウェブスターの『あしながおじさん』刊行百年記念に、ヴァッサー大学の若者とウガンダのエイズ遺児を同じ舞台に立たせる作品を創りませんか」

ヒル学長は間髪入れず「OK！」と返した。

「よっしゃ、まさに歴史的瞬間だ」と私は小躍りしたい気持ちになった。

ヒル学長には二〇一〇年一月に初めて送ったメールで、『あしながおじさん』にちなんだ名を冠して四十年間も遺児支援に取り組み、九万人の遺児に奨学金を貸与したこと、さらに海外にも対象を広げ、二〇一二年からアフリカの遺児たちを世界の大学に送りたいので相談したい旨を伝えていた。それに共感してくれていたのだろう。

ヒル学長の快諾を受けたあと、私は二〇一二年八月、ミュージカル「あしながおじさん」の制作発表会のために来日した舞台演出家で脚本家のジョン・ケアード氏と出会った。彼は「レ・ミゼラブル」でトニー賞を受賞した世界的演出家である。翌九月には彼の脚本でアメリカ初演のミュージカル「ダディ・ロング・レッグス――足ながおじさんより」の日本公演があり、初日の東京公演でケアード氏が登壇し、あしなが育英会への募金を観客に呼びかけてくれた。あしながの遺児らも各公演に招待され、私は千秋楽の日比谷シアタークリエの公演に招かれた。

彼と意気投合した私はその年の暮れ、公演のためにロサンゼルスに滞在していた彼に面会を求めた。音楽と踊りを舞台でやろうといっても、ヒル学長も私も素人だから、形にすることはできない。そこでケアード氏を引っ張り出そうと考えたのだ。彼の顔を見るや単刀直入に申し入れた。

「アフリカの極貧に苦しむ子たちと世界で最も教養的に恵まれたヴァッサー大学の若者が競演する舞台を創りたい。そのためにはあなたの協力が絶対必要だ」

その時は気乗りのしない顔で「弟子にでもやらそうか」と言っていたが、翌日に再び会うと、彼は目から鋭い光を発し、「これはおれの仕事だ。おれに任せろ」と身を乗り出した。「その気になってくれたぞ」と感じた私は二日で四回も面談し、次のような思いを込めた資料を渡した。

《『あしながおじさん』の主人公ジュディ・アボットのような孤児は世界に二億人もいます。半世紀かけて「あしながさん」を増やし、日本の遺児の進学支援を続けてきた私たちは二〇〇〇年から約十年間、世界中の災厄で遺児となった子どもたちを日本でのサマーキャンプや心のケアのつどいに招待してきました。大学生の年齢になった彼らを念頭に置き、日本の大学への留学制度も創設し、実際にアフリカの若者が日本留学を実現させています。

地球上で最も貧しい地域とされている、サハラ砂漠より南のサブサハラ四十九か国の遺児を毎年一人ずつ世界の大学へ留学させ、母国の発展に貢献する人材を育成しようという「100年構想」を掲げる私たちは支援者を募り組織づくりを急いでいます。「あしなが運動」の究極の目的は、やさしさを集めて、世界の貧困を削減することなのです》

ケアード氏はボランティアで参加することを了承し、計画は一気に具体性を帯びて動き出したのだ。

共同声明

二〇一三年四月十八日、ヴァッサー大学のキャサリン・ヒル学長、英国人演出家のジョン・ケアード氏と私の三人は英国オックスフォード大学ブレイズノーズ校でトップ会談に臨んだ。その場で、あしながウガンダの寺子屋に通うエイズ遺児、ヴァッサー大学合唱部、東日本大震災の津波遺児の和太鼓チームによる歌と踊りと和太鼓の共同公演を翌年から二年続けて三月に開催することに合意し、「共同声明」に署名した。

この会談で私たちはこんなことを話し合った。

「あしなが育英会と出会ってから、信じられないほど素晴らしいことがいくつも起こりました。それは、ヴァッサー大学にとってだけでなく、あしながやウガンダの若い世代の人たちにもよい影響を及ぼしたと思っています。ジーン・ウェブスターの本が刊行されてから百年間は、つながりはありませんでしたが、あしながと出会ってからの二年間で、素晴らしい関係を築くことができました」（ヒル学長）

左から、世界的に有名な演出家ジョン・ケアード氏、キャサリン・ヒル学長、玉井。アフリカ遺児教育支援での協力を固く誓った（2013年4月18日）

「深く話し合えば話し合うほど、ヴァッサー大学とウガンダの遺児と、日本の何かとの関係をもたさなければならないと思い至ったのです。あしながを支えているのは日本人です。そのサポーターたちを外につれだしていかなければいけない。やはり津波の遺児たちをそこに関わらせたいと思い始めました。そのパフォーマンスについては、三つの違う文化をどうやってつなげていくか。いくつかアイデアがあるので聞いてください」（ケアード氏）

「確かにお金を集めるのは大変ですが、時代は企業あるいは行政、それからNGO、NPOへと活動の主体が変わっていく社会になりつつあります。そういう意味でとてつもない大きなホラを吹いているようですが、実はこれは時の流れに合致する仕事だと、私は固く信じております」（玉井）

それぞれの決意が大きな果実を生もうとしている瞬間だった。

ケアード氏はすぐさまアフリカン・ダンスを担当するウガンダの寺子屋のエイズ遺児に会いに行った。貧困に直面する遺児たちの姿に心痛の表情を見せ、成功させてみせようという気になったようで、著名な作曲家スティーブン・シュワルツ氏にも協力を求め、無償で楽曲提供してもらう約束を取り付けた。

ウガンダキッズ、ヴァッサー大学コーラス部、東日本大震災遺児らを含む和太鼓隊の猛練習が始まった。ケアード氏の手腕によって、三団体のコーラスと太鼓とキッズたちの踊りが一体化して紡がれる作品名は「世界がわが家――At Home in the World」。ヴァッサー大学の「すべての子どもに教育を」という壮大なビジョンにも基づくものだが、東日本大震災で亡くなった方たちの鎮魂と被災者への励ましを届けたいという思いもそこに込めたかった。小説『あしながおじさん』から名前と着想を得た「あしなが育英会」と、著者の母校ヴァッサー大学との協力関係を象徴する奇跡の音楽作品で、まさに「100年構想」への扉を大きく開くものだ。

くしくもブロードウェイでミュージカル「あしながおじさん」が初演された一九一四年から一〇〇年後の二〇一四年の三月十三日に秋篠宮殿下と眞子内親王殿下を迎えたプレ公演初日となる

上：「世界がわが家」、ウガンダで凱旋公演。若者が集い異なる文化を共有することで新たな可能性が生まれる。あしながの理想の体現だ（2016年8月23日）

下：ウガンダの遺児、東日本大震災遺児、米国ヴァッサー大生のコラボ音楽会東京公演（2014年3月20日）

仙台公演、そして二十日の東京公演は観客を感動の渦に巻き込んだ。翌二〇一五年もニューヨーク、ワシントンでの上演を重ね、六月二十日に東京・練馬文化センターこぶしホールと、二〇一六年のウガンダでの凱旋公演ではさらにバージョンアップした舞台を披露してみせた。

東京公演の模様を毎日新聞客員編集委員の高橋豊さんが『NEWあしながファミリー』二〇一四年七月号（第一三三号）に次のように寄稿してくれた。一部を引用する。

《子どもたちは「遺児」という厳しすぎる現実に直面しながら、けれど明るく「希望」を歌い、世界に「YES（イエス）」の大きな肯定の輪を広げ、「共生」の願いを踊る舞台なのだ。何より若い魂と身体が躍動している。ミュージカル「レ・ミゼラブル」などでトニー賞を二度も受賞した演出・脚本のジョン・ケアードの力量の凄さを改めて感じた。音楽と歌とダンスがしっかりかみ合い、少しも観客を飽きさせない。

感動的だったのは、アフリカのウガンダのエイズで親を亡くした遺児たちによるエネルギッシュなダンスだ。同国のNGO「あしながウガンダ」が運営する「寺子屋」で教育を受けている子どもたち約三十人が、色鮮やかな民族衣装で伝統的な歌と踊りを披露する。ビートの利いたアフリカンダンスを繰り広げる彼ら、彼女らを観ていると、観客席のこちらも一緒に踊りたくなる。「寺子屋」の子は、音符も読めなかったはずなのに、今では歌い、踊ることができる。舞台では日本の歌まで一緒に歌っていて、「教育力」の強さを思い知らされた。直前のアメリカ公演では、キッズたちへスタンディング・オベーションが続いたのも当然だ。

四年前の東日本大震災で家族を失った遺児を中心とする東北和太鼓隊の力強い演奏も、深い印象を残した。「3・11」のあの瞬間を思わせるような圧倒的な和太鼓の波。被災地の子どもたちの作文朗読が絶妙に入り、改めて冥福を祈りたい気持ちになった》

賢人達人会

「アフリカ遺児高等教育支援100年構想」をなんとか実現させたいと思った私はその応援団として二〇一四年、世界的に活躍する文化人、ビジネスリーダー、芸術家、アスリートなど様々な分野の方々にアドバイザーとして支えていただく「賢人達人会」という制度を創設した。「賢人」とは国際的な問題に明るい、その国を代表する「知性」とも言える方で、「達人」とは、各分野で国民的にも世界的にも人気のあるスポーツ選手や俳優、芸術家の方を考えた。そうした人たちがサポーターとして名を連ねることで、あしなが育英会への信頼が高まり、インターンシップなどを通した支援、さらにはプログラムへの助言もいただくわけだ。百人を目標に呼びかけ、二〇二四年春の時点で四十八か国百二十三人となった。

賢人達人会を創設した翌二〇一五年二月には私自身が賢人達人探しのため、シンガポール、南アフリカ、エリトリア、ブルンジ、レソト、スワジランド（現エスワティニ）、モーリシャスに出張した。

アフリカの遺児を世界の大学に留学させる「アフリカ遺児高等教育支援100年構想」を支えるために、世界の賢人達人による第3回目の会議が京都で開催された（2018年3月1日）

初めての総会は「世界がわが家」のワシントン公演翌日の二〇一五年六月十三日に開かれ、議論は白熱して三時間半にも及んだ。初期からメンバーとしてコラボ公演を手がけてくれた演出家のジョン・ケアード、フランスの元ルノー会長ルイ・シュバイツァー、イタリア人歌手アンドレア・ボチェッリの各氏など著名な方になっていただき、日本人では聖路加国際大学名誉理事長の日野原重明、ノーベル化学賞受賞者の野依良治《のよりりょうじ》、指揮者の小澤征爾、ソフトバンク代表取締役の孫正義、歌手さだまさしの各氏などに就任していただき、大変頼もしい存在としてスタートできたのだ。

報道写真家のこと

この凱旋公演に合わせ、ウガンダの寺子屋

などでエイズ遺児たちの姿をレンズで追った絵本『希望のダンス――エイズで親をなくしたウガンダの子どもたち』（学研教育出版）が出版された。著者は立命館大学在学中の一九九六年に日本ブラジル交流協会の留学制度でブラジルに渡った渋谷敦志君だ。面接試験で「人間の尊厳を撮りたい」と語り、サンパウロの法律事務所で研修を受けた情熱家だ。

帰国して大学四年のときに大阪・釜ヶ崎の労働者を撮って「国境なき医師団日本」からフォトジャーナリスト賞を贈られた。今では世界百か国以上で紛争、災害、貧困の現場を取材する報道写真家として日本トップクラスの活躍ぶりだ。

『希望のダンス』はエイズで親を亡くした子どもたちを五年間も継続的に取材してきた渋谷君が、貧困に負けずに勉強とダンスに取り組み、たくましく成長していく遺児たちの姿を生き生きと伝えている。貧困のあまり学校に通うことすらできない子どもたちにレンズを向けながら、渋谷君自身も苦悶しながら取材を続けたといい、希望に目を輝かせるウガンダの遺児たちの自信あふれる表情を活写して、こう綴っている。

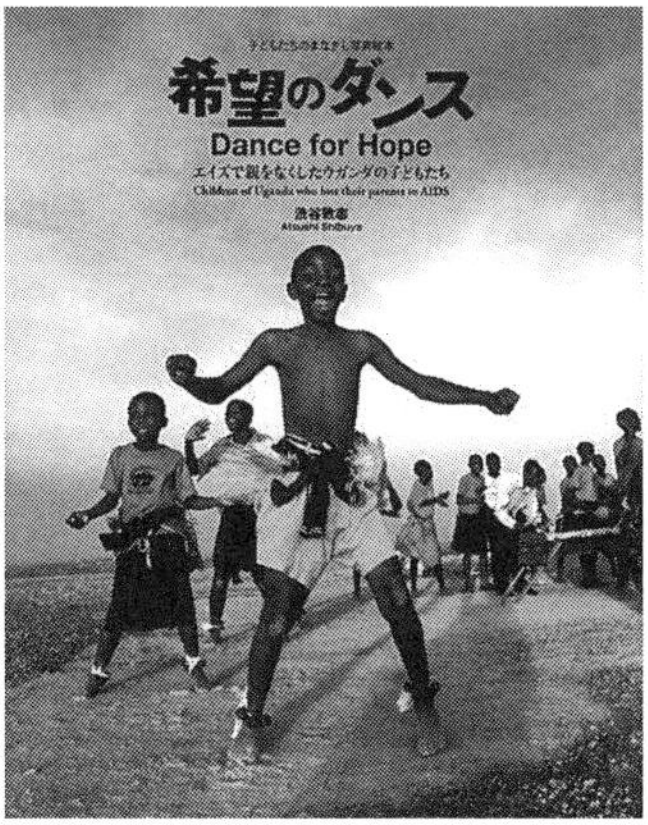

渋谷敦志『希望のダンス』(2015年)

《ナンサナの丘の上のステージにドラムの音が鳴りひびく。子どもたちは服をぬぎすて、はだしでおどる。大きな夕日がスポットライト。ステップをふむ、とびはねる、腰をふる。汗がレンズに飛んでくる。「生きてるんだ！　ぼくたちは生きてるんだ！」いのちの声がおどっている》（『希望のダンス』より）

渋谷君とはブラジル留学の頃から教育の意義について語り合い、あしなが育英会のイベントや活動に協力してくれる力強いサポーターとなっている。近年はウガンダのレインボーハウスを詳しく紹介しながら、「学ぶことの意味」を深い洞察とともに書いた『僕らが学校に行く理由』（ポプラ社）という本を二〇二二年に出している。

ロシアから侵攻されたウクライナの取材から帰国して間もない二〇二二年十月、「あしなが心塾」で「何のために学ぶのか――世界を旅する写真家からのメッセージ」と題して講演してくれた。

世界中で撮った写真を引っさげ現われた渋谷君から「心の境界を広げ、他人と眼差しを共にする。それができる人になるために学び続けてください」と励まされた塾生たちは「文字を追うだけではなく、自分の目で見て世界を知るべきだと強く感じました」などと答え、感激した面持ちだったという。

遺児の三割が一日一食

あしながウガンダの教育活動を本格的に調査することになり、調査団をウガンダに派遣したのは二〇一四年八月だった。あしなが育英会副会長で筑波大学名誉教授の副田義也さんが団長を引き受けてくれたのだ。

私が交通遺児育英会から追放され、あしなが育英会に活動拠点を移した一九九四年以降も副田さんは私たちに併走し、運動を後押ししてくれた。阪神・淡路大震災の遺児家庭、がんで親を失った遺児、自死遺児、東日本大震災の遺児家庭に至る様々な調査をしてくれた。遺児たちの作文集『災害がにくい』『黒い虹』『お父さんがいるって嘘ついた――ガン・闘病から死まで』『ガンなんかに殺させるもんか！』にはすべて副田さんの調査報告を掲載して、死亡原因によって変わってくる問題点を示すことができた。

そして「あしながウガンダの教育活動調査」を行ってくれたことで国際的な支援運動の根拠となる指針を得た。副田さんは二度にわたりアフリカに出かけ、調査を行った。私と同じパーキンソン病の症状が悪化したため三回目の調査同行は断念したが、彼の意をくんだ十七人のチームが現地に向かった。小学校からドロップアウトしたエイズ遺児を復学させるために初等教育を行う寺子屋で、子どもや保護者のインタビューを試みたところ、遺児のうち父親が死亡したのは九八％にのぼり、エイズ遺児家庭の七割余りが女性によって家計を支えられていることが分かった。「昨日お手伝いとしてなにをしたか」の問いに、「水くみ」と答えた遺児が六五％もいたこともわかって驚いたが、約三割の遺児が一日一回しか食事をとっていないなど悲惨な状況が明らかになった。

そうした様々なテーマの調査や学究生活の間に、構想から完成まで十年の歳月を要したという

『あしなが運動と玉井義臣——歴史社会学的考察』（岩波書店）を二〇〇三年三月に出された。「あしなが運動四〇年史」と言ってもよい内容の学術書で、私たちは大いに励まされた。そんな副田さんは残念ながら二〇二一年十月八日、多臓器不全で帰らぬ人となった。享年八十六。かけがえのない同志であり、半世紀にわたり遺児を支えていただいた生涯の盟友だった。私は翌年秋に開かれた偲ぶ会で「先生の調査が、あしなが運動を日本と世界に推し進めていただきました。副田先生に出会ったことは、私のこの上ない幸運であり、先生に先立たれたことは、私のこの上ない悲運です」と慟哭の別れを告げたのだった。

副田さんが亡くなってから一年半が過ぎた二〇二三年春、『あしなが運動と玉井義臣——歴史社会学からの考察』が文庫化された。単行本の出版から二十年の時を経て登場した岩波現代文庫の上下巻は市民運動家には格好のテキストとなるだろう。上巻の帯には「不世出の社会運動家の誕生」、下巻には「追放された社会運動家は新天地を切り拓いた」の文字が浮かぶ。

文庫版ではオックスフォード大学教授の苅谷剛彦さんの解説が加えられた。苅谷さんは単行本が出た当時、「遺児に教育、支援を　一民間人の奮闘史」というタイトルの書評を新聞に寄稿していた。苅谷さんは東京大学教育学部で学んでいた一九七〇年代後半、非常勤講師として教壇に立っていた副田さんの「福祉社会学」を受講した縁もあったそうで、文庫化を特集した『NEWあしながファミリー』には「あらためて本書を精読すると、副田義也という社会学者の魅力が随所に現れていたことに気付かされた。本書は、戦後日本の社会変動というマクロな変化を、玉井義臣というひとりの社会運動家に寄り添うケーススタディとしてミクロな世界に焦点づける。そうすることで、日本の一時代を立体的に浮かび上がらせることに成功した、すぐれた『歴史社会学からの考察』だということである」と書いてくださった。

留学生のつどい

「アフリカ遺児高等教育支援100年構想」事業の一環で奨学生の「留学生のつどい」を開いている。三回目となる二〇一九年二月末から一週間、御殿場市の青少年交流の家に全国から留学生約四十人が一堂に会し、将来アフリカに貢献するための各課題や取り組みについて発表した。そこに西アフリカ・マリ出身の京都精華大学のウスビ・サコ学長（当時）とナヤ・モンド博士（エレライグローバルサービスCEO）が特別ゲストとして参加してくれた。お二人は賢人達人のメンバーでもあり、経験を踏まえた学生への激励の言葉に私は深い感銘を受けた。

サコさんは日本で初めてアフリカ人の大学学長となった大先輩だ。まず、留学先の国の言語の役割について、「日本語は日本文化の大変重要な部分です。日本語を理解すると、日本の考え方や感情がわかるようになります。私が初来日した時、あまり日本語はできなかったけれど、日本語だけを話そうと決めました。最初は周りから笑われましたが、失敗からも学ぶことができるので、日本語だけを話し続けました」と流ちょうに語った。そして、アフリカに戻る学生へのアドバイスとして、「グローバル化された現代社会では、どこにいてもアフリカのために働くことはできるでしょう。大切なのは、何をしたいか、です。私は学生時代に最初のプロジェクトを始めました。あなたにもできると思います。今、あなたに必要なのはネットワークを広げること。自分たちでアフリカに関するシンクタンクを始めてみてはいかがでしょうか。まずはブレーンストーミングをして、提案にまとめてはどうでしょうか」と励ましてくれたのだ。

ケニア生まれで、十四歳のときに父親を亡くしたモンド博士は奨学金で進学し、アメリカのコロンビア大学で組織学習とリーダーシップの博士号を取得し、アフリカに戻り、母国とルワンダで設立したエレライ社で太陽光発電の開発、促進に取り組んでいる。帰国して起業した体験について、「アメリカで教員への指導やコンサルタント会社の仕事をしつつ、『アフリカが私を呼んでいる』と感じていました。特に家庭の経済的な理由で教育を受けられない子どものことを考え、調査をしたところ、日々の生活を支えるエネルギーへのアクセスがないことが大きな要因だと知りました。私自身も幼い頃、家には電気がなく、灯油ランプでした。そこでアフリカにエネルギーを届けることが私の使命だと思ったのです」と語った。

留学生に「皆さんも自分に役立つようなネットワークを構築することです。日本の会社は品質と信頼にビジネスの基礎を置くので、アフリカの良きパートナーになります。たくさん学べば学ぶほど、身につけるスキルが多ければ多いほど、新たな可能性をつなぐことができます。まず自分で考え、やってみてください」とハッパをかけてくださった。

そして私にはこう言ってくれた。

「玉井会長はご自身の経験をもとに、地球の反対側の子どもたちのために行動を起こしました。自分が直接知らない世界の隣人のために行動を起こすということこそが社会に変革を起こします」

モンド博士は八人きょうだいで、私と同じように兄弟姉妹の中で唯一進学できたそうで、私に共感を示し、「アフリカの発展のスピードは著しいので、『100年構想』のビジョンが実現するのは百年かからないかもしれませんよ。アフリカは植民地時代に宗主国から名前や言葉、精神性を奪われました。日本は歴史を通じて精神性が残されたまま近代を迎えました。日本で学ぶことでアフリカの学生も自らのアイデンティティや精神性を保ったままほかの文化を取り入れ学び発展していくことが可能です」と話してくれたのだ。

京都で描く夢

私はアフリカの遺児が学び、交流する場所づくりを京都でしたいという夢を描いてきた。そう簡単には進まないが、いつの日か実現してほしいものだ。京都は日本の伝統に触れることができる古都であり、国際色豊かな学生を抱える大学が集積している。

そんな京都を代表する学者二人に「アフリカ遺児高等教育支援100年構想」の応援団である賢人達人会の賢人になっていただいた。世界的なゴリラ研究者で知られる前京都大学総長の山極寿一さんと、先に触れたウスビ・サコさんだ。二人の並々ならぬ熱意を知り、私は大いに勇気づけられたことは書き残しておきたい。

現代の京都アカデミズムの顔とも言える山極さんはフィールドワークなどアフリカに携わって四十年というだけあって、サブサハラ地域の遺児教育に深い理解をお持ちだ。アフリカからの留学生が千年の都で日本の伝統や文化に触れる経験を積み、将来母国に活躍してほしいと願っていると話してくれた。

先述したように、アフリカ出身者で日本の大学で初めて学長となったサコさんは留学で訪れた京都で三十年暮らす経験から流ちょうな関西弁を操る親しみやすい人だ。アフリカと京都を近づける私の夢に大変期待してくださり、さまざまなサポートをしてくださると熱く語ってくださった。

私はこうした友情にも支えられて、遠くて近いアフリカへの貢献をさらに続けていきたいと考えている。

第十三章　東日本大震災――2011～

ウガンダで見た津波の映像

「なんや、これは……。家や車が流されているやないか」

二〇一一年三月十一日、出張で到着したウガンダは朝方だった。首都カンパラのホテルで荷を解いて、テレビの衛星放送を何気なく見ていると、経済市況を流す画面が突然途切れ、荒れ狂う大津波の黒い濁流の映像に切り替わった。高いビルも倒壊し、壁には丸い穴が開いている。堤防は津波をせき止められず、勢いを増した海水が乗り越えている。

画面を凝視していると、人間と思われる〝物体〟が引き潮に飲み込まれているではないか。日本と違ってノーカットの残酷な映像で、私は思わず目を覆った。家族も親戚も友だちも家財道具も自動車も海の彼方に押し流されていく。想い出のよすがであるアルバムなど、一人ひとりの無形の〝お宝〟も奪い去っていく。辛い。恐ろしい。悲しい。空しい……。

マグニチュード9・0の巨大地震が日本列島を襲い、三陸海岸はじめ各地を大津波が襲った東日本大震災の惨状を知って狼狽していたその時、あしながの東京本部の吉田和彦事務局長から電話がかかった。

「直ちに副会長や常勤理事を招集して対策を議論していただきましたが、会長がいないと決着がつきません。一番早い便で帰国してください」

カンパラ近郊のレインボーハウスにも立ち寄れないままトンボ返りを余儀なくされた私は翌十二日午後四時十五分発のエミレーツ機でエチオピア、ドバイを経由し、十三日午後五時三十五分に成田に舞い戻った。日本の新聞などの情報が完全に遮断された機内で私は一睡もせず、メモを片手に「何が問題か」「どうすれば問題が解決するのか」などに思いをめぐらせ、無一物の被災者を目に浮かべ、こう考えた。

「対策のポイントは〝着の身着のまま〟の被災者に絞ることだ」

成田空港に着くや直ちに東京本部に向かった。私の帰国前の十三日午前、あしなが育英会の副会長を中心に問題点と緊急支援の対策について議論したが、会長不在のため方針決定までに至らなかったという。その説明を受け、私は救済のポイントとなる〝着の身着のまま〟の被害者を念頭にこう指示した。

「肉親を突然奪われた子どもたちが着の身着のままで震えている。すべてが流されてしまっている。通常の貸与型ではなく、育英会では初めての給付型にしよう。返済不要で、対象はゼロ歳児から大学院生まで、すべての遺児だ」

東日本大震災募金に参加した堀田力さん（右から3人目）と紺野美沙子さん（右から5人目。2011年3月26日）

こういう時は直感と胆力だ。その日のうちに副会長たちに電話で説明し、承認を得た。大地震発生から二日後の三月十三日、あしなが育英会が生活を支える緊急措置として打ち出した「生活特別一時金」は日本で一番早く誕生した被災者支援策となったのである。従来の奨学金とは別に、未就学児の一〇万円から大学生の四〇万円まで校種別に給付額を設定してスタートし、対象数や義援金の集まり具合を踏まえて最終的には二千八十二人に一律一人当たり二八二万円にした。この迅速な対応は、あしなが育英会が「行政から支援を受けず求めない純粋な民間運動、市民運動」として設立したからこそ可能だった。つまり、財政的支援のほとんどが、あしなが運動に共感する市民ひとりひとりのあしながさんからの寄付によるものだからだ。

JR大船渡駅で、あまりの惨状に言葉を失う支援制度「お知らせ隊」員の大学奨学生（2011年5月15日）

「すべての遺児への特別給付金の支給」は従来の常識では考えられなかったもので、メディアからも国民からも大反響があった。未曾有の被害を出した震災後のテレビは自粛ムードで、「公益社団法人ACジャパン」のCMが繰り返し流された。あしなが育英会は前年の二〇一〇年から「ACジャパン」の放送枠を持っていたので、私たちの震災・津波遺児支援活動への関心はお茶の間に一気に広がった。

もちろん、現地でも制度の告知を徹底しなければならない。多くの被災者が犠牲になった現場は海なので、阪神・淡路大震災のように街で一軒一軒を回るローラー調査はできない。神戸レインボーハウスの初代館長を務めた林田吉司君を東北事務所の所長として経験を生かしてもらおうと送り込み、そこから五台の自動車に学生と職員が分乗し、三月二十三日から被災地を巡った。三日間かけて避難所、公民館、役場などを回り、特別一時金の制度を知らせるキャンペーンだ。車でのローラー調査も兼ねてのことである。

「お知らせ隊」と呼ぶキャンペーンは道なき道を進む難行苦行だったが、全国から大学奨学生たちが応援に駆け付けた。「スピード決定」に次ぐ「機動力」こそ、あしなが育英会の強みだ。「大きな団体に寄付しても、いつどこでどう使われるかわからない」という声を聞くが、あしなが育英会は阪神・淡路大震災の対応で培った「遺児を探し当てるノウハウ」を持ち、常に他の団体より先に動けるのだ。たとえば、木曜日までに申込書が届くと、週明けの月曜には銀行送金する。この速さによって信用がさらに増す。発生から四か月後の七月十四日現在で、申請者千六百三十八人に対し千四百八十七人に九億四六五〇万円を送金した。被害者の実態はまだ把握できていなかったが、翌年九月には二千六十三人に総額四十一億二千六百万円を送ることができたのである。

この特別一時金の支給が一段落したら、次の目標は「東北レインボーハウス」の開設だ。遺児の心のケアは阪神・淡路大震災の経験から必須だった。二年後の建設をめざし、候補地の目途がついたが、約三十億円の費用が必要だった。巨額だが、私には目算があった。海外の募金網も考えれば、過去の経験からみて案外早く集まる予感がしていたのだ。

一方、東北の老若男女には「癒しのボランティア」になってもらわなければならない。最も根気のいる仕事だ。ファシリテーター養成講座をきめ細かく各地で開く中長期目標を立てた。「千年に一度」の津波なら、百年がかりで〝東北人みな癒し人〟をなんとか実現したい。そこに東北伝来のやさしい顔と心があるはずだ。

タイムズスクエアで街頭募金

六月には私が渡米し、ニューヨークで内外三十社の世界のマスメディア相手に記者会見し、タイムズスクエア前で、津波遺児と9・11テロ遺児が並んで街頭募金を行った。日本の新聞各社は大きく取り上げ、ニュースの巨人CNNは何回も何回も世界に配信し続けた。ABCが追っかけ取材に加わり、イギリスのBBCは六十年続く人気番組「PANORAMA」で取材を始めた。日本の小さなNPOが世界の「ASHINAGA」になったのだ。外国からの寄付が増え始めた。世界最大の教科書会社で、辞書でも有名な「ピアソン社」は、英国の『フィナンシャル・タイムズ』紙で半頁のASHINAGAの広告を出した。

「プリーズ・ヘルプ・ジャパン」

タイムズスクエアでは三五度の暑さのなか、「こんどは私たちが恩返しします」と集まった五人の津波遺児、ニューヨークの同時多発テロとハリケーン・カトリーナの災害で親を亡くした二人の遺児、そして学生募金の海野佑介事務局長、Pウォークの桜井洋子実行委員長が一緒になって声を張りあげた。

「君たちの勇気と津波惨事は決して忘れないよ」

「他者を助けようという行動は素晴らしい」

気さくに声をかけてくれた道往くニューヨーカーは陽気でやさしかった。遺児たちも心からの笑顔を浮かべて声を嗄らした。一時間半で百万円相当を超える募金が集まった。ボランティアで飛び入り参加する人や日系人の姿もあった。車いすで街頭に出た私はふと四十年前の岡嶋信治君らと東京の数寄屋橋で旗揚げ募金をした時のことを思い出し、「運動はここまできたのだな」と胸にこみあげるものを感じた。

ニューヨークのタイムズスクエアで、東日本大震災遺児と米国同時多発テロ遺児たちが「東北レインボーハウス建設募金」活動を行った（2011年6月）

タイムズスクエアで募金した経験について、東日本大震災での津波に母親を奪われた高二の葛西祥弥《しょうや》君が書いた感想を読んでほしい。

《同じ境遇の人たちと会い、その思いを共有する機会に恵まれたことは、とても意義深いことのように思う。被災者である私たちが現地で暮らしてゆく上で、本当に必要なものが何なのかを自らの声で伝え、適切な支援を求めることの重要性を強く感じた。表面的なケアだけでは、完全に町は復興しない。そのためには、やはり私たち自身が、積極的にならなければいけない。

LATIMES.COM　Los Angeles Times　SUNDAY, DECEMBER 11, 2011 A7

To the Japanese orphans' rescue

When the earthquake and tsunami struck, a charity's leader knew just what to do for the kids left parentless.

JOHN M. GLIONNA
REPORTING FROM SENDAI, JAPAN

Japan's natural disaster in March was only hours old when the Tokyo-based charity got on the line to the old man.

He'd just arrived in Uganda, an exhausting trip for a 77-year-old whose knees are so weak he sometimes needs a wheelchair to get around.

"Come back," the charity implored its founder. "We need you."

Two days later, Yoshiomi Tamai not only returned to Japan, but he headed straight for this provincial city 180 miles north of Tokyo. The death toll from the earthquake and tsunami was rising into the thousands. Parents along the nation's northeast coast had been swept away by the surging water, leaving behind confused and vulnerable orphans.

After almost 45 years of aiding grieving children, the grandfatherly figure excels at responding to a crisis. Since he began helping children left parentless from Japanese traffic fatalities in 1967, his Ashinaga charity has supported more than 90,000 children worldwide who have lost one or both parents.

These include young ones left behind after New York's 2001 terrorist attack; Hurricane Katrina; earthquakes in Iran, Turkey and Kobe, Japan; wars in Iraq and Afghanistan; and famine and AIDS in Africa.

Ashinaga's strength lies in its speed. While Japanese government officials debated a belabored response that would take weeks to deliver, the charity was in motion within hours, providing food, clothing and emotional aid.

The group later published a study showing the depth of the social damage, including the fact that, because they had remained in the disaster area, barely a third of guardians for tsunami orphans had jobs to support their young charges. The government is using the study in its own long-term assessment of how to help tsunami orphans.

In Japan, many orphans are often cast into a life of hardship, raised by distant relatives who might as well be strangers. Tamai knows that such trauma scars the survivors. Like the teenage boy who watched his father drown and developed an extreme fear of the water. Or the grade-school girl forced to leave her trapped and mortally injured mother behind to save her own life.

"Even now I can't stop crying when I remember," she later wrote to workers at Ashinaga. "At the end, when I was leaving, I said to my mother 'Thank you' and 'I love you' again and again. Then I swam away."

Ashinaga's staff includes nearly two dozen older orphans who work as counselors and case workers. Ta-

sees only once.

True to the novel's spirit, the group relies on anonymous benefactors. Although it does not help place parentless children in homes, it assists with both their immediate and long-term needs.

Ashinaga runs short-term counseling centers known as Rainbow Houses, which feature a rubber-walled "volcano room," where orphans can hit punching bags to vent frustrations, and a "quiet room" to discuss their fears. It also operates an annual summer camp where orphans from around the world learn that being parentless is a problem without national borders.

For longer-term help, the group each year offers $32 million in no-interest loans for scholarships. More than 81,996 orphans have received vocational school and college degrees with Ashinaga's assistance.

Tamai, who lost his wife, Yumi, to cancer in 1983 and has no children, has spent most of his life listening to orphans. In 1968, soon after the death of his mother in a car crash, Tamai, then 32, took it upon himself to launch a crusade to change Japanese laws on compensating children whose parents had died in traffic accidents.

One of the first childre[n] who touched Tamai deep[ly] was a 10-year-old boy w[ho] wrote a poem to his dead f[a]ther. Sponsored by Tam[ai] the child recited the poe[m] on live TV:

*Please hold me one
more time.
Play with me once
more, my father.
Tell me, please, father,
why you left us behind.*

The boy then broke in[to] tears, unable to go on. Tam[ai] said. "And the rest of us, ev[]eryone in the studio tha[t] day, cried too."

The TV program was in[]strumental in prodding th[e] government to provid[e] greater assistance for or[]phans. But Tamai soon saw a need beyond Japan, and he started expanding his work to children worldwide.

The idea for the Rainbow House centers came after the 1995 Kobe earthquake. Ashinaga encouraged orphans from that disaster to use art to describe their loss. One child painted what Ta-

without homes or even clothes.

Ashinaga quickly identified 1,800 orphans for cash assistance of $6,500 to $12,500 each, not a loan for some faraway college educa-

tion, but immediate monetary help that would not have to be repaid.

After vetting applications, the group gives the money to the children's caretakers, who supervise the

'Children know what they want right now, not tomorrow. They've had their lives erased, so we're trying to give them an immediate lift to get some of it back.'

— YOSHIOMI TAMAI, founder of the Ashinaga charity

spending of the donation.

"Children know what they want right now, not tomorrow," Tamai said. "They've had their lives erased, so we're trying to give them an immediate lift to get some of it back."

Now Tamai wants to build a permanent Rainbow House center in Sendai. This summer, Tamai led a group of orphans to tell their sto-

ries as a way to attract donations for the project. The group visited New York, Paris and China, and has plans to travel to Los Angeles and other cities early next year to help raise $30 million still needed for construction.

These days, in the Sendai office that Ashinaga opened a day after the March disaster, the telephone still rings constantly.

One recent caller, a childless single woman in her 40s who had taken custody of a 12-year-old nephew, needed parenting advice: The boy, orphaned in the tsunami, still cried at night. What should she do?

Then there was the mother of the boy who had witnessed his father's drowning. The woman called to say her 17-year-old had overcome his fear of water and used his assistance money to train to become an emergency response diver; he wants to shield others from the fate of watching a parent die.

The old man smiles when he hears such stories.

john.glionna@latimes.com

YOSHIOMI TAMAI, founder of the Ashinaga charity, excels at responding to a crisis. Visiting Uganda, he immediately headed home and to the disaster region.

『ロサンゼルス・タイムズ』(2011年12月11日付)

9・11同時多発テロの被害者の遺族にお会いすることができた。彼らはとても前向きで、その事件を歴史に残すだけでなく、未来につなげようとする建設的な姿勢を見せてくれた。津波被害にあった私たちも、そうならなければいけない。世界に被災地の声を届けることは重要。この震災の事実が、人から人へつながってほしい》

一方、二〇〇五年のハリケーン・カトリーナで母親を亡くした大学一年のウィルボーン・ノーブルズ君はこう語ったという。

《日本の津波遺児たちと出会い、様々な経験を分かち合うことができて光栄だった。ASHINAGAのおかげで母親を亡くした悲しみを乗り越えることができた》

国境を越えた災害遺児の連帯がいかに大きな意味を持つかがご理解いただけるだろう。

津波で親を失った遺児たちは九月に中国の大連で開かれたダボス会議（ユース部門）、十月にワシントンで開かれた日米有識者会議に招待されるなど、「ASHINAGA」に光が当たる機会が相次いだ。これも我々の「ニューヨーク効果」と言っていいだろう。

二万人近くに及ぶ死者・行方不明者のご遺族は今なお苦しんでおられるので哀悼の意を胸に刻みながら振り返るが、この年ほど、あしなが育英会への評価が急激に高まったことはなかった。評価の第一は、「津波遺児」たちへの緊急支援策に日本一のスピード感があったことだろう。中央省庁の管理や監督を受けない任意団体だからこそできたことだし、被災者を一刻も早く支えようという一心で、痛みを知る遺児奨学生もスタッフも懸命に動いたからだ。運動の実績への評価、それに付随して得られる信用への確かな手応えを私は感じ取っていた。

仙台レインボーハウス

震災から二年後の建設が目標だった「仙台レインボーハウス」の地鎮祭が二〇一三年六月三十日、仙台市青葉区五橋で行われた。仙台駅から歩いて十四分の便利な場所だ。東北の遺児や家族の出会いと交流の拠点として百人規模の「つどい」が開催できる遊戯室、宿泊室、食堂、それに神戸のレインボーハウスと同じように「火山の部屋」や「おしゃべりの部屋」などストレス発散や癒しの空間も作ろうというもので、遺児家庭の訪問や各種調査、ファシリテーター養成など多様な機能が期待される施設だ。

「神戸レインボーハウス」から、東北でも長期にわたり遺児への心理的なサポートが必要だと考え、特に被害が甚大だった岩手県、宮城県、福島県の沿岸部に東北レインボーハウスとサテライト施設を建設するためのプロジェクトを始動させたのだった。

震災から約二年四か月後の当時、寄付額は百億円近くあり、二千八十二人に総額五八億七一二四万円を給付していた。レインボーハウスは先に陸前高田と石巻が建設を進めており、大原則として、東北への義援金制度と寄付はすべて東北の地で使い切るつもりで、諸経費はあしなが本体とボランティア活動でまかなうことができた。

　その間、東北事務所の所長として津波で親を失った遺児たちと向き合う中心にいた林田吉司君は学生時代に交通遺児の街頭募金に参加する熱心な姿に惚れた私が口説いて仲間にした「七人のサムライ」の一人だ。交通遺児育英会の最初の心塾で塾頭として大学奨学生たちを育て、阪神・淡路大震災で神戸レインボーハウスの初代館長を務めた経験があった。東北の地で還暦を迎えた彼はメディアにもよく登場した。『朝日新聞』の「ニッポン人・脈・記」（二〇一二年十月十六日夕刊）に彼に触れた記事が掲載された。

東日本大震災遺児の心のケアのために、仙台市、石巻市、陸前高田市の三か所にレインボーハウスを開設した。写真は石巻レインボーハウス（2014年）

≪あしながの東北事務所長、林田吉司（60）は、神戸レインボーハウスの初代館長を務めた。今回、募金をもとに支援金を贈った東北の子どもは2065人。阪神・淡路大震災のときの3倍以上だ。訪ね歩くたび、南北に広がる被災地の広さも実感する。

「施設ができる前に、まずはできることから」と、林田らは岩手や宮城で集いを開き、これまでに延べ600人を超す子どもが参加した。

親たちの声にも耳を傾ける。「我慢しなくていいです

神戸の震災遺児とその保護者が東北の震災遺児親子と共に歩もうとする「東北と神戸の交流のつどい」（2019 年 11 月 16 日）

よ」。スタッフが声をかけ、子どもの前でこらえていた涙を流した人もいた。帰路、親たちの表情はたいてい柔らかくなっているという》

また、「遺児の長期支援へ拠点」という見出しの『読売新聞』のインタビュー記事（二〇一三年一月二十日付）で心のケアの重要性を問われた彼はこう答えている。

《妻や夫を失った親も、自分を責め続けるなど、残された親子が互いにストレスをためてしまうケースもある。本人たちの中で渦巻くストレスを緩和する心のケアは重要。遺児が大人になるまで、場合によっては20年もの息の長い支援が必要となろうが、レインボーハウス建設はその一つ。遺児の現状を定期的に確認することも大切で、官民が連携し、カウンセラーなどを随時派遣するなどの態勢づくりも重要。会では地域住民にもケアの担い手になってもらおうと、こ

れまで230人にコミュニケーション技術などを学んでもらっている》

林田君は二〇一七年、がん告知からまたたく間に六十五年の生涯に幕を下ろしてしまったが、自分の身体の変調には気付かなかったのだろうか。あしなが運動は彼のような得難い人物によって支えられてきたのだ。単に寄付を募るだけではなく、人に寄り添う実践は魂のような哲学に裏打ちされている運動であることを多くの人々に知ってほしいと思う。

世界ファンドレイジング大賞受賞

阪神・淡路大震災に続き東日本大震災という未曾有の災害に対し、あしなが育英会は果敢に向き合った。それが各方面からの声価を高めたようだ。

第三十二回世界ファンドレイジング（募金活動）大会が二〇一二年十月、オランダの首都アムステルダムで開催され、なんと私が日本人として初の「最優秀個人大賞」を受賞した。国内での受賞や表彰は一九九〇年と二〇〇四年の朝日社会福祉賞や二〇一一年の日本ファンドレイジング大賞などがあるが、遺児支援に関して国際賞をいただくのは、あしながの活動が世界へ展開していることを認めていただいたからだと素直に喜んだ。

表彰式に車いすで登壇すると、会場を埋める世界中のNGO（非営利組織）、財団、ボランティア団体の関係者が一斉にスタンディングオベーションで称えてくれた。母の交通事故死をきっかけに日本で最初に遺児救済運動を始めてから五十年がたち、その時点で国内外から九百億円の寄付をいただき、九万人を超える遺児の進学を支えてきた。それに加えて、東日本大震災遺児への迅速な救援制度決定、「アフリカ遺児高等教育支援100年構想」など国際的な活動も評価されたのだ。この快挙に国内メディアはもちろん、欧州各国メディアからも取材が殺到し、私は「今後も愚直にWORK HARDしたい」と誓ったのだった。

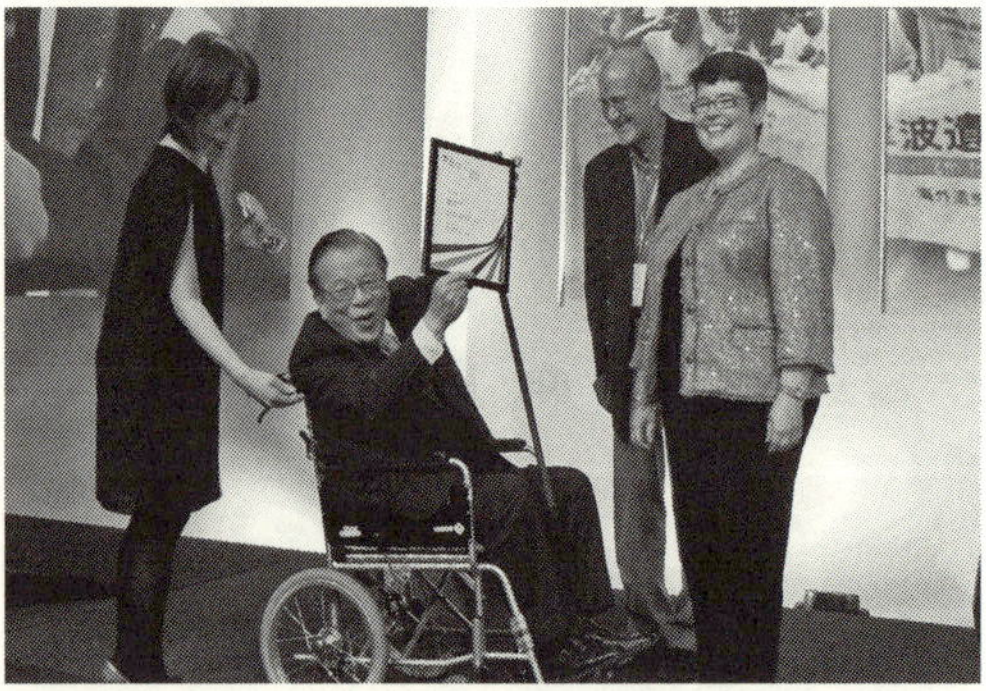

世界ファンドレイジング最優秀個人大賞受賞（2012年10月16日）

玉井を祝福する堀田さん

この受賞を聞いた「さわやか福祉財団」理事長兼あしなが育英会副会長の堀田力さんから「世界の大国の良心ある人々も、なにがしかのためらいから飛び込めないアフリカの人材育成の道へ、玉井さんは一直線に飛び込み、もう世界中に『一緒にやろう』と呼びかけている。日本の先駆者は、ついに世界の先駆者になった。このワンビリオンダラー・ファンドレイザーを、私たちも後押しするしかないだろう。これまで、一直線に日本を救ってきたのだから。玉井さん、私たちは、日本にもっともっと共助の活動を広げ、あしながさんを増やしていきますから、あなたは日本を心配して振り返ることなく、世界で思い切り力を発揮してください。応援もしっかりやります。日本と世界の未来のために」と、長年の盟友ならではのメッセージをくださった。

シュバイツァー氏とアタリ氏

アムステルダムで世界ファンドレイジング大会に参加したヨーロッパの旅で、二人の賢者の知己を得たのも幸運な出来事だった。フランスのルイ・シュバイツァー氏とジャック・アタリ氏だ。アフリカの医療活動に生涯を捧げたノーベル平和賞受賞者のシュバイツァー博士を大叔父に持つルイさんはルノー社を再興させた名誉会長だ。アフリカ「100年構想」に共鳴した彼は初対面の私に、フランスの大学に協力を求めることなどを熱心に勧めてくれた。私たちの世代は、アフリカと言えばシュバイツァー博士をイメージする。その親族がサポーターになるとは、これほど

シュバイツァー氏との対談。左は通訳の富永典子さん(2012年10月24日)

心強いことはない。

そして、「これからはアフリカの時代」と言って私を驚かせたのは、フランスの元大統領特別顧問の経済学者にして哲学者のアタリ氏である。世界的危機を予言してきた「欧州の知性」と呼ばれる人物だ。その彼とパリで会談した際、

「世界経済はしばらくアジア新興国で幕間つなぎをしてから、『アフリカの時代』を迎える。その一助として『１００年構想』は重要な意味を持つだろう。協力するにやぶさかではない」

と激励してくれたのだ。さすがの私も舞い上がらんばかりに興奮した。

世界の人々が「ＹＡＳＡＳＨＩＳＡ」のスローガンのもとでアフリカの若者に教育を受けるチャンスを与えれば、貧困削減も進むはずだ。企業も団体も大学も個人も「ＮＥＷ ＩＮＴＥＲＮＡＴＩＯＮＡＬ ＡＳＨＩＮＡＧＡＳＡＮ」になって支援すれば、「１００年構想」は大きく動き出すはずだ。教育にはお金が必要だ。そのお金を支援していただくため、世界中に私は呼びかけようと考えた。そうすれば、地球にはもっと生きやすい

環境が整うはずだ。

帰国すると都内で祝賀会が開催され、藤村修官房長官、ワスワ・ビリッグワ駐日ウガンダ大使やジョン・ルース駐日アメリカ大使など二十六か国、三十一人の大使、公使らが集り、政財界、芸能界、メディアのほか、多くのあしながさん、日本ブラジル交流協会の卒業生たちにもご参加いただき、総勢三百五十人を超える盛大な催しとなって大変恐縮した。

せっかくの機会だと思い、私は「アフリカ遺児高等教育支援100年構想」をテーマにスピーチをさせていただいた。壇上には、あしなが育英会の奨学金で日本の大学で学ぶウガンダ、ハイチ、パキスタンの遺児留学生計十一人が私の背後に並び、各国外交官とともに国際色豊かな光景を印象づけた。この大賞受賞で一区切りつくものではなく、通過点としてさらに世界へと活動を広げていこうと思った私は十一人にそれぞれの抱負や夢を語ってもらった。あしながの未来に向けた活動をなんとしても印象づけたかったのだ。

ジャック・アタリさんと対談し、今後共に行動することに合意した（2012年10月26日）

エレノア・ルーズベルト・ヴァルキル勲章受章

ヨーロッパの「ファンドレイジング大会」から三年後の二〇一五年、こんどは教育や人権の分野で功績があった人物に贈られる「エレノア・ルーズベルト・ヴァルキル勲章」をアメリカで受章した。フランクリン・ルーズベルト元米大統領夫人で、国連人権委員会の初代委員長として世界人権宣言の起草を主導した彼女の理念実現を目指す「エレノア・ルーズベルト・センター」が主宰する勲章で、日本人では二〇〇二年に元国連難民高等弁務官の緒方貞子さんが受章して以来、二人目だという。

十月十八日、ニューヨーク州ヴァルキルのエレノア・ルーズベルト・ナショナル・ヒストリックサイトで開かれた授章式はアメリカらしい活気と高揚感に満ちたものだった。式で私を紹介してくれたのは、あしながウガンダのエイズ遺児たちとのコラボに賛同してくれたヴァッサー大学のキャサリン・ヒル学長だった。彼女のスピーチを紹介しよう。

《エレノア・ルーズベルトはかつて「愛を与えるということは、それ自体が教育だ」と述べました。本日、エレノア女史の名前を冠したメダルを受章するこの方は、「教育を与えるということは、それ自体が愛だ」という言葉が正しいと証明できる人物です。

玉井義臣、われわれは「タマイさん」とお呼びしていますが、二十代のころ、日本の生まれ故郷の街で、母親を悲惨な交通事故で失いました。当時日本では、そのような事故での親を失う子どもはほとんど「存在しない人」扱いで、玉井さんは深い悲しみを同じ立場の子どもを擁護し戦う力に変えました。その結果、事故で親を失った子どもたちのための組織を設立し、それはやがて世界中のあらゆる遺児を包含する、あしなが育英会の設立へと発展しました。その結果、五十年以上の間に九万五〇〇〇人の遺児が高等教育を受けることができました》

遺児を貧困の連鎖から解き放つ運動を展開し、人権の擁護に努めたことに対し、「エレノア・ルーズベルト・ヴァルキル勲章」を受章

うれしかったのはもちろんだが、私はこう思った。

「本当の受章者は、遺児を応援してきたボランティアや募金に協力してくれた方々だ。この勲章は陣頭指揮した私が代表として、激励していただいたと思って受け取ることにしよう」

翌年一月二十六日、都内で祝賀会が開かれ、総勢三百人が駆け付けてくださり、ノーベル賞物理学者の江崎玲《れ》於《お》奈《な》さんや女優の竹下景子さんたちから心のこもったあいさつを頂戴した。また緒方貞子さんから「エイズで親を失ったアフリカ遺児らへの教育支援や『アフリカ遺児高等教育支援１００年構想』を始めた姿勢は人道支援に携わる者の鏡であり、感服の限りです」というメッセージが届き感激した。その時のあいさつで私は「私の長い人生の中で一番輝いていたのは、あのジャーナリストの三年間だった。今よりもはるかに世のため、人のためになったような気がします」と格闘続きの若き日々を振り返りつつ、「アフリカの遺児たちが一日も早く救済されるように、本当に心に響く言葉を考え続けたいと思います。あと何年かわかりませんが、必死に考え続けながら、皆様のご理解とご協力を得て一生懸命やってまいりますので、助けてください」と訴えたのだった。

吉川英治文化賞受賞

その翌年の二〇一六年には吉川英治文化賞を受賞した。『宮本武蔵』『三国志』で知られる国民文学作家だ。四月十一日、東京の帝国ホテル孔雀の間で開かれた贈呈式では、受賞者の席に吉川英治文学賞を受賞した赤川次郎さんと並んで座った。選考委員席から、交通遺児育英会の時代から半世紀以上も共闘してきた盟友の堀田力・さわやか福祉財団会長が私の紹介のために立ち上がった。どんな話をされるのか、と聞いていると、こう言ったのだ。

「これは私の責任で申し上げますけれども、玉井さんは長い活動の中で、すごいお金を集めたので、その活動を政府に乗っ取られた過去があります。その後、ゼロの状態からあしなが育英会を立ち上げ、もう一度頑張ってこの活動をすべての遺児、そしてアフリカにまで広げています。

すばらしい活動であります。この一連の乗っ取りに対して私たち選考委員会、吉川財団、講談社も玉井さんを応援したいという思いもあり、今回の受賞に結実したのだと思います」

「政府に乗っ取られた」という刺激的な言葉に多くの出席者は驚いたようだった。それを平気で口にできるのは堀田さんしかいないだろう。ロッキード事件で田中角栄を取り調べた、かつての鬼検事ならではの迫力ある言葉を聞いて、あの乗っ取り劇で窮地に陥った私を救った「戦友」をあらためて頼もしく思った。そんな彼に奮い立たされた私は受賞スピーチで「子どもが頑張っても教育を受けられない、そういう人間の尊厳を脅かすものに対して立ち上がる人が増えることを期待しながら、自らに鞭を打って命ある限り頑張るつもりです」と誓ったのだった。受賞といえば、この年の秋に故郷の大阪府池田市から「教育文化功労賞」を受賞したこともうれしかった。

後藤新平賞受賞

百年先を見据えた大構想で関東大震災からの復興などに貢献した後藤新平を記念する「後藤新平賞」（後藤新平の会主催）を受賞したのは二〇一八年七月だ。後藤のように文明のあり方を思索し、それを新しく方向づける業績を上げた人物を一年に一度選考するというもので、スケールの大きな構想と実行力を発揮して半世紀余り頑張ってきた、と評価してくれたのだ。

アフリカの貧困削減のための遺児救済支援に加え、「人づくり」の場「心塾」で若者に勉学の機会を与えたこと、教育者としての貢献も判断したというのが、主催した「後藤新平の会」による受賞理由だそうだ。ありがたいことだ。後藤新平の座右の銘は、「金を残すは下なり、仕事を残すは中なり、人を残すは上なり」だと聞いた。まったく同感である。この理念を体現した先人の名を汚すことのないよう精進したいものだ。

世界ファンドレイジング大賞、エレノア・ルーズベルト・ヴァルキル勲章、吉川英治文化賞、後藤新平賞、朝日社会福祉賞……。年齢を重ね、運動も長期化したことで様々な賞や勲章を授与され、表彰していただくようになったが、私としては「ご苦労さん」という意味で与えられたとは受け止めていない。「これからも頑張りなさい」というエールだと自分自身に言い聞かせている。

第十四章　あしなが育ちの人びと――現在

出藍の誉れ

あしなが運動の太い幹は私が作ったという自負はあるが、育英会の後進には「君たちには接ぎ木をして花を咲かせてもらわないと困る。だから頑張ってくれ」と声を掛けている。幸い、様々な分野に羽ばたいた元奨学生や育英会職員には有能な人材がそろっている。その一部の人たちの横顔に触れてみたい。

私は二〇〇七年頃から不意に転倒することが重なったため、奨学生OBの医師でその当時、ハーバード大学で准教授を務めていた金木正夫君に相談した。彼はすぐに東大医学部時代の同期生二人に診断を依頼した結果、パーキンソン病だと判明した。彼らは「転倒が一番危険なので、一人で長く人の多い道を歩くのは注意してください」「心臓は決められた薬を忘れずにのめば大丈夫ですよ」と丁寧にアドバイスしてくれた。データから総合的に見た金木君からは「筋力増強で歩けるようになれば、八十代は問題なし」とお墨付きをいただいた。ありがたい、と同時に頼もしいと思った。

金木君は小学校二年のときに父を交通事故で亡くし、交通遺児育英会の奨学金で東大医学部に進学した優秀な基礎医学者だ。彼は学生当時から「奨学金を交通遺児だけが受けていいのだろうか」と仲間たちに問いかけ、世界で最も貧しい子どもたちに奨学金を生かすすべはないかと真剣に考えるような学生だった。単なる秀才ではなく、思想も哲学も兼ね備えた人物で、アメリカで研究室を持ち、ハーバード大学の医学部で教鞭を執り、多くの若者を指導してきた。その後、医師、順天堂大学客員教授として医療の最前線に立っている。

そんな金木君を「素晴らしい！」と思ったのは、私が「アフリカ遺児高等教育支援100年構想」を発表した二〇一〇年七月二十七日の『だから、あしなが運動は素敵だ』（批評社）の出版記念会だった。彼は育英会の会長代行として、アフリカの未来に思いをはせる素晴らしいスピーチをしてくれたのだ。アフリカ各国大使やウガンダ・レインボーハウスから早稲田に進学したナブケニャ・リタさんらが見守るなか、彼はウガンダから自分の研究室に派遣された学生と共同研究をしながら「自分もアフリカについて学んだ」ことを次のように話したのである。

《私は、アメリカで糖尿病など様々な病気の研究をしていますが、三年前にエイズの研究も始めました。そこで考えたのは、アフリカの研究者がアフリカの実態にあった研究をして、アフリカで新しい薬を開発する時代が来ない限り、エイズやマラリアなどを私たち人類が制圧することはできないだろうということです。何か自分ができることをしたいと思い、ウガンダのマケレレ大学の学長に「意欲的な学生を派遣してほしい」とお願いしたところ、ウィリントン・アムトヘア君という医学部で一番成績のいい学生を派遣してくれました。全くの偶然なのですが、彼自身も中学生のときにお父さんを病気で亡くしていました。とても優秀な学生で特許をとろうと準備をしている私の発見に貢献してくれました。彼は、ウガンダに帰って医者になり、エイズに関する別のテーマで共同研究を始めています。私は彼からアフリカについていろいろなことを学びました。その中の一つは、アフリカにはとても意欲的で志の高い学生がたくさんいるということでした。石油やレアメタルなどではなく、アフリカの最大の資源は子どもたちで、アフリカは人材大国だということがよくわかりました。小学校に行きたくても行けない子どもはチャンスがあったらものすごく一生懸命に勉強するんです。優秀だとか有能だということもありますが、残念ながら日本でもアメリカでもそうしたハングリー精神を持った若者を見つけるのは非常に難しい。アムトヘア君やリタさんが四十歳、五十歳の働き盛りになる頃には、おそらくアフリカが世界で最も成長率の高い地域になるだろうと言われています。そのときに活躍する新しいタイプの「クリーンなリーダー」を私たちは育てたいのです》

金木君のあたたかな人間性が伝わるスピーチだったし、アムトヘア君というウガンダの学生の話はまさに「１００年構想」のお披露目にふさわしい内容だと思った。あしなが運動で出会った〝弟子〟が精進を重ねて師匠より立派になっていくことは実に誇らしい。中国の故事成語「出藍《しゅつらん》の誉《ほま》れ」そのものである。金木君のように、あしなが運動を牽引する私を支えてくれた往年の遺児奨学生のその後の活躍ぶりも多くの人たちに知ってほしい。

孫正義さんに見込まれた男

あしなが育英会副会長の青野史寛《ふみひろ》君は三歳のときに父親を交通事故で亡くした遺児奨学生ＯＢで、ソフトバンクの孫正義さんに見込まれ、四十代にして全グループ八百社の人事を統括する立場となった。さらにソフトバンク専務執行役員兼ＣＨＲＯという役職に就き、最高人事責任者として活躍するに至ったのだ。

彼は中学三年になって、母親から「働きなさい」と言われた際、「毎月家に五万円入れるから自由にさせてほしい」と高校進学後にアルバイトで無遅刻無欠勤を通した意志強固な人間だ。しかもアルバイトで稼いで父親の墓まで建てている。

会社の中核を担うようになって、大学奨学生のつどいにも毎年のように来てくれ、「会社はどんな人材を求めているのか」を熱心に語りかけてくれる。さすが人事の第一人者だと誇らしく思う。

ここで彼が高校三年のときに書いた「ありがとう、あしながおじさん」と題する作文を紹介したい。すでにこれだけの内容のものを書いていたと思うと、たいしたものだと感心する。

《交通遺児作文集『母が泣いた日』を読んだ。『天国にいるおとうさま』『母さん、がんばろうね』に続いて、また泣かされてしまった。

ぼくと同じように苦しんでいる人は、たくさんいるんだな、ということを痛感させられた。ぼくらをはじめ、交通遺児たちは、交通遺児育英会の奨学金がどんなに暖かいものかを、あらためて知らされる。

育英会の機関紙『君と581・2271』などを読むと、自分の生活がほんとうに楽であるという人びとだけでなく、苦しいながらも力いっぱいの応援をしてくれる「あしながおじさん」もいることがわかる。ほんとうに、どんなに感謝しても感謝しつくせることではない。それにひきかえ、政府および自動車工業界の冷たさ。こういう人びとは、自分の利益ばかり追いかけて、苦しんでいる人びとに対して何もしないのだろうか。

ぼくの父は、ぼくが三歳のとき自動車事故で死んだ。飛び出した子供をよけて、電柱に衝突。形として自損事故だった。

それから母は、女手ひとつで、ぼくと姉を育ててくれた。持病のヘルニアをおして働いた。その苦労は言葉では言いつくせない。

ぼくは、高校にはいってすぐ働いた。駅前のレストランで。学校の帰りに寄り、閉店の夜十時まで。それから、かたづけ・食事・着がえなどをして、家に帰れば十一時すぎというハードな生活だった。

そのとき、姉は高校三年。翌年、私立大学にはいった。その時の入学金の一部は、ぼくが働き、コツコツ貯めてきたお金で負担した。うれしかった。自分でかせいだお金が、ものすごく役立ったことがうれしかった。

高校二年になってからは、近所の小学生の家庭教師をやり、奨学金とあわせて学費・食費、修学旅行の積立金とした。働くことにより、お金の大切さを知った。そして交通遺児育英会の奨学金を受けとるたびに、「ああ、ありがたい」と思った。

政府・自動車業界の無援助により苦しくなった交通遺児育英会を助けるため、全国から立ち上がってくれた「あしながおじさん」、ほんとうにありがとう。

ぼくが将来、社会に出て、給料をもらえるようになったら、きっとこのご恩はお返しします。また、その時は、後輩のためよき「あしながおじさん」になることを約束します》

高校生でこれだけしっかりした考え方をしているのだ。さすがである。あしなが育英会副会長として頼りになる存在だ。

学長になった奨学生

二〇二四年四月一日付で、交通遺児育英会の第四期奨学生だった村田治会長代行が常勤となり、六月から東京の「あしなが育英会」に常駐している。中学生だった十三歳で父親を交通事故で亡くした彼は、母親と二人の母子家庭で育ち、マクロ経済学者として名を成し、関西学院大学の学長を二〇一四年から二〇二三年まで三期九年務めた。そんな彼がリタイア後の人生を、自身の進学の夢をかなえた私たちの仲間との活動に充てようと、夫婦で東京に引っ越してきたのだ。

彼はかねてから学生たちに英会話の習得と読書の大切さを強調し、日本が衰退しても、世界のどこでもサバイバルできることを奨学生たちに力強く伝えてきた。何度も講師を務めてくれた「山中湖のつどい」で学生たちにこんなアドバイスを送っている。

《今企業は自分で考えて判断し決断していく能力を求めている。判断するために必要なものは「自分の物差し」です。自分の物差しを見つけるためには知識も必要です。本を読み、読むだけでなく行動することだ》（二〇〇九年）

《学生時代にどれだけの能力、知識を蓄えるかが重要。一つ目は英語。グローバル化の今日、企業が海外に人材を求めだした。二つ目は価値観を養うために疑問を持ちながら本を読むこと。自分の考えを持つ努力をすること。三つ目は基礎学力。これは英語と読書だけでつく力だ》（二

〇一一年）

二〇二四年四月七日に開いた「あしなが心塾」（東京都日野市）と「虹の心塾」（神戸市）の合同入塾式では、私が「不安も多いだろうが、これから、ここが皆さんの生活の場になる。心を開いて皆と付き合うことが大事です」と励ましたあと、村田会長代行は「ＡＩ時代に必要な知識を身につけつつ、人生の中で本当にやりたいことを見つけてほしい」と語ってくれた。経済の専門家として、奨学金の効果や役割などの研究成果を踏まえ、経済格差が広がるなかで教育投資の重要性を説いてくれるので大変心強い存在だ。

彼は機関紙『ＮＥＷあしながファミリー』の第一八七号（二〇二四年五月三十日発行）から新しいコラム「共に育む」をスタートさせた。タイトルに「共育」の文字を用いた理由は遺児や親に障がいがある子どもたちを、遺された遺族、あしながさん、あしなが育英会が一緒になって「共に育む」ことを願ってのことだという。

さっそく自身と同じ母子家庭の経済状況について触れつつ、こう綴っていた。

《近年の労働政策研究・研修機構の調査によると、母子世帯の五一・四％が貧困状態との結果です。また、母子家庭の厳しい経済状況は子どもの学習意欲や将来への希望にも悪影響を及ぼすこともわかっています。母親しかいない遺児家庭であっても、親が障がいをもっていても、その子どもたちが教育機会を与えられ、将来の夢や希望を持てるようになることが大切だと思います。あしなが育英会の役割は、奨学金、「つどい」やラーニング・サポート・プログラムを通じて教育機会を提供し、このような子どもたちに自分の夢や将来への希望を持たせ、より良い社会を創造していく大人を育てることではないでしょうか》

マクロ経済の豊かな知見に裏打ちされた見識に加え、ヒューマニストの彼らしい思いがこもったメッセージに大いに共感した次第だ。

その立派なキャリアと温厚な人柄で、中央教育審議会の大学分科会副会長や大学設置・学校法人審議会学校法人分科会長など国の諮問機関の要職も務めている。車いす生活で連日出勤が難しい私に代わり、しっかりと後輩たちや仲間たちに目配りしてくれるのは心強い限りだ。

シンボルのイラスト

タキシードとシルクハットの足の長い紳士のまわりで子どもたちが舞う——。このイラストは、天野聡美さんが手がけたロゴマークだ（本書裏表紙参照）。街頭募金で配る資料や機関紙『ＮＥＷあしながファミリー』やポスター、あしながさんに送る年賀状や卒業礼状にも登場する。

天野さんは四歳のときに父を亡くし、母、姉と埼玉県で育ち、高校奨学生のとき、日本縦断キャンペーン自転車「赤トンボ号」に乗って、ユックリズムを訴えた。心塾から女子美大に通い、日本画を勉強した。学生だった一九八一年、あしながさんの募集イラストを初めて描いてもらった。「心優しい人に遺児の願いが届くように」「街頭募金で渡したら捨てないで持ち帰りたくなるよう

赤トンボ２世号日本一周を福田赳夫首相に報告。その左が天野さん（1978 年）

な図柄を」と注文したところ、大人の心を揺さぶる寂しげな少女の絵を描いてみせた。自分自身を重ね合わせたのかもしれない。大学を卒業すると宝飾店に就職し、広報を担当した。その頃も子育て中も途切れることなく、ずっとイラストの依頼に応えてくれた。交通遺児から災害、病気、自死などの遺児へと対象が広がるのに合わせ、あしながさんの足もとの子どもの数が増えていった。あしながイラストはバリエーションも豊富で、総数は描き始めて二〇二四年までの四十三年間で三百数十点になるそうだ。

あしなが育英会で二〇〇二年から理事、二〇一二年から副会長を務めている天野さんは、世界でたった一人の「あしなが画伯」である。

どん底から誇りある警察官へ

心塾の第五期生の櫻澤健一君は阪神・淡路大震災が起きた時、兵庫県警察本部の警備部門ナンバー２の警備部参事官として指揮を執った。当時三十一歳だった彼は神戸市の官舎で就寝中、下から突き上げられるような激震で飛び起きた。その際の回想は次の通り生々しいものだった。

《コンクリートの官舎がまるで小さな積み木のようにゴーンゴーンと音を立てて傾き、まるでジェットコースターのようにぐるぐる揺れる中、布団をかぶりながら身体が投げ出されないよう妻の敦子と二人で必死に床にしがみついていました。「これは夢に違いない」「夢であってほしい」と思いましたが、長い揺れがおさまったあとの恐ろしいほどの暗闇と静けさ、散乱する家財が厳しい現実を私たちにつきつけました》

このあと、県警本部に向かい、幹部と打ち合わせし、生田署に入り、対策本部を作った。全国から応援で入った警察官の配置や被災状況の把握、救助活動の指示と寝る間もないほどだったという。その際、彼は「不眠不休での仕事の中、遺児だった自分が市民の安全を守る警察の仕事を選んだことにあらためて誇りと使命を感じた」そうだ。

その後、警察庁、首相官邸、在インドネシア大使館などで危機管理の重責を担った櫻澤君には二〇一〇年四月、あしなが心塾の入塾式で記念講演してもらい、子どもの頃の体験を語ってくれた。

一九六三年に静岡県藤枝市で生まれた櫻澤君は、生後八か月でお父さんを交通事故で亡くした。お母さんは二人の姉と彼を抱え、悲しむ間もなく工場の寮母として飯炊きの仕事をしながら工場の食堂脇の六畳間で子どもたちを育てた。お菓子もおもちゃも買ってもらえなかったが、お母さんの「片親だからと、後ろ指差されるようなことはするな」との言葉を守り、勉強もスポーツも頑張ったという。高校生のころ、親戚から「勉強できるのだから大工になれ」「一日でも早くおふくろさんを楽にさせてやれよ」と言われながらも、大学への進学の夢は持ち続けた。

そんな高校時代に心塾で一か月一万円で生活できることを知り、お母さんとお姉さんからも「東京で勉強しなさい」と言ってもらい、三年の二学期でバレー部を引退すると、四時間睡眠で受験勉強にスパートをかけ、東京工業大学制御工学科に一発合格した。

彼らの入塾式で私は一時間にも及ぶ式辞を述べ、「暖かい心、広い視野、行動力、国際性を持て」「世のため人のためになる人間をつくりたい、君たちがそれになるんだ」と檄を飛ばした。その気迫に圧倒されたと語っていた。私もまだ若く、情熱を入塾者にぶつけたものだが、櫻澤君の心に響いたのだろう。

一年のときの山中湖での「つどい」では、水俣病の研究をする宇井純さんから「君たちは幸せだ。公害で健康を害した人たちはどんなに勉強したくても、身体が動かない。君たちは世の中に多数いる社会的弱者の中のほんの一部の幸せ者なんだ」と言われ、また頭をガツンとやられるような衝撃だったと述懐していた。それまで彼は「自分は不幸せだ」と思っていたのが、大きな刺激を受けたそうだ。「日本のために働きたい」と目標を官僚に設定し、国家公務員Ⅰ種に「経済職合格者百二十九番中三十一番」で合格し、警察庁に内定した。その前夜まで大蔵省から猛烈な勧誘を受けたが、「警察の科学化に貢献し、社会正義を実現したい」と初志貫徹した。

あしなが心塾の二〇一〇年春の入塾式で記念講演してくれた彼は、後輩の入塾者たちに、一年間の研修留学をしたブラジルでアマゾン川を船下りした経験を踏まえ、「私にとっての勉強は世の中を知るということでしたので、いろんな人たちと話をしたり、一緒に酒を飲んだり、あちこちに行ったりして友達を作りました。世界に出ればもっといろんなことができると思いました。皆さんもぜひ海外に行ってほしいと思います」と激励してくれたのだ。どん底から這い上がった彼の誇らしげな顔が忘れられない。

人生変えたウガンダの子ども

親を失った遺児たちが、あしながの奨学生として世界に飛び出し、国際的な感覚を身につけて成長してほしいと思った我々は海外留学研修制度を作り、一九九五年から専門学校生、高専生、短大生、四年制大学生、大学院生が海外で一年間、ボランティア活動はじめインターン、語学留学などを経験できるよう支援している。応募者はアジア、アフリカ、ヨーロッパ、中東、ラテンアメリカなどから、希望に合う研修先を選べ、帰国後に「つどい」や募金活動を率いる人材として活躍してもらう。これまでに四百四十人の学生が参加した。海外研修を体験したOB、OGたちはいろいろな分野で国際的に活躍している。

「あしながウガンダ」の三代目現地代表を務めた山田優花《ゆか》さんもその一人で、十歳の時に父親をがんで亡くし、母子家庭で育った。得意の英語をさらに勉強しようと故郷の熊本県から神戸市外国語大学に進み、奨学生として「神戸レインボーハウス」に入った二〇〇五年の夏、入居する先輩から誘われて海外遺児と交流するサマーキャンプに参加した。そこで出会った未知の国ウガンダの子どもから「あなたの鉛筆が一本欲しい」と言われ、「この子たちのために何かをしたい」と感じ、翌年の「あしながウガンダ」研修に応募した。

二〇〇六年四月にウガンダへ。ちょうど早稲田大学国際教養学部に合格したナブケニャ・リタさんを日本に送り出したばかりの佐藤弘康君が現地代表として待ちかまえていた。十三歳の少女が弟と妹を支える遺児の家にホームステイも経験した。泥と藁の家で一か月間、子どもたちと土間で一緒に寝て、イモや豆を食べた。貧困の恐ろしさを全身で受け止める体験から、「人はどこで生まれるかは偶然で、日本では遺児でも大学に行けるけど、ウガンダはそうではない。この貧困に対し私がすぐに何かをできるかは分からない。でも、いつか何らかの貢献ができるよう勉強しようと心に決めた」と感想を綴った。私がいいなあと思ったのは、「いつも笑顔を絶やさないウガンダの人たちに何度も救われました」とにこやかに振り返る彼女の柔らかい感受性だ。

一年間のウガンダ研修の後、Pウォーク実行委員長として遺児支援を訴える活動にも参加した山田さんは、次の中国留学も経た就職活動で、中国関係の商社に採用が内定したと報告をくれた。だが、私は迷わず「あしなが育英会で働かないか」と声を掛けた。最初は断られたが、私には彼女がいつかはウガンダに行くつもりだと分かっていたので諦めなかった。四度目の説得で彼女は、「あしなが育英会で働かせてください」と声を弾ませた。

二〇一〇年四月一日の辞令交付式で「会長付を命ずる」という辞令を渡した。特別に新設した「会長秘書」である。アフリカ関係の仕事を予想していた本人は当惑したようだが、アフリカ各国の大使や著名な政治家や財界人に会う時も、トルコのコジャエリ大学で講演した時も彼女を同行させ、私の車椅子を押させた。緊張する場面の多い負荷のかかる仕事だが、これも訓練だ。二〇一一年三月十一日の東日本大震災の一報に触れたウガンダからのとんぼ返りの機中で特別給付金を決定した私の姿も彼女は間近で見ている。もっとも、私の方も彼女の素直で若々しい感性を通して現代社会を受け止め、新たな運動のヒントにしようと考えていたのだ。

そして採用から二年後の二〇一二年春、ウガンダ勤務を発令された彼女は、スーツケースと段ボール一箱の荷物を抱え、嬉々としてアフリカへと向かった。学校に通えなくなった子たちを支援する「寺子屋」を運営し、ケースワーカーのように現地の保護者や子どもの相談相手にもなって頑張り、二年目には現地代表に抜擢された。年長のスタッフに囲まれても自然体で過ごし、二〇一七年春の離任まで五年間にわたりウガンダで働いた。

帰国後に出した体験記『チェンジ――私のウガンダ２０００日』は全国学校図書館協議会の「夏休みの本」（緑陰図書）に選定されるなど話題を呼んだ。高校時代は引っ込み思案だったそうだが、まさに彼女はウガンダとの出会いで「チェンジ」したのだ。

帰国後は育児休暇をはさみ、学生事業部のリーダー育成課長として二〇二三年八月に全国八会場で四年ぶりに再開した「高校奨学生のつどい」などを担当している。

インドネシアで異文化体験

山田優花さんと同時期の二〇〇六年度の海外留学でインドネシアに一年間留学した宝水裕圭里さんの報告も忘れ難い。研修先はアチェだった。長引く紛争に追い打ちをかける二〇〇四年のスマトラ島沖地震の最大の被災地である。マグニチュード9・1、インド洋周辺諸国十四か国に被害を及ぼし、死者、行方不明者二二万人という災厄から日の浅い時期に、中学、高校生の寄宿舎に滞在しながら、家族や地域のコミュニティの結束の強さに感銘を受けた様子だった。さらには再婚ブームの社会に飛び込み、「パートナーや子どもの喪失体験を埋めようとしている」と感じたといい、鋭い観察眼から、少子化の進む日本へのヒントも感じ取っていたようだ。

二〇二三年十一月二十三日の私の「米寿をお祝いする会」にも顔を出してくれ、機関紙『NEWあしながファミリー』のインタビューに「年をとるごとに、玉井先生の偉大さをあらためて感じています。やはり奨学金がなかったら、私は大学に進学できませんでした。一度就職後、大学院に進学し、今、証券会社アナリストという仕事に就いていていますが、そういう道も拓けなかったと思います。一一万人もの遺児に奨学金を届け、大人に、社会人に育て上げた玉井先生は本当にすごい人だというのを実感します」と語っていた。

株式アナリストとして活躍する一方、子どもの貧困をなくす活動を展開するＮＰＯにも入り、寄付プログラムに取り組んでいるらしい。インドネシアで進学をあきらめた現地の若者の無念さを忘れずにいるのだろう。彼女のような「あしなが育ち」が世界を明るい光で照らしてほしいものだ。「期待してまっせ！」

うれしい消息

一九七九年に設立された社団法人「日本ブラジル交流協会」が一九八一年の第一期生十三人から二〇〇五年までの二十五年間で遺児ら七百五十人をブラジルに派遣した。留学研修という形で両国の交流と人材育成に尽くしたことに対し、ブラジル日本移民百周年記念協会から「笠戸丸表彰」を受けた。

アマゾン川流域にある木材会社で研修し、植林活動に従事した向井登志広君は小学三年で父を肺がんで亡くし、四男一女のきょうだい全員が新聞配達をして頑張ったが、長兄がうつになり、二十一歳で自殺してしまう悲劇を経験している。苦しみを抱えるなか、「高校奨学生のつどい」に出たことで、心塾の存在や海外留学のチャンスがあることを知り、東京農大に進み、物理学を専攻した。二年目にブラジルに行く目標を立て、あの新宿のおんぼろアパートの「新塾」では徹夜で「五十冊読書・新聞社説要約」を済ませて通学する努力家だった。

子どもの頃から友だちにいじめられ、暗い性格だったというが、ブラジル人の陽気さに感化され、帰国すると、海外遺児と日本遺児が交流する二〇〇〇年八月の第一回「国際的な遺児の連帯をすすめる交流会」(通称「国遺連」、後のサマーキャンプ)でボランティアの学生通訳のまとめ役を果たした。

その勢いのまま翌二〇〇六年度のインドネシアへの留学研修に参加し、南米とは違ったカルチャーショックを受けた。唐辛子のきいた食事、洗濯は手洗いと、初めての経験に戸惑いながらも、「郷に入っては郷に従え」と現地流の暮らしを貫き、世界の広さを体感して帰ってきた。帰国後に塾生長、募金事務局長の大役を担い、二度の留学経験から「もっと勉強を」と東京工業大学の大学院に進学した。その後、電力中央研究所で研究に没頭しており、スタンフォード大学客員研究員も経験するなど研鑽を重ね、その道の価値ある賞も受けているという。

私の米寿を祝いに来てくれた中に、山口正大《まさとも》君の顔もあった。中学三年のときに父親が交通事故にあい、五年半もの間、意識が戻ることなく亡くなった。働きながら夫の介護と男の子四人の子育てをした母親が葬式で大声で泣いたのを見て、たくましく生きようと心に決めたという。アフリカの難民キャンプでボランティア活動をし、「難民支援」の道に進もうと考えた。オックスフォード大学の大学院で開発学を学び、紛争地に向かう合間に、あしながの国際交流会を手伝ってくれた。その後は国連薬物犯罪事務所（UNODC）という国連機関に勤め、麻薬の取り締まりや組織犯罪に対応する国々の警察官や海上保安官、裁判所や検事へのトレーニングなどの支援をしているそうだ。私に「あしながのお父さんとして、引き続き御活躍を祈念しています」とメッセージをくれた。

「今日みんなに会えて、うれしいね。ホンマうれしい。ありがとう！」。右手をあげて元気よく登壇した玉井（2023年11月23日開催「米寿をお祝いする会」にて）

この米寿を祝ってくれた催しには、「神戸レインボーハウス」で四年間暮らした山本太一君も来てくれた。アマゾン川流域のマナウスに研修留学し、毎日新聞のサンパウロ支局長として〝第二の故郷〟の土を踏んで大人になった顔を見せてくれた。久しぶりのような気がしたが、インタビューに「あしなが育英会の奨学金を借りることができて、心塾でご指導をいただいたということがあったから、私は今元気で新聞記者として仕事ができていると思っています。末永く私たちを見守っていただきたいです」と答えていて、ずいぶん優しい言葉を口にするようになったものだと感慨深かった。

ウガンダ海外研修の第一期生に誘ったものの、「医学部に進学する」との理由で断念した岸上史士《きしがみふみし》君も米寿の祝いで元気な顔を見せてくれた。十歳のときに病気でお父さんを亡くした彼は奨学金と新聞配達や障がい者介助のアルバイトをしながら勉強を続けた。「つどい」などで遺児の仲間と出会うなかで医師の道を選んだ。専門は大腸がんと炎症性腸疾患で、東京大学医学部附属病院で外科医として研究と診療を続けているそうだ。うれしいことに、ウガンダへの思いを今なお持ち続け、「いつかどこかで世界のために仕事ができればと思っています。百二十歳くらいまで頑張ってください」と激励の言葉をくれた。

多士済々

大奨生のＯＢで類まれな努力家が法曹界にいる。「チビタン」の愛称で仲間から慕われ、「大阪交通遺児を励ます会」の代表として大活躍した日高清司君だ。人権弁護士で知られた中坊公平さんの下でイソ弁（居候弁護士）として、香川県・豊島《てしま》の産業廃棄物裁判などで修業を重ねてキャリアを積み上げた。あしなが育英会でも監事として関西地区の司法関係に尽力してくれている。

あしなが心塾の一期生で塾生長も務めた小林一行《いっこう》君は志望通り建築家になって活躍している。最初は心塾のカリキュラムに関心がなかったようだが、先輩たちから「いろんなことにチャレンジすればいい」と言われ、ウガンダ研修生の一期生としてアフリカに渡った。現地の人たちと暮らし、カルチャーショックを受け、「勉強不足」も痛感し、東京芸大の大学院に進んだ。卒業後は自分で設計事務所を設立し、ウガンダのあしなが心塾の建設に携わった。自身の体験を踏まえ、心のケアをしながら勉強に集中できるよう、光と風を取り込む高い天井の建物にし、地元で製造されたレンガを生かした構造を考えた。こうした環境で学べたら、将来への夢も膨らみ、クリエイティブな発想も生まれるに違いない。あしなが育ちのＯＢが自分のスキルで恩返しするのは実に頼もしい。

ユニークな人材としては、かつて山本孝史君が衆院選に初出馬した際、ボランティアによる選挙を仕切り、初代秘書を務めた小辻《こつじ》昌平君がいる。四歳のときに父親を交通事故で亡くした苦労人だが、多彩な趣味を持ち、高校時代にはソウルミュージックに熱中し、アルバイトでレコード千五百枚を収集したという。会社勤めのかたわら、大阪で昭和初期の庶民派作家を顕彰する市民参加型ミュージアム「直木三十五記念館」の設立に携わり、二〇〇五年の開館以来、事務局長を務めている。長屋暮らしの町人学者として文化的な話題を提供して街を活性化させているようだ。

外国人スタッフ

育英会の職員は約百人で、そのうち外国籍の人が約二割というのも、時代に応じて国籍、文化的背景など多様性ある「運動体」になってきた証拠と言えるだろう。

アフリカ事業部で「100年構想」事業を担当するジェフリー・カイーラ君は六歳のときに父親を亡くし、二〇〇二年にウガンダの首都カンパラの植物園で行われた遺児のためのクリスマスイベントに参加してから「あしながウガンダ」に

ジェフリー・カイーラ君

通い始め、翌二〇〇三年の「ウガンダ・レインボーハウス」の竣工式に参加し、ムセベニ大統領が主賓として現れたのを見て、「こんな人が来てくれるんだ」と驚いた。二〇〇五年には日本に招待され、世界の遺児との国際交流会「遺児の心を癒すつどい」にも参加し、海外の大学で学ぶ夢を抱いた。
ウガンダに戻ると猛勉強して二〇一四年、あしなが奨学生として同志社大学への進学を果たした。経済学を専攻し、二年生でアメリカの西ミシガン大学に留学し、コンピューターサイエンスを勉強し、日本に戻ると、「世界がわが家」コンサートの運営にも関わる機会があり、大学の優等生名簿に載るほどの優秀な成績で卒業した。
「京都でお寺や神社を巡り、日本文化に詳しくなった」と語る彼は在学中に「あしなが留学生の会」の設立に携わり、卒業と同時に、あしなが育英会に就職し、東京の「心塾」のスタッフとして働き、その後は本部で自分のように「100年構想」の留学生の採用を担当している。

貧しさから高等教育の機会が少ないアフリカの遺児がどのような生活実態であるのか身をもって知っているだけに、「教育への投資は社会、経済、政治の進歩に不可欠です。なんとか彼らに世界の優れた大学で教育を受ける機会を提供したい。そこで知識、技能、論理的思考能力を身につけ、自分の国に戻って発展に尽くしてほしい」と切実に訴える。「学生たちが祖国でより良い雇用を確保し、地域社会の発展に貢献する可能性を高めることを望んでいます」「教育や若者のエンパワーメントを通じて、アフリカ大陸の若者の潜在能力を最大限に引き出したい。大陸全体の持続可能な開発、繁栄、明るい未来への道を開くことができると確信しています」……。彼自身の言葉ひとつひとつには重みがある。

彼ら外国から来たスタッフが生き生きと働く姿を同じフロアで見ていると、あしなが運動が世界へ飛躍していることを実感する。

たくましい女性スタッフ

二〇〇四年暮れに発生したインド洋大津波で最大被災地となったインドネシア・バンダアチェの子らを、翌年の夏、日本遺児とのサマーキャンプに呼んだ。津波遺児らのケアを続けるため、あしなが学生六人を二〇〇六年春に現地に派遣した。その際、引率した沼志帆子さんの仕事ぶりに目を見張った。

当初の出張命令は二週間だったが、復興の遅れで手続き関係が滞るなか、学生が病気になり、シンガポールで診療を受けさせ一段落する間もなく、ジャワ島のジョグジャカルタで地震に見舞われた。東京から「この地震の遺児を夏のキャンプに招待せよ」と新たな指示が飛んだ。沼さんは現地語がまったくできないにもかかわらず、現場を歩き、倒れた家ごとに「遺児となった子はいませんか」と尋ねて回った。出張は六週間に伸びたが、愚痴一つこぼさず、三か月後に四人の遺児を招待することができたのだ。

実は、あしなが育英会が採用した最初の帰国子女が沼さんだった。

小学六年生で父の転勤先のドイツ・デュッセルドルフに移り、インターナショナルスクールへ入り、異文化と触れ合う生活で「適応力」を身に着けたという。高校生になり、ニューヨークの私立学校に通い、ボストンの大学時代はボランティア活動に参加し、母子家庭の子や精神的な問題を抱える子らの宿題の面倒を見たり、本の読み聞かせをしたり、ホームレスの人たちへの炊き出しも体験した。そうした暮らしが貧困の原因を弱者の側から考える姿勢を育み、卒業して帰国後は青年海外協力隊員として二年間、最貧国の一つである西アフリカのニジェールで活動した。

帰国すると、あしなが育英会の「国際的な遺児の連帯をすすめる交流会」にボランティアとして参加し、アメリカ同時多発テロ事件で親を亡くした子どもたちの通訳を務め、紛争で親を亡くしたイラクやアフガニスタンの子どもたちと仲良く交流する姿を見て心を動かされた様子だった。まさに、あしなが運動を支える人材だと感じた私たちから声をかけたのだ。国際課の仕事や募金活動、さらに「あしながウガンダ」の現地代表を四年務め、二〇一四年の「アフリカ遺児高等教育支援100年構想」の立ち上げに携わり、私の海外出張にも数多く随行し、私の考えや発想をしっかり見てくれた。三人のお子さんの母親でもあり、女性たちが自分らしく生き生きと働くことをしっかりと考えている様子が頼もしい。

すでに管理職の半数以上が女性となった育英会だが、最高のロールモデルとして大いに活躍を期待しているのが、運動のハンドルを握る事務局長の関亨江《ゆきえ》さんだ。

仙台市に生まれ、七歳のとき、父をバイク事故で亡くした。一家の稼ぎ手を失ったことでピアノなどお稽古ごとをやめ、こつこつと勉強し、地元の女子高から山形大学工学部に進学した。入学後にあしなが奨学金を知り、一年のときに参加した山中湖での「つどい」に参加した。期待していなかったが、全国から似たような境遇の学生と出会い、大きな刺激を受け、あしなが募金に本腰を入れ始めた。学内の部室で参加を熱心に呼びかけると、協力者が次々現れた。その体験が後の人生を変えたと言っても過言ではない。

「できないものはない。自分勝手にできないと決めているだけ」という指針ができ、社会に飛び出す原動力となったようだ。

米国系企業のヒューレット・パッカードを経て、フランスに本社を置く電機メーカー「シュナイダー・エレクトリック」傘下企業に転職し、戦略企画やマーケティング部門のシニアマネージャーを務めた。社内言語は英語という環境をものともせず、フランス人はじめ外国人と対等に働いた。

その頃、あしながの機関紙の先輩インタビューに、彼女はこう答えていた。

「企業もどこも、現状維持するにも、努力し続けないと維持もできないし、やらないと何も始まらない。若い人みんな元気なのに、体力あるのに、病気はないのに、なぜやらないの？　まず行動することが大切でしょ」

また、五十歳を超えて四国の四万十川で週末泳いでいて、「時に流れが読めない川は人生と同じ」とも語っていた。チャレンジ精神があるのはすばらしい。私は内心「こんな女性が増えればうれしい」と思っていた。

民間で存分に活躍してキャリアを積み、縁あって、あしなが育英会に入ってもらい、二〇一九年四月から事務局長とアフリカ事業部長として采配を振るっている。

第十五章　何があっても君たちを守る——未来へ

コロナ不況、緊急支援決定

二〇二〇年春、新型コロナウイルスの感染が拡大したため一九七〇年以来五十年間、春と秋に続けてきた街頭募金が百回目にして初めて中止となった。参加する学生や募金者への感染リスクを避けるためのやむを得ぬ措置だが、遺児たちが街頭でその思いを伝える機会まで奪われてしまったことが残念だ。なんといっても、あしなが育英会の知名度を高めてきた最も大切な活動だからだ。コロナ不況でアルバイトがなくなり、奨学生や遺児家庭の経済状況悪化という想定外の出来事に見舞われたが、こんな時こそ、あしながの出番だ。そう思って、高校、専門学校、短大、大学、大学院の奨学生すべて、六千五百人対象に緊急支援金として一五万円を給付することにした。

間髪を入れずに決定を下したのは、何よりもスピードが大事だと思ったからだ。政府の混乱とは対照的だった。公益財団法人であれば監督官庁の了承抜きに制度は作れないが、あしなが育英会は寄付によって奨学制度を運営しているから素早く決断できるのだ。「よそが一〇万円を給付するなら我々は一五万円を出そう」。こんなふうに即断できる組織は、世界にも例がないのではないだろうか。それは単にシステムの利点があるためだけではなく、「あしながさん」はじめ市井の人々の善意を日々受け止めながら生きてきた私の体に染みついた感覚から「大丈夫だ」という判断ができるからである。

「何があっても、君たちを守る!」

二〇二〇年四月十七日、一五万円の給付を発表した記者会見で私は思わずこう声を発した。正直に告白すると、こんなカッコいい決めゼリフがなんで飛び出したか自分でもわからない。まるで用意していたような言葉に思われそうだが、それは違う。会見の後、「わしは、大阪のおっちゃんや。あんな、かっこいいことゆう人間やなかったのに……」と自問した。

やがて、「あれは、心の奥底にあった思いだったんや。それが、コロナで遺児やお母ちゃんたちが大変なのを知って、噴き出したんや」と思うようになった。

とにもかくにも、報道陣の前でそういう言葉が出たということは劇的な展開を生む。テレビで放映されたこともあって、私の言葉には遺児のお母さんたちから思いもよらない反響があった。給付を知らせるメールに対し、全国のお母さんから喜びの声が続々と寄せられた。どれも心に響くもので、いくつかの返信を読んでいただきたい。

《このたびは緊急支援金の決定ありがとうございます。今私たちは生活を維持することに手一杯ですので、支援金で本当に救われます。経済を回すのも大切かと思いますが、私たちのように今生きていくお金がなければ困る家庭もあります。殺伐とした世の中で、本当に人の温かさを感じました。心から感謝しております。（北海道）》

《今メールをうけとり、文面の途中から、もう、とにかく涙があふれて、読めなくなっています。高校生の息子には児童手当もないため、何から話していいのか、国も頼りにはならない。どう考えればいいのかわからなく、「大学を諦めてくれれば、楽なのに」とさえ、思ってしまう時もありました。安堵感なのか、自分でもわかりませんが、涙がとまらないです。ご連絡ありがとうございました。（沖縄県）》

《四月は、授業料納入があり、高校三年ですので、模試や英検など、学ぶ機会がこの状態で遮断され、毎日不安でした。マスクやアルコールといった出費も例年より多く出費がかさみます。私自体もこの時期に入院があり収入がなく、とにかく不安でした。本当に敏速なご対応に子ども共々、感謝の気持ちでいっぱいです。子ども達は、進学できるのか？　不安だったようですが、何はともあれ、先立つお金を頂戴できる事により、安心して、自宅で勉強に励めるようになった！と、あしなが育英会の発表にて、安堵しております。（新潟県）》

《ホントに素早い対応ありがとうございました。これから、学校、受験、仕事どうなるか分からない不安な毎日の中で、一筋の光でした。子どもたちとも、あしながさん、ありがたいねえ、私たちが恩返しできる時が来たらしようねと言いました。生活費と迫ってくる受験のための学費にしたいと話し合いました。政府はほんとに困ってる人に必要なものを与えて欲しいですね。ずっと後手に回ってるようです。心配のなかで、就活、受験と頑張っていかないといけません。私たちより大変な人がいるんだから、と言い合ってます。また、これからがんばります！　すごく多額の給付で大丈夫でしょうか。私たちが落ち着いた日には、今度はあしながさんとして、我が家のように、勉強したいけど資金がない子どもたちのためになれたらと、また思いを新たにしています。（長崎県）》

《緊急支援金を頂けると聞いて、母娘で涙しそうなくらいありがたいお知らせです。コロナによりアルバイトもそこそこになってしまったり、進級・進学で物入りなこの季節に出費は目に見えていて、収入が不安定になるのがわかっていて、減収で生活も厳しくなる事が予測されるなか、我が家にとっては温かい一筋の光です。本当にありがとうございます！（千葉県）》

《メールにて給付金が出ることを知りました。実際、子どもたちが休校になり支払った定期券も払い戻しが出来なかったり、自宅にいるため三食分の食費に加え光熱費も膨らんでいます。先

日退職した現状。なかなか再就職ができず無収入。そんな中のお手当ては本当にありがたいお話です。（静岡県）》

《ニュースを見て、とてもありがたいと思いました。息子はバイトも休みになったため、収入は0円になります。いつコロナが収まるのかわからない中、家にいるしかない日々を送ってます。大卒の資格だけは取ると前向きに考えて頑張っている息子を見ると切なくなります。一五万円という金額は息子のバイト代の二か月分です。本当に助かります。（茨城県）》

アンケート調査に衝撃受け

これだけでもごく一部だが、あらためて「役に立てたので、やって良かったなあ」と思った。一方、寄付者のあしながさんからも「玉井会長の覚悟に感動した」「これぞ、リーダーの言葉だ」といった過分のお言葉までいただき、マスメディアからも取材依頼が相次いだ。

私は母を車に殺され、妻をがんに奪われた人間だ。遺児支援を始めて半世紀はゆうに超え、卒寿を迎えようとしているが、「親を亡くした子どもたちに、なんとか教育を受けさせたい」という思いは年々募るばかりだ。それだけにコロナ禍の二〇二〇年春に行った保護者のアンケートの回答には愕然とした。「とんと肉を食べていません」「子どもに我慢ばかりさせていて、申し訳な

「遺児支援に全力投球だ！」。緊急事態宣言解除後、職員に号令をかける（2020年6月1日）

い」という言葉から、遺児家庭がますます窮地に陥っていることを知った。経済が相当悪い状態になって、底辺がガターっと落ち込んでいることがわかった。

「仕事を失っている人がかなりいるのではないか」「学生もアルバイトができなくなっている」「遺児の母親はアルバイトが多いから、これはキツイ」……。

私はコロナの緊急事態宣言が解除された後、本部の職員たちに「遺児支援に全力投球だ！」とこぶしを振り上げ、号令をかけた。

さらに半年後の二〇二〇年秋に遺児家庭の状況を把握しようと、高校、大学の奨学生の保護者を対象にアンケート調査をした。あしなが育英会としては最大規模の遺児家庭調査である。コロナでお母さんがたの職場が奪われていることを心配したからだが、その結果に私は息をのんだ。

保護者の四七・五％が「気分が沈み込んで気が晴れない」、三六・七％が「収入が減った」、高校生の二七・一％が「食費を節約するようになったと感じる」、大学生の二五・七％が「退学を検討」と回答したのだ。

自由記述では「何度も死にたくなったり、精神的におかしくなった」「最後に頼るものは私の生命保険」といった保護者の悲痛な声が聞こえてきたのだ。

すぐさま暮れには「モチ代を出そうや」と提案し、十一月三十日に記者会見を開き、アンケート結果と進学後の奨学生を含め総勢七千六百人に「年越し緊急支援金」として一律二〇万円を出すことを発表した。これはあしなが育英会から遺児家庭への「私たちがここにいますよ」というメッセージだ。

まさに今、「消えてしまいたい」と思い詰めているお母さんがいる。「未来に希望がない」と下を向く子どもたちがいる。あるお母さんは「収入がなく、生活費に奨学金を回してしまうことがあります。本来の使い方ではないので、申し訳ない気持ちでいっぱいです」と書いてこられた。

その時、私はこう呼びかけたいと思った。

「お母さん、それでいいんですよ。申し訳ないなんて思わないでください。あなたもお子さんも苦しい中で一生懸命頑張っていらっしゃるのだから、胸を張って生きてください。人は貧しさだけではなかなか死にません。お金と同じか、もしかしたらそれ以上に大切なのが、心の拠り所です。貧しい中で、頼る人がいない。弱音を吐くこともできない。そのさびしさ、心細さが、人から生きる気力を奪うのです。私は、あしながの子どもたちとお母さんを一人も死なせたくない。年越し緊急支援金は、あしなが育英会から遺児家庭への精いっぱいのエールです」と。

この会見には奨学生二人のお母さんが参加してくださった。「声なき声を届けたい」との思いから、コロナ禍で仕事を減らされ、食べることに懸命な苦しい状況をカメラの前で静かに語ったのだ。

《次に働くところは前職より月収が九万円減りますが、それでも無収入よりはと、そこに行きます。求職活動三十件で、パート職。週二、三日の就労なら求人はあって、受かりやすいかもしれませんが、子どもを養っていくのには、まったく足りません。夫を亡くした当初から色々なところに関わり、お世話になったりしながら、やりくりをして、何とかして繋がってきました。そして今回のコロナ禍です》

《あしなが育英会の子どもたちは、とてつもなく大きな不安の中で生活しています。私たち親も、自分が一日一食、食べられるか食べられないかの日もあります。私たちは日頃はあまり「困っている」と言いたくない、という気持ちがある人も多いです。お金のことを考えて、将来なりたいものを親に言えない子もたくさんいます。私たちは好きでこうなっているわけではありません。まさに「突然、ある日」という形で、そういう思いをしてきました》

そしてこう続けた。

《まさかこんな形で二度も支援してもらえるとは思っていませんでした。本当に切羽詰まった状態で、ひとりで全部背負っていかなければいけない中で、とても励みになりました》

切々と語られる言葉を横で聞いていた私は、「何があっても守るぞ」とファイトが湧いたのは言うまでもない。コロナ禍であしなが奨学金の申請者は例年を大幅に上回ったが、どんな時代がやってきても、あしなが育英会を頼ってくれる遺児たちには全員、奨学金を出したい。そのための寄付集めには私が先頭に立つ覚悟だ。

師走に復活した街頭募金

コロナだからといって若い世代も黙っていたわけではない。あしなが学生募金として初めてのクラウドファンディング「あしながグローバル100チャレンジ」と名付けた取り組みを展開したのだ。一般ファンドレイザーとしてK1選手の近藤三兄弟と日本学生eスポーツ協会の二組と学生ファンドレイザー五十五組による「クラウドファンディング・ページ」を二〇二〇年四月に開設した。テレビ東京の「カラオケバトル★オールスターズ」にチャリティソングで応援してもらい、百日間のプロジェクト期間に延べ九百八十一人、累計約一二四八万円の支援を得たのだ。こうした寄付を募る仕組みは若い世代ならではのアイデアだ。応援メッセージに参加学生が勇気づけられるのは、街頭募金もクラウドファンディングも変わらない。支えてくださる方々の思いは共通だ。昭和に育った私も、平成、令和に育った世代の新兵器に大いに刺激されている。「よくやった」。私は孫世代の学生たちにエールを送った。

二年間の街頭募金中止を経て、二〇二一年十二月、待ちに待った学生募金が復活した。「あしなが運動の灯を消してなるものか」という思いを込めた学生の訴えが師走の寒風に響き渡った。彼らは「今、自分たちにできることを！」を合言葉に、街頭に立てない時期に遺児家庭や障がい者家庭の保護者百十一人に手分けしてインターネットでインタビューし、切実な訴えを集め、来るべき街頭募金への原動力としたのだった。

私も新宿の街頭募金に車いすで参加した。そこには懸命に声をからす学生の姿があった。新宿ではかつて、先代の林家三平師匠の妻である海老名香葉子さんにも立っていただいたことがある。小学五年生だった一九四五年三月十日の東京大空襲で両親と祖母、きょうだい ら六人を亡くされ孤児になり、三遊亭金馬師匠に引き取られるなど苦労を重ねただけに、協力をお願いすると気さくに応じていただいた。

実は江戸っ子の林田吉司君から恐る恐る「遺児のために街頭に立っていただけないでしょうか」とお願いしたのだが、「いいわよ。いつ、どこへ立てばいいの」と二つ返事だったといい、「さすが、江戸っ子の肝っ玉母さんや」と感心した。

当日は林屋一門の九人のお弟子さんを引き連れ、さっそうと新宿のターミナルに立ち、「私は空襲で孤児になり、学校へ行けませんでした。若者たちに勉強させてあげてください」と声をからしてくださった。正蔵師匠、二代目三平師匠ら四人の子どもを育て上げ、多くのお弟子さんを世話する「大おかみ」の存在感はすごいと感心したものだ。そうしたことを振り返りつつ、半世紀前に始めた募金活動のバトンがつながった喜びに浸った。異例の真冬の街頭募金となったが、二日間に十二都市で行われ、二十七人の一年生も上級生と並んで参加した。途切れることのない寄付の列から「あしながの学生さんに会える日を待っていたよ！」という激励の声を聞き、私は胸が熱くなった。基金の残高が急速に減るなか、奨学生が増え続ける現実は正直言って厳しい。だが、私たちは全力で奨学金を守っていく。「何があっても君たちを守る」と約束したのだから。

待ちに待った街頭募金が2年ぶりに復活した（2021年12月）

　この年末の街頭募金の様子を伝えた機関紙『NEWあしながファミリー』第一七三号（二〇二一年十二月二十三日発行）に緊急募金のお願いと振込用紙を同封したところ、二週間で約七千人から募金があった。振込用紙に添えられたメッセージに我々スタッフは大いに励まされる。自身も遺児で、管理部長兼寄付課長を務める束田《つかだ》健一君は次の第一七四号（二〇二二年一月二十七日発行）でこう報告した。

《身を削って遺児たちを応援してくださるあしながさんもおられます。「自分の生活で精一杯ですが未来ある若者への一助を」「九十六歳の私にできる最後の送金になります」との言葉。あしなが育英会の職員として、そして五十年前父を亡くし、あしながさんに支えていただいた遺児の一人として、心より感謝申し上げます。託していただいた想いとご支援を遺児たちに届けます》
束田君は交通遺児育英会と、病気・災害遺児の「あしなが育英会」の合併について一九九三年、当時の細川護煕首相らに陳情して理解を得るなど、学生の中心となって動いた経験がある。「官」に妨害されたものの、あしながさんの多くが彼らの「恩返し」を支持した手応えを知るだけに、感謝の思いはひときわだったに違いない。

コロナ禍で中止していた「大学及び専修・各種学校奨学生のつどい」も二〇二三年二月、千葉県白子町で三年半ぶりに開かれた。つどい経験者が途絶えてしまうと、あしなが特有のノウハウ継承が危うくなってしまうので実は気をもんでいた。「高校奨学生のつどい」の復活も視野に入れたプログラム構成をスタッフが考え、大学一年生を主に奨学生八十七人と、アフリカからの留学生九人、さらに上級生の学生スタッフ四十二人、全国から駆けつけたOBとOG、職員ら総勢約二百人が参加した。
集団活動が制限されていた時期を経て久しぶりの対面だ。三泊四日、それぞれの人生を存分に語り、先輩たちの話に刺激を受ける時間となった。参加者の九八%が「参加してよかった」と答え、学生募金事務局や学習支援サポーターの希望者も増える実のある催しとなった。

その様子を見守った育英会リーダー育成課長の佐藤弘康君も元奨学生から育英会職員になった一人だ。新しい百草の心塾ができる前の今世紀初頭の頃に、新宿にある老朽アパートを借りた通称「新塾」で暮らした一人で、遺児ＯＧの有希さんと結婚した時には当時の仲間が大勢集まり、ネズミと同居するような貧乏自慢の青春群像を再現するようなシーンとなった。

そんな佐藤君が「連帯のバトンはつながった」と題して機関紙にこう報告している。

《親との死別や、経済的苦境から孤独を深めている子どもに、痛みを分ちあえる仲間を。真剣に将来や夢について考え、自分の可能性に気づく機会を。「白子のつどい」でバトンを受け取った大学一年生たちが、今度は全国各地で高校生を支えるリーダーにきっとなってくれる》

これを読んで、思わず「そうだ、その調子で進め！」と心の中で叫んだのである。

新塾といえば、上村《かみむら》宗弘君がいる。国際医療研究センター病院を経て現在は国府台病院に勤める循環器内科医師だ。生後二か月で父親を亡くし、調理師となったお母さんが懸命に育てたという。上村君は東大に進学し、あしながの遺児家庭訪問調査で、ある家庭の台所に盛り上がった食器を見て、母の苦労が思い出された。医師になろうと決心し、東大の心理学科を卒業後、横浜市立大学医学部に入り直して三十歳で医師になった。あの政官の攻撃で災害遺児育英会（仮称）を横取りされそうになったとき、「笹川さんよりあしながさんがいい」という名文句のビラを学生募金の全国街頭募金で数百万枚まいて撃退した。無念にも最初の心塾から撤退し、新宿の「新塾」への移転を余儀なくされたが、塾頭として母親仕込みの料理の腕前を発揮し、ごった煮の大鍋を仲間と囲み、妻の亜希子さんともここで結ばれたのである。

お母さんたちの悲鳴

ぎりぎりの暮らしを続ける奨学生たちの家族はコロナ禍で深刻な打撃を受けていることは予想できたが、二〇二二年四月に実施した緊急アンケート調査の結果を見た私は心臓が張り裂けそうになった。

「生活費のことが頭から離れず不安で眠れない」「とにかく何でもかんでも値上がりで、一家心中した方がいい」「子どもに、こんな親元に生まれさせたことに申し訳なさを毎日感じています」……。お母さんたちの叫びが記述欄にびっしり書き込まれていたのだ。

これまで私たちの活動では遺児たちの作文集が社会を激しく突き動かしてきた。交通遺児による『天国にいるおとうさま』（一九六八年）に始まり、阪神・淡路大震災でトラウマを抱えた子の『黒い虹』（一九九六年）、自死遺児の『自殺って言えなかった。』（二〇〇二年）、東日本大震災遺児の『お父さんの顔』（二〇一二年）もそうだ。ところが、遺児家庭のお母さんだけの作文集は発行したことがなかった。定期的な生活実態調査で状況はつかめると考えていたからだ。「甘かった」。私は不明を恥じた。

そこでこんどは、お母さんに思いのたけを書いてもらい、文集にしなければ、と感じ、執筆を頼むと予想をはるかに超える応募があった。二〇二三年秋に発行した作文集『星になったあなたへ』を読んでいただければわかるが、夫を亡くした悲しみ、夫への愛情の言葉が胸を突く。

《『見守っていてね』

パパへ。早咲きの桜咲く頃に逝ってしまってから、もう8年過ぎちゃったね。

繊細なあなたがすごく苦しんでいたのに、結局、助けてあげられなくてごめんね。ふたりで、家族で、大変な時を乗り越えていけたら良かった……。

子どもたちは、小4と小2。パパのこと、これからのこと、話したら理解してくれたよ。一周忌までは気が張っていたけど、その後ガタガタで、笑ってる写真見ては泣き、先のこと考えては泣き……寂しいし、仕事も家事も子育ても全部ひとりでやっていかなきゃならない、ストレスで情緒不安定で、何もしたくない日が続いたよ。

パパは、天国で何してる？　大好きなサッカー？　パチスロ？　美味しい物をたくさん食べて体重100kgくらいになってたりして（笑）

子どもたちも大きくなって、高三と高一だよ、長男が小さい頃、「いただきます」した後、飲み物取りに行ったり、すぐ食べなかったりして、パパ、叱ってたね。今でも直ってないよ（笑）でも、滅多に怒らない神様みたいなとこは変わってない。

次男が、言葉が遅くて、かんしゃくを起こしていたのを心配していたよね。高校入学して最初の中間テストの英語と化学、クラス一位だよ。パパは心配しすぎて、子育てで意見が食いちがって、よく喧嘩したよね。

喧嘩したいなぁ。外食でおかわりするパパに呆れたいなぁ。家族で旅行、いっぱい行きたかった。子どもたちより甘えん坊のパパと、ずっと一緒に、手を繋いで、ベタベタしていたかったよ。

天国からずっと、見守っていてね。

結婚してくれて、ありがとう、パパ♡（埼玉県　S・Mさん　五十五歳）》

《『大嫌いで、大好き』
誰よりも娘が生まれてきたことを喜んで、あまりにも病室に来るものだから「退院するまでもう来なくて大丈夫だよ」なんて言ったこともあったよね。
私が悩んでいるとき。落ちこんでいるとき。
「なんでも話してよ。もう夫婦なんだから」って優しく言ってくれて、「この人と結婚して本当によかった」って思えたよ。

なのに。

どうして自ら命を絶ってしまったの？

「つらいことがあったらなんでも話し合おうね」

って言ったのはあなただよ。

娘から「パパ」って呼ばれること、すごく楽しみにしてたよね？

あなたがいなくなって十五年。

よく、時間が解決してくれると言うけれど、時が解決してくれるような人間なんて誰もいないよ。

あなたと行った全ての場所が嫌いだよ。

あなたと見た全ての景色が嫌いだよ。

もう戻ってこられないのなら、そんなに私の心をかき乱さないでほしい。

もしも。一言だけ、あなたに伝えることができるとするのなら。

「ずっと大好きだよ」って伝えたい。（山形県　S・Hさん　四十二歳）》

このような率直な心の内の吐露に加え、心身や金銭的な苦労、子どもの教育支援、自身の健康と老後の心配、それにコロナまで加わって、困窮する心情が痛いほど伝わってくる作文ばかりだ。

そうした中でも子どもたちの進学の夢をかなえた、あしなが活動への感謝が綴られているものも多かった。例えば、次のようなものだ。

《『夢で交わした約束』

夫が亡くなったのは、子どもが五歳と三歳の時でした。

ある日突然で、頭がまっ白になり、先の不安と悲しみと、いろいろな感情で……。

だけど毎日はちゃんと来て、子どもたちはすくすく成長します。

この子たちは私だけが頼りなんだと、それからはがむしゃらに働き、過ごしていました。

ある日、夢に夫が出てきました。

娘には「マックばかり食べないで、いろんな物を食べて元気に育ってね」。

息子には「足にちょこんと座ってごはんを食べてくれたこと、ありがとう」。

そして私には「子どもたちを、立派な大人になるまでがんばって育ててください」。

その夫の言葉を胸に、寂しくないよう子どもたちとの時間も大切にしながら、一生懸命働きました。

時には一人で泣いて、子どもたちの晴れ舞台のときに、「夫と見たかった」と泣いて。

病気の時、反抗期……。今から思えば色々ありました。だけど、元気に働けたこと、まわりの人たちがたくさん助けてくれたこと、そしてあしなが育英会であしながさんたちにお世話になったこと。胸があつくなるほど感謝しています。

そして振り返って、私は一人じゃなかったし、とても幸せな子育てだったと今は思います。学費の不安が軽くなったこと、本当に大きな安心となりました。ありがとうございました。子どもは二十歳と十八歳になり、将来について考え、勉強に取り組んでいます。おかげさまで、もうすぐ、夫との約束をはたせそうです。これまでもこの先も、ずーっと感謝しています。(沖縄県　H・Kさん　五十歳)》

作文集の編集を担当した広報部のスタッフは編集後記にこう書いている。

《日ごろはだれにも話せない、自分自身でも蓋をしてきた感情を見つめ、言葉にすることそのものが癒しになった——。そんなふうに思われた方がこんなにいらっしゃるのか、と胸が震えました。(中略)お母さんたちの真心から出た言葉、一つひとつが光る星です。勇気を出して作文を寄せてくださったすべてのお母さんに、心から感謝申し上げます》

まったく同感である。世の中の隅々まで見れば、生活苦にあえぐ人々が大勢いる。あしなが育英会で働く私たちは多くのことを学ばせていただいているのだ。お母さんたちの肉声に触れ、私はまだまだ活動に全力を注ぐぞ、という思いにかられた。

春の風物詩も三年半ぶりに復活

第百五回あしなが学生募金が二〇二三年四月、全国約百五十か所で実施された。春と秋の募金はコロナ禍で二〇一九年十月を最後に途絶えていたが、三年半ぶりに開催が実現した。ここで私はあらためて街頭募金の意義を強調しようと考えた。学生募金はあしながの生命線だからだ。あしなが学生募金事務局長として全国の活動を率いた大阪教育大学三年の谷口和花菜さんに、私はオンラインの画像越しにこう呼びかけた。

《谷口さん、君たち学生のおかげで、ようやく本来の学生募金を復活させることができたね。ほんとうにありがとう。でも、課題も見つかったね。

学生募金運動で大事なのは前回と違うポイントを、調査とか現状のお母さんの声とかから見つけて、報道機関を通じて社会に伝えるということなんや。前回の募金リレーのときと同じ人間が街頭に立って、前回以上に声をからして呼びかけているのに前回より反応が薄いというのは、訴えている内容に新しみがないということ。それは常に君たちで考えないといかん。遺児家庭の状況がどう変わっているか、どう苦しくなっているか。みんなで話し合って、強調しようという点を探し出して訴えると、本当に違ってくると思う。

また、北海道から沖縄まで、東京からもってきたままの意見や訴えを記者に伝えても、それはアカン。それぞれの地域の特色を見つける工夫が必要。そういう話し合いとか、ものの見方っていうのは常日頃養っていかないと、一朝一夕には身に付かない。

分析もできるようになり、説得もできるようになって社会に出たら、学生募金はその子にとって有益だったと言える。そう考えてやったら、ますます伸びますよ。

募金の期間中に、いろいろ募金のことについて人に話すやろ？　話をするためには、いろいろ資料を読んだり先輩の意見も聞くわけやね。その中で一番自分がしゃべりたいことを訴える。だから材料が豊富で、いい先輩からもらっているんだからと考えて指導してきた。私たち職員も、貴重な時間を君たちからもらっているんだからと考えて指導してきた。だから総合的にあしなが運動のプラスになってきたと思う。そのプラスの総和、全部の分量が大きくなるようにやっていくことが運動を大きくしていくことになる。だから職員も、何を聞かれても、その子にプラスになるような話ができるように自分を高めておかないと対応できない。

正解が一つだった受験勉強までと違って、大学に入ったらいろいろな問題について、それぞれの答えが違ってくる。そして、学年が上がっていくにつれて、また答えるレベルが違ってくるの。だから、卒業してからものすごい差ができてくる。学生募金というのはそういう意味で、全国の同級生、同時期の学生がたくさん全国にいる。その中でも差別化していける、ものを考える絶好のチャンスなんですよ。事務局がそれを教えていかないといけないね。

人間は誰と会ってどういう言葉を交わすか。それに引っかかるか全然引っかからないか。「一

つの言葉」がその人間を変えることだってしばしばある。それが人生の〝出会いの妙〟というものです》

谷口さんが学生募金事務局に入ったのは、大学一年のときに参加した、奨学生対象の学生募金のオンライン説明会がきっかけだった。先輩たちの遺児支援への思いに触れて感銘を受けたのだという。中学三年で母を亡くし、姉と二人で残されたが、多くの人たちに支えられ、「自分も困っている人を助けたい」と考えていたので迷いはなかったそうだ。小学校教諭になる夢を持っているという。すばらしい先生になるに違いない。

その谷口さんは春の募金初日の前日の四月二十一日、発足したばかりの「こども家庭庁」の諮問機関「こども家庭審議会」の委員として第一回会合に臨み、母親と死別し、父親とも離別したことで困窮した生活体験を語ったそうだ。育英会の機関紙の取材には「遺児や親に障がいがある子どもたちを含めた、すべての困難を抱える子どもたちが明るく生きることができる社会をつくれるよう、委員として発言していきたい」と決意を語った。

さらに二年後の二〇二四年度も、あしなが学生募金事務局の事務局長を務める慶應義塾大学四年の大隅有紗さんが同審議会の委員に就任し、五月に開かれた基本政策部会で「私は六歳のときに父を亡くし、母子家庭で育ちました。子どもの貧困やひとり親家庭の当事者としてお役に立ちたい」とあいさつした。

能登半島地震でも本領発揮

二〇二四年一月一日午後四時十六分、能登半島で最大震度7を観測する地震が発生した。新春気分を吹き飛ばす大参事だ。救援しようにもアクセスが分断され、被災者が孤立している。あしなが育英会は一月の理事会を経て、「緊急支援」を決定した。震災で親を亡くした遺児向けの教育支援金（高校生以上三〇万円給付、中学生以下二〇万円給付）と家屋の被害を受けた奨学生に教育一時金（三〇万円給付）の制度を新設したのだ。ここからが奨学生の出番だ。「一刻も早く支援金を届けたい」という思いから現地行脚がスタートする。

道路事情が整い始めた二月一日には先遣隊が現地入りし、続いて二月、三月と職員、大学奨学生が新制度の周知徹底のために現地入りして奨学生家庭や自治体を訪問した。阪神・淡路大震災、東日本大震災でも示されたが、被災者への想像を直ちに行動へ移す。それが、あしなが育英会の真骨頂だ。

車いす生活が長くなった私にとって被災地に行くのは困難で物理的には遠くなったが、アンテナだけは立てておきたい。現地入りした奨学生から育英会に次のような報告が入った。

《火災のあった朝市跡にも行きました。市街地の様子から打って変わって、焼け野原が一面に広がっており、とてもショックを受けました。そんな中でも中央には燃えずに残ったお茶碗や人形が集められ、お線香やお花が供えられていました。私たちも手を合わせました。家庭訪問した時に高校奨学生のお母さんが仰っていた「東北だって復興しましたもんね、私たちも頑張ります」という言葉がとても印象的でした。（東北エリア・Kさん）》

《お母さんと奨学生二人が暮らすお宅を訪問。震災についてお話を伺い、水汲みやお部屋の片付けをお手伝いしました。お家の中は壁にヒビが入ったり、窓ガラスが割れていたり、家具が損傷したりなどという被害がありました。お母さんのお話によると、地震から一か月半経過した今でも、すぐ外に逃げられるように寝る時はバッグを近くに置き、寝間着では寝ないようにしているといいます。地震は目に見える被害だけではなく、精神面や体調面にも大きなダメージを与えています。この三日間、私がこの調査で感じたことや思ったことを全国の局員にシェアし、地震に対し学生募金事務局として何ができるのかを一緒に考えていきたいと思います。（首都圏エリア・Mさん）》

現場を歩き、体感する。そうすることで大切なことが伝わってくる。あしなが育英会から同行した奨学課の富樫康生君はこう記す。

《「支援を必要としている遺児へ届けたい」。大学奨学生らと共に被災地を歩き、制度周知に努めたその思いは東日本大震災の時も、能登半島地震でも同じだ。二日間で十八の自治体を訪問し、震災遺児に向けた支援金制度の周知に取り組む中、震災遺児が二人いることがわかった。また現地調査後に震災遺児家庭から連絡が届いた。加えて、被災地に住む奨学生らも避難生活をしている実態がわかってきた。経済的支援を通じてつながることをきっかけとして、遺児らが学び続けるため、同じ境遇の仲間や先輩遺児と直接出会う場へつなげていきたい》

今後も、お金だけでなく、本会ならではの支援の方法を模索しながら、そのノウハウを受け継いでいくことになるだろう。あしなが運動の遺児を支える哲学はそこにあるのだ。

一人でも多く奨学金を

東京都内で二〇二四年二月下旬に開かれた「あしなが学生募金全国会議」で、私は北海道から九州・沖縄まで全国各地から集まった代表七十人に感謝の思いを伝えた。その際、「みんな何がしたい?」と尋ねてみた。すると、「恵まれない家庭の子どもでもしっかり勉強できる社会をつくりたい」「自分自身が親を病気で亡くし中学生のときに誰にも頼ることができなかったので、そういう子どもたちを心の面から支援したい」「ウガンダであしながに出会っていない、困っている子どもたちにも『可能性や知る権利』を与えられる人間になりたい」などの言葉が返ってきた。

私は「すばらしい!」を連発し、「みんなと会えて本当にうれしい。いま一人ひとりの顔を見ながら、あしなが運動六十年でこんなに立派になるんやと、しみじみ思いました。あとはどんどん勝手にやればいい。みんななら必ずいろんな形で花が咲くでしょう」とエールを送った。

振り返れば長い道のりになったものだ。街頭募金の第一歩は一九六七年十月、東京・数寄屋橋の交差点だった。岡嶋さんら勤労青年や主婦数人と一緒に募金箱を持って通行人に向かって呼びかけた。あれから六十年近くたつ。この光景は日本の春と秋の風物詩となった。これだけ大きな成果を上げた募金は他にないだろう。最初に街頭に立った奨学生は孫を持つ世代になっている。よく続いてきたものだ。本当に感無量だ。

地震や津波などの自然災害に限らず、世界は侵略、大量虐殺など酸鼻をきわめる深刻な状況にある。寄付金の半分は国内の遺児や親に障がいのある子どもの奨学金、もう半分はアフリカの遺児の高等教育支援費に充てられる。若者たちが「何とかしなければいけない」と連帯の輪を広げていけば、怖いものなしだ。私は平和な世界の実現も不可能とは思わない。学生主体で綿々と続いてきた運動の一翼を担ったという自負をみんなが持てば、世の中の難しい問題を解決していく大きな力になる。他人《ひと》の痛みがわかる彼らは、能登半島震災遺児や被災した仲間と後輩のためにも、必ずや何かを始めるにちがいない。

あしなが運動にはスポーツ界の応援者も大勢いる。サッカーの本田圭佑さんは「ウガンダあしなが」で一緒にエイズ遺児たちとサッカーボールを蹴って励ましてくれたし、柔道の山下泰裕さんは選手時代から名も明かさず「あしながさん」として応援をしていただいている。二人とも「賢

募金活動をする“創業者”たち。右から2人目が岡嶋信治さん、右端があしなが学生募金を始めた桜井芳雄さん（2017年10月21日、新宿駅西口）

人達人会」に入っていただき、良きアドバイザーなのである。

四月二十日、第百七回目となる「あしなが街頭募金」の初日、高校や大学に通う奨学生が「あしなが学生募金」と書いたタスキをかけ、全国各地のターミナルに立った。「高校奨学金希望者1800人　申請過去最多も半数以上採用できず」「誰も取り残されない未来へ　1人でも多くの遺児に奨学金を」と書いた緑色の横断幕を掲げ、感謝の気持ちを胸に「皆さまの温かいご寄付が進学の夢をかなえてくれます」と懸命に声を上げた。

物価高や親の病気、コロナ禍による家族の失業などで奨学金の申請が急増するなか、中学三年生で新年度の高校奨学金を申請した生徒は全国で前年より四百七十二人多い千八百人に上り、一九八八年の制度発足来過去最多となったが、資金不足で九百八十五人を採用できず、メディアも「資金不足でピンチ」「不採用が半数超」などと窮状を強調したニュースを報じてくれた。

四日間、全国百二十六の街頭、駅頭で行われ、募金額は一億四〇万一〇一二円とコロナ禍以降、初めて一億円を突破した。

アフリカから留学中の遺児たちも参加し、JR八王子駅前で募金箱を抱えて立ったウガンダ出身で国際基督教大学四年のアポロ・セニャンゲ君は道行く人から励ましの声を受け、「心が震え、涙があふれた」という。彼は四歳でお父さんが病死し、小学校に通えず、朝から晩まで鉄くずを拾って換金し、家計の足しにした少年だった。二〇二一年に来日し、あしなが心塾に入り、勉強に励む一方、SDGsの課題に取り組むNPOを創設し、五大陸五十数か国から四千人以上の会員が参加し、その代表として活動し、二三年七月にはニューヨークの国連本部で「ハイレベル政治フォーラム」に参加するなど大活躍している。

大阪・なんば広場では漫才師で元参議院議員の西川きよしさんが今年も街頭に立ってくれた。座右の銘の「小さなことからコツコツと」をスローガンに政界に進出した一九八六年頃から街頭募金に参加してくださる頼もしい仲間だ。三人の子のお父さんで、自分が突然亡くなったらどうしようと考えたのがきっかけで始め、「自分ができることをしたい」と毎年欠かさず春と秋に大阪の街に立ってくれる。家庭が貧しくて高校進学もかなわなかったが、漫才分野で初の文化功労者になった尊敬すべき、頼りになるサポーターだ。

私の教育哲学

教育方針に革命をもたらさないと日本は衰退の速度を速めるばかりだ。それは、あしなが活動を通して私が獲得した教育哲学だ。とかく日本では子どもの欠点を指摘し、長所、好きなこと、やりたいことを伸ばそうとしない。ところが欧米は逆で、得意な点、好きな点をほめて背中を押してやる。欠点や弱い点をつついて恥をかかせるようなことはしない。そうやって、自信をもって人生と格闘する生き方や生き抜くための術を身に着ける方が大切だと思う。

日本式の減点法でどんどんやる気をなくすようなやり方はもうやめよう。自信を失った若者に少しでも得意なもの、人より興味をもって取り組むことを褒め、応援して伸ばしてやればいいではないか。

極端な少子高齢社会にあって、東大一極を目指す教育のあり方では世界の中で惨敗するのは明らかだ。このように価値観が多様化し、人口動態が変化する社会に受験秀才だけでは通用しない。あしながで取り組んだ半世紀に及ぶ異文化交流の経験からも、既存の学力観から解き放たれ、勇気をもって世界に飛び出すことが必要だと強く思うのだ。先細りで縮みゆく日本社会で、鎖国のように内向きに生きていけば日本社会は消滅してしまうだろう。

世の流れにただ流されていくのでは、災厄が身に降りかかったとき、その原因を考える力もな

「志」をウガンダの子どもたちに伝える玉井（2010 年 10 月 5 日）

く大勢に流されてしまう。考えることなく大きな流れに従っていく生き方は楽といえば楽だ。しかし、戦争とか原子力問題とか人類への過ちを犯すことを座視しているだけでいいのか。そのような生き方はもう許されない。せっかくの人生を他人の考えで流されて生きていくのはもったいないではないか。

私自身、貧乏人の子だくさんの家に育ち、兄たちは小学校しか行けないため社会に出て苦労した。末っ子の私だけ大学へ行かせてくれたのに、国立一期校を落ち、二期校へ行ったことを私はこの世の終わりのように勘違いし、怠惰に過ごした過去がある。私が母の交通事故死で目が覚めたのは、二十八歳の時だった。自分の愚かな過去を踏まえ、遺児諸君には、「遺された君自身は、もっと自分を大切にして生きるべきだ」と、声を大にして言いたい。

あしながを未来に、世界に

最後に、あしなが育英会への支援をあらためてお願いさせていただきたい。

子どもにとって、親の死は世界の崩壊を意味する。病気、災害、自死（自殺）……親を失い、暗やみの中に突き落とされた遺児は、「なぜ、自分がこんな目に」という衝撃、悲しみ、怒り、そして底知れぬ不安を感じながら、生きていかなければならない。

私自身も、母を無謀運転の車に殺され、妻をがんに奪われた。母と妻の無念を片時も忘れることなく、遺児支援を天命と思い、半世紀以上を歩んできた。遺児が心の傷を癒やし、教育を受ける機会を得て、いきいきと生きる場所を見出してくれること、そして、後輩の遺児を支援する側になってくれること、さらに社会のために活躍する人となることが私の変わらぬ目標だ。

この世の中、多くの方は、お金持ちではない。日々の暮らしを切り詰めながら、遠くから遺児の幸せを願い、送金してくださっている。そんな〝あしながさん〟と遺児との橋渡しをしていることを、私たちは誇りに思っている。

交通遺児の進学支援から始まった「あしなが運動」は、災害、病気、自死遺児へと対象を広げてきた。障がいで親が働けなくなった家庭の子どもたちにも救済の手を差しのべている。また、阪神・淡路大震災の遺児による「自分たちが受けた恩を、世界で最も苦しんでいる子どもたちを助けることで返していこう」という提案から、アフリカをはじめ世界各地の遺児支援も行っている。どんな時代であっても、どんな場所であっても、「学びたい」と願う遺児たちを守っていくつもりだ。

「生涯、“運動家”として生きてまいります」――後藤新平賞受賞を祝うつどいの玉井(渋谷敦志撮影、2018 年 12 月 6 日)

あとがき

私は、初めの章で触れたように、太平洋戦争まっただなかで、食うものも着るものも無い無い尽くしの時代に幼少期を過ごし、小学校（国民学校）の五年で終戦を迎えた。日本がようやく復興の緒に就いた頃に青春時代を過ごしたが、甘やかされて育った私は、世の中の流れから大きく外れ、箸にも棒にもかからない怠惰な若者だった。

母が交通事故で命を失ったことで目が覚め、それからは猪突猛進し、昭和の時代を駆け抜けた。人気テレビ番組「桂小金治アフタヌーンショー」のレギュラーとしてお茶の間の常連となって理不尽な車社会を糾弾した。親を失った遺児たちを支える「交通遺児育英会」を創設し、そのトップに重厚長大産業の象徴的人物を担ぎ出し、芸能界の人気者まで運動に巻き込む一方、高度経済成長の陰で遺児となった子どもたちに心を寄せる学生たちを口説いて仲間に引っ張り込んだ。

昭和から平成へと移行する時期には、政官の陰湿な攻撃に苦しみ、土俵際まで追い込まれたが、懸命に格闘した末に新たな組織「あしなが育英会」を足場に起死回生を図った。奨学金を受けて進学を果たした遺児たちの恩送り運動が、災害・病気・自死などで親を失った子どもたちの支援へと展開し、平成から令和にかけ、あしなが運動は国境を越えたグローバルな形態へと進化していった。すでに鬼籍に入られた方も含め、無数の「あしながさん」の善意のおかげである。あらためて、多くの恩人たちに感謝の思いを伝えたい。

本書の刊行は、第十二回「後藤新平賞」受賞（二〇一八年）以来、藤原書店の藤原良雄社主から頂いた叱咤激励がなければ実現しなかった。さすが出版界に名を轟かすだけの人物だと感服している。刊行中の著作集『玉井義臣の全仕事』を含め編集の労をとっていただいた藤原洋亮さん、刈屋琢さんともども感謝に堪えない。その作業は、私のそばで詳細なデータとの照合で苦労をかけた工藤長彦・広報担当理事はじめ、あしなが育英会スタッフの連携サポートがなければ完成に至らなかっただろう。この場を借りて「ありがとう」と言いたい。

特筆すべきは、編著者として膨大な資料から私の足跡を克明にたどり、粘り強いインタビューで私の思いを丹念に汲み取り、内面に至る心の声まで達意の文章に仕上げた城島徹さんの存在である。まさに神業であり、感謝の極みである。

最後に私事で恐縮だが、怠惰な末っ子の私を自らの死で覚醒させた母ていと、私に人生の潤いを与えてくれた亡き妻由美の二人の墓前に本書を捧げたい。

皆さん、本当にありがとうございました。私はこれからも、あしなが運動の先頭に立って、もうひと暴れするつもりです。

二〇二四年秋

一般財団法人「あしなが育英会」会長
玉井義臣

玉井義臣　略年譜（1935－　）

一九三五（昭和10）**0歳**　2・6、大阪府池田町（現池田市）の金網職人の家庭に十人きょうだいの末っ子として生まれる。父八朗、母てい。

一九六三（昭和38）**28歳**　12・23、母ていが交通事故に遭い、植物状態のまま翌年1・27に死亡。この時玉井は「母の仇をとる」と誓う。

一九六五（昭和40）**30歳**　7・15、『朝日ジャーナル』誌に論文「交通犠牲者は救われていない」を発表。9・26、同誌第二作「〝ひかれ損〟の交通犠牲者――損害補償の現状と打開策」を発表。これが著名な経済学者都留重人の目にとまり、当月注目作に選ばれ、玉井は、日本で最初の「交通評論家」に。

一九六六（昭和41）**31歳**　3・28、「桂小金治アフタヌーンショー」（NETテレビ、現テレビ朝日）の交通キャンペーンにレギュラー出演開始。一九六八年九月までの約二年半、計一二四回出演。

一九六七（昭和42）**32歳**　7・3、姉をトラックによるひき逃げで亡くした岡嶋信治が玉井を訪ね、「交通事故遺児を励ます会」の相談役を依頼。玉井はこれを快諾し、交通遺児救済運動が本格的に始まる。

一九六八（昭和43）**33歳**　4・15、「桂小金治アフタヌーンショー」で、交通遺児の中島穣（十歳）が朗読した自作の詩「天国にいるおとうさま」が大反響を巻き起こす。遺児育英財団設立が国会論議に。

一九六九（昭和44）　**34歳**　5・2、財団法人交通遺児育英会設立。永野重雄会長、玉井が専務理事に就任。10・1、秩父宮妃勢津子様が名誉総裁に就任。

一九七〇（昭和45）　**35歳**　6・18、秋田大学生の桜井芳雄が玉井との面談で、「全国学生交通遺児育英募金運動」を提唱。10・6、四七五大学（団体）参加で第一回学生募金を全国で実施。

一九七二（昭和47）　**37歳**　機関紙『君と5 8 1・2 2 7 1』創刊。

一九七三（昭和48）　**38歳**　3・27、地球資源浪費の減速を訴える「ユックリズム」を提唱。

一九七八（昭和53）　**43歳**　4・5、交通遺児育英会学生寮「心塾」竣工。玉井が塾長に就任。

一九七九（昭和54）　**44歳**　4・18、米国の小説『ダディ・ロング・レッグズ』をヒントに、奨学金として一定額を定期的長期的に寄付する「あしながおじさん」（後に「あしながさん」）を玉井が提案し募集開始。

一九八四（昭和59）　**49歳**　9・1、交通遺児奨学生たちが「災害遺児の高校進学をすすめる会」を結成。

一九九〇（平成2）　**55歳**　1・30、朝日社会福祉賞受賞。

一九九二（平成4）　**57歳**　4・1、災害遺児たちが「病気遺児の高校進学を支援する会」を設立。

一九九三（平成5）　**58歳**　4・1、「災害遺児の高校進学をすすめる会」と「病気遺児の高校進学を支援する会」が合併し、「あしなが育英会」を設立。

一九九四（平成6）　**59歳**　3・31、玉井、財団法人交通遺児育英会専務理事を辞任。

一九九五（平成7）　**60歳**　1・17、阪神・淡路大震災発生。8・23、玉井の指揮であしなが育英会が震災遺児訪問調査を実施し、五七三人の遺児を確認。

一九九七（平成9）**62歳** 12・15、リオ・ブランコ勲章受章。

一九九八（平成10）**63歳** 4・1、玉井、あしなが育英会会長に就任。

一九九九（平成11）**64歳** 1・9、あしなが育英会「神戸レインボーハウス虹の家」竣工。

2・6、あしなが育英会奨学生たちがコロンビア大地震遺児激励募金実施。「あしなが運動」史上初の国際支援となる。

二〇〇〇（平成12）**65歳** 8・5〜13、あしなが育英会「第一回国際的な遺児の連帯をすすめる交流会」開催。トルコ・台湾・コロンビア震災遺児とコソボ戦争遺児が日本の遺児と交流。

二〇〇一（平成13）**66歳** 4・24、天皇・皇后両陛下が「神戸レインボーハウス」をご視察。

二〇〇二（平成14）**67歳** 10・4、ウガンダ共和国に国際NGO「あしながウガンダ」事務所開設。

二〇〇四（平成16）**69歳** 2・13、朝日社会福祉賞受賞。

二〇〇六（平成18）**71歳** 2・14、東京都日野市に「あしなが心塾レインボーハウス」竣工。

二〇〇八（平成20）**73歳** 8・15、笠戸丸表彰受賞。

二〇一一（平成23）**76歳** 2・5、日本ファンドレイジング大賞受賞。3・11、東日本大震災発生。3・13、アフリカ出張中の玉井ただちに帰国、震災緊急対応本部長として陣頭指揮。「生活特別一時金」給付を即決し二〇八二人に一人当たり二八二万円給付。

11・9、ペスタロッチー教育特別賞受賞。

二〇一二（平成24）**77歳** 10・16、世界ファンドレイジング最優秀個人大賞受賞。

二〇一三（平成25）**78歳** 6・19、あしなが育英会奨学生たちが中心になって運動した結果、「子どもの貧困対策法」成立。

二〇一四（平成26）**79歳** 3・1、あしなが育英会「仙台レインボーハウス」、3・25、「石巻レインボーハウス」、6・29、「陸前高田レインボーハウス」竣工。

二〇一五（平成27）**80歳** 東日本大震災遺児とウガンダのエイズ遺児、ヴァッサー大学生によるコラボコンサート「世界がわが家」をニューヨークとワシントンで公演。7・17、「あしながウガンダ心塾」竣工。10・18、エレノア・ルーズベルト・ヴァルキル勲章受章。

二〇一六（平成28）**81歳** 3・12、石田梅岩・生涯学習賞大賞受賞。4・11、吉川英治文化賞受賞。11・3、教育文化功労賞受賞。

二〇一八（平成30）**83歳** 7・7、後藤新平賞受賞。8・13、玉井、天皇・皇后両陛下のお招きを受け、御所で約一時間の「お茶の時間」を賜る。両陛下からは遺児への半世紀におよぶ支援活動に対し、ねぎらいのお言葉をいただく。

二〇二〇（令和2）**85歳** 4・16、新型コロナウイルス感染症流行の影響で経済的に苦しくなった遺児家庭救済のため、全奨学生六四五〇人に一人一五万円の「遺児の生活と教育の緊急支援金」給付を発表。11・30、四月に引き続き全奨学生七五九一人に一人二〇万円の「年越し緊急支援金」給付を発表。

二〇二三（令和5）**88歳** 2・6、玉井が米寿を迎える。2・24〜27、コロナ禍で中断していた「大学奨学生のつどい」が三年半ぶりに復活。8・5〜25、夏休みの「高校奨学生のつどい」を四年ぶりに全国八会場で開催。9・1、史上初の遺児家庭の母親だけの作文集小冊子『星になったあなたへ』発行。

二〇二四（令和6）**89歳** 1・1、能登半島地震発生。2・1〜2、能登半島地震被災地に先遣隊派遣。2・10〜22、大学奨学生と職員による第一次能登半島地震被災地調査、併せて「あしなが育英会緊急支援のお知らせ」活動実施。5・15、遺児家庭の母親の作文集第二集『いつか逢う日まで』発行。5・31、『玉井義臣の全仕事　あしなが運動六十年』（全五巻）の第一回配本第Ⅱ巻を藤原書店から刊行。9・19、奨学生保護者緊急アンケート結果を厚生労働省会見室にて記者発表。

ヤ　行

ラ　行

ワ　行

ハ　行

マ　行

タ　行

ナ　行

主要人名索引

本文中の主な人名，グループ・組織名を採った。（肩書等は当時）

ア 行

著者紹介

玉井義臣（たまい・よしおみ）
1935年大阪府池田生まれ。滋賀大学卒業後、経済ジャーナリストとしてデビュー。母親の交通事故死から被害者の救済問題を提起し、日本初の「交通評論家」として活動開始。TVワイドショー「桂小金治アフタヌーンショー」出演をきっかけに、69年に財界重鎮・永野重雄氏と民間ボランティア団体「遺児を励ます会」等の協力を得て「財団法人・交通遺児育英会」を設立、専務理事に就任する。94年同育英会への官僚天下り人事に抗議する形で専務理事を辞任。災害・病気・自死遺児など全ての遺児の支援のために設立した「あしなが育英会」の副会長に就任。98年、会長に就任。現在は支援の対象を国内に止めず、世界の極貧地アフリカのサブサハラ49か国から優秀な遺児を毎年1国1人選抜し、日本と世界の有数大学に留学させ、帰国後国づくりに参加させ、ひいては世界の貧困削減につなげる「アフリカ遺児高等教育支援100年構想」に邁進している。
69年以降の玉井主導募金額1100億円で高校・大学等に進学した遺児は11万余人に上る。2012年、遺児進学と東日本大震災での迅速な遺児支援活動、アフリカ遺児への教育支援100年構想に対し「世界ファンドレイジング大賞」。2015年、日本及び世界の遺児に教育的サポートを行ない、遺児を貧困の連鎖から解き放つ運動を展開し、人権の擁護に努めたことに対し「エレノア・ルーズベルト・ヴァルキル勲章」。2018年、日本国内外を問わず、現代において後藤新平のように文明のあり方そのものを思索し、それを新しく方向づける業績を挙げたことに対し「第12回後藤新平賞」を受賞している。その他受賞多数。
著書に『愛してくれてありがとう』（2020年）、『玉井義臣の全仕事　あしなが運動六十年』（全5巻、2024年―）、編著に『何があっても、君たちを守る　遺児作文集』（2021年、いずれも藤原書店）他。

編著者紹介

城島徹（じょうじま・とおる）

1956年東京生。ジャーナリスト。81年毎日新聞社入社。社会部記者、アフリカ特派員、生活報道センター長、大阪本社編集局次長などを歴任。明治大学基礎マスコミ研究室主任研究員（2013～23年）。目白大学非常勤講師（2016～22年）。著書に『日中が育てた絵本編集者　唐亜明』（藤原書店）、『謝る力』『新聞活用最前線』（清水書院）、『私たち、みんな同じ――記者が見た信州の国際理解教育』（一草舎出版、地方出版文化功労賞奨励賞受賞）、編著に『いのちを刻む――鉛筆画の鬼才、木下晋自伝』（藤原書店）等。

世界《せかい》の遺児《いじ》に教育《きょういく》を！　あしなが運動《うんどう》の創始者《そうししゃ》・玉井《たまい》義臣《よしおみ》自伝《じでん》

2024年11月30日　初版第1刷発行©

著　者　玉井義臣
編著者　城島　徹
発行者　藤原良雄
発行所　株式会社　藤原書店

〒162-0041　東京都新宿区早稲田鶴巻町523
電　話　03（5272）0301
FAX　03（5272）0450
振　替　00160-4-17013
info@fujiwara-shoten.co.jp

印刷・製本　中央精版印刷

落丁本・乱丁本はお取替えいたします
定価はカバーに表示してあります

Printed in Japan
ISBN978-4-86578-443-5